창의력을 키우는
과학 영재 실험 놀이

국내 최고 과학 영재 교육 기관 CBS & CIEL 영재교육학술원 핵심 실험 115

창의력을 키우는
과학 영재 실험 놀이

이조옥 지음

로그인

추천사

우리 삶에서 과학은 매우 다양한 역할을 합니다. 요리는 물론 식사와 호흡, 그리고 놀이에도 과학의 원리가 숨어 있지요. 우리가 입는 옷, 사용하는 칫솔과 치약, 그리고 로션과 자외선 차단 크림 같은 것들도 모두 과학의 발전이 가져온 결과물입니다. 이러한 일상 속 생활 과학을 유아와 초등학생들이 집에서 부모님과 함께 해보며 자연스럽게 과학을 접할 수 있게 해주는 책이 나와 기쁩니다.

이 책에 소개된 과학은 접근의 용이함을 넘어 각각의 개념에 대한 근본적인 이해를 제공하고 있습니다. 그런 만큼 단순 지식이 아닌 자연 현상을 탐구하는 방법을 배우게 합니다. 이러한 탐구 능력은 과학적 문제를 해결하는 데 필수 요소입니다. 과학을 직접 실험하고 체험하는 과정은 과학을 더욱 흥미롭고 즐겁게 만들어 학습 동기를 촉진하기 때문입니다. 생활 과학을 실천하는 것은 과학적 소양의 증진을 넘어 일상에서 맞닥뜨릴 수 있는 문제들을 스스로 풀 수 있는 비판적 사고력을 키워 줍니다. 21세기를 살아갈 우리 어린이들에게 꼭 필요한, 다른 사람과 함께 일하고 소통하는 소프트 스킬을 길러 지식 중심 과학 기술 사회를 이끌어 갈 소양을 갖추는 데 이 책이 큰 도움이 되리라 생각합니다. 이런 의미 있는 책을 많은 어린이들이 볼 수 있기를 기대합니다.

_Jay J. Jeong Ph.D.(국제 STEM 교육 프로그램 센터장, 서부 워싱턴 주립대학교)

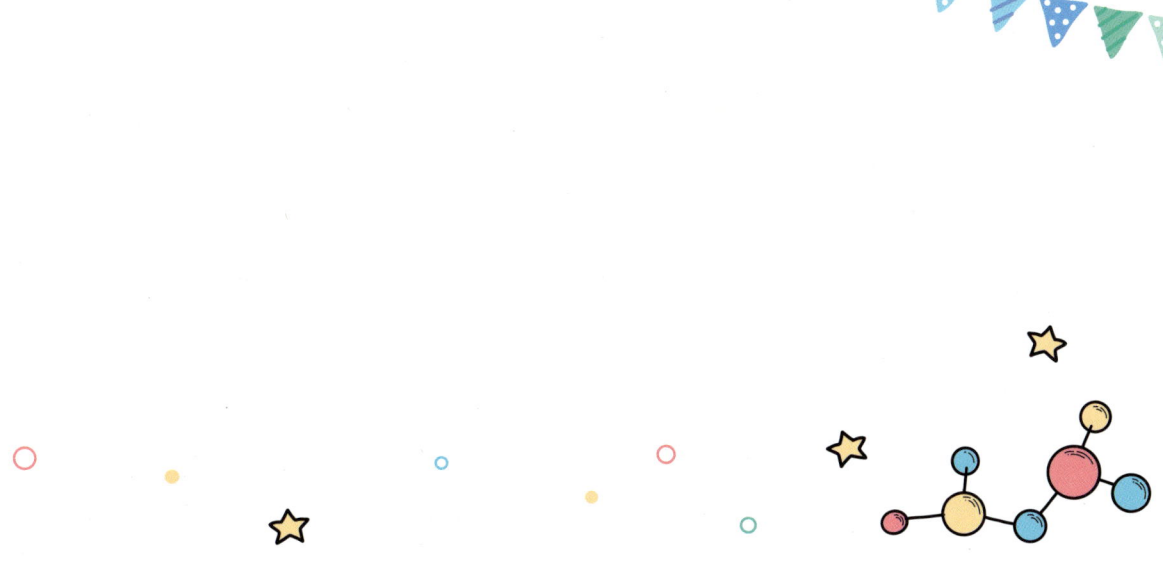

중학생들과 과학 교과 수업을 하다 보면 공통적으로 힘들어하는 부분이 있습니다. 바로 무언가를 만들어 보는 메이커(MAKER) 형태의 수업 활동과 관찰을 기반으로 한 사고력이 필요한 활동입니다. 복잡한 암기나 계산이 필요한 내용보다 이런 내용을 더 힘들어합니다. 왜일까요? 머리로 생각을 정리하고 손으로 무언가를 만들어 보는 활동에 대한 경험이 부족한 탓입니다. 경험이 없으니 두렵고, 익숙하지 않으니 피하고 싶은 것이지요. 무언가를 뚝딱 만들어내는 과정은 두뇌를 계발하는 과정과 비슷합니다. 그리고 이렇게 무언가를 만드는 경험은 오래도록 기억에 남습니다. 이런 경험은 초등학교 때 하는 것이 가장 적합하지요.
이 책 곳곳에는 과학을 기반으로 한 융합적 사고의 원리가 숨어 있습니다. 하나하나 시간을 갖고 함께하다 보면 아이의 생각이 자연스럽게 넓고 깊어지는 것을 확인할 수 있을 것입니다.

_김경화(이학박사, 서울 덕수중학교 과학 교사)

서문

이 책을 쓰는 내내, 아니 실험을 하는 내내 즐거웠습니다. 꽃잎을 모으고, 거미줄을 찾아다니고, 비행기를 날리는 중에도 마음속에서 어린 친구 하나가 눈을 반짝이며 궁금하다는 표정으로 저를 바라보았습니다. 그때마다 바로 답을 말해주기보다 "어떻게 할까?", "네 생각은 어때?"라고 물었습니다. 그렇게 네 계절을 거치는 동안 수없이 질문하고 답하면서 이 책을 만들었습니다.

이 책에는 일상을 과학으로 끌어들이기 위해 애쓴 흔적이 곳곳에 숨어 있습니다. 주변에서 쉽게 구할 수 있는 재료로 원리를 탐구하는 데 초점을 두었습니다. 그 탐구의 과정을 한 컷 한 컷 배치하고 가능하면 쉽게 설명했습니다. '관찰하거나 자료를 수집하고 – 어떻게 될지 예측하고 – 어떻게 할지 생각하고 – 실험해 보고 – 잘 안 되면 다른 방법으로 시도해 보는' 과정들입니다. 이것이 저희 영재교육원에서 하는 수업 방식입니다. 단순히 개념을 외우는 것이 아니라 생각하는 방법을 익히게 하는 것이지요. 아이들의 작고 사소한 궁금증을 소중히 여기며, 아이들의 제안을 수용해 기존의 실험 방식을 바꿔 보기도 합니다.

아이들이 이 책을 보며 "이 실험 해보고 싶어요.", "하면 할수록 재밌어요.", "이렇게 해봤어요."라고 말해주기를 소망합니다. 이런 반응이 바로 "이건 구심력이고, 이건 관성이야."라는 말보다 훨씬 이 책의 목적에 부합하기 때문입니다. 과학 교육 연구자로서 과학의 시작은 기대와 재미, 궁금함에 있다고 믿고 있습니다. 그런 만큼 우리 아이들이 이 책을 통해 맛보는 과학의 첫맛이 경쾌하고 달콤하기를 바랍니다.

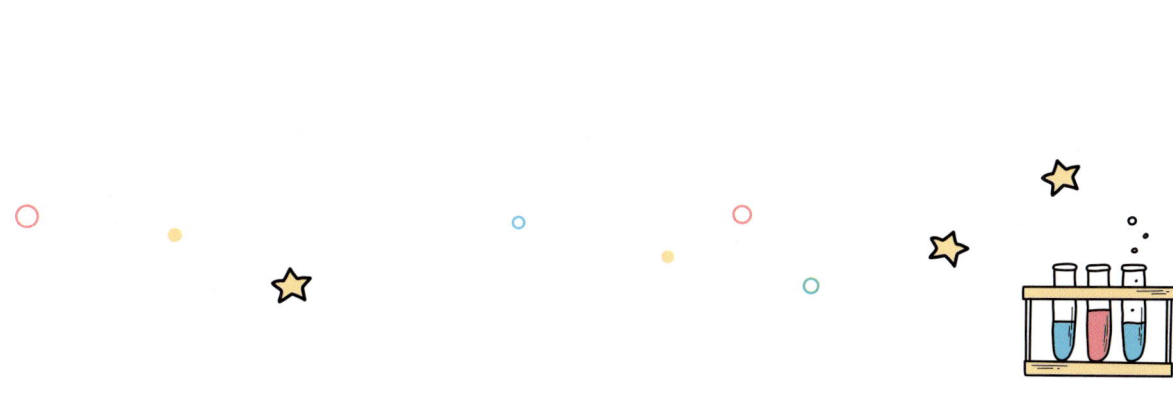

부모님께 드리는 주의 사항도 있습니다. 마음먹은 대로 실험이 이루어지지 않거나 아이가 책에 나온 과정대로 하지 않거나 - 이를테면 물의 표면장력 실험을 하는데 물을 가지고 물장구를 친다거나 - 아무리 원리를 설명해도 아이가 관심을 보이지 않을 수 있습니다. 이 모든 상황에서 초연해지시길 바랍니다. 과학자들이 수십 번, 수백 번 실험을 반복하는 것은 그만큼 실패를 거듭하기 때문입니다. 그러니 원하는 결과가 나오지 않는다고 조급해하지 마세요. 아이가 집중하지 않는다고 다그치지 마세요. 자칫 아이를 과학에서 멀어지게 할 수 있으니까요. 음악을 듣고 춤을 추는 것처럼 과학을 통해 아이와 함께 즐기고 성장하는 시간, 새로운 영역에 대한 흥미와 열정을 유발하는 기회로 이 책을 활용해 주시면 좋겠습니다.

우리 아이들이 살아갈 미래는 과학 기술이 생존의 토대가 될 것입니다. 하지만 암기용 과학 개념으로 그것을 충당하기는 어렵습니다. 왜냐하면 과학은 가장 믿을 만한 동시에 잠정적 지식이라는 한계를 갖기 때문입니다. 스스로 생각하고 탐구하는 능력과 태도를 키우는 것이 과학의 본질입니다. 존경하는 과학자 칼 세이건(Carl Sagan, 1934~1996)의 말을 빌려 제 마음을 전합니다.
"Science is a way of thinking much more than it is a body of knowledge.(과학은 지식의 집합을 뛰어넘는 하나의 사고방식이다.)"

2024년 봄
이조옥

PART	언제 하면 좋을까요?	실험명	교과 연계	분류
PART 1 봄에 하면 좋은 실험	3월	활짝 피는 종이 꽃	4학년 2학기 '물의 여행'	모세관 현상
		사탕 무지개와 초콜릿 폭포	5학년 1학기 '용해와 용액'	확산
		비눗방울 끌기와 물줄기 구부리기	6학년 2학기 '전기의 이용'	정전기 유도
		종이 인형의 바다 정원 구경	3학년 1학기 '물질의 성질'	공기의 부피
		꼬마 빨대 잠수정	3학년 1학기 '물질의 성질'	기체의 압력과 부피
		쏟아지지 않는 딸기	3학년 1학기 '지구의 모습'	대기압
		떠오르는 구슬	5학년 2학기 '물체의 운동'	물체의 원 운동
		이것은 무엇일까요?	3학년 1학기 '자석의 이용'	자석의 성질
		물에 빠진 클립 구출 작전	3학년 1학기 '자석의 이용'	자석의 이용
	4월	자주색 양배추 지시약	5학년 2학기 '산과 염기'	산과 염기
		알록달록 국수 지시약	5학년 2학기 '산과 염기'	산과 염기
		나뭇잎 곤충 모빌	4학년 1학기 '물체의 무게'	수평 잡기
		새콤달콤 피클 만들기	3학년 1학기 '물질의 성질'	삼투 현상
		민들레 씨앗 낙하산	5학년 2학기 '물체의 운동'	공기의 저항
		빨대로 물 옮기기	3학년 1학기 '지구의 모습'	대기압
		얼음 꽃그릇	4학년 2학기 '물의 상태 변화'	물의 특성
		페트병 우주 팽이	5학년 2학기 '물체의 운동'	물체의 원 운동
		떠오르는 동전	6학년 1학기 '빛과 렌즈'	빛의 굴절
		하트의 묘기	4학년 1학기 '물체의 무게'	수평 잡기
	5월	줄 타는 피에로	4학년 1학기 '물체의 무게'	수평 잡기
		물구나무 서는 피에로	4학년 1학기 '물체의 무게'	수평 잡기
		떠오르는 풍선 잠수정	3학년 1학기 '물질의 성질'	화학 변화, 부력
		물 위의 요정, 클립 소금쟁이	3학년 1학기 '물질의 성질'	표면장력
		빈 병 오카리나	3학년 2학기 '소리의 성질'	소리의 성질
		꿈틀꿈틀 종이 애벌레	3학년 1학기 '물질의 성질'	모세관 현상
		바람 빼지 않고 풍선 줄이기	3학년 1학기 '물질의 성질'	기체의 압력과 부피
		꼬꼬마 부메랑	5학년 2학기 '물체의 운동'	양력과 회전 운동
		당근 뗏목	4학년 1학기 '혼합물의 분리'	밀도
		하늘을 나는 뽀뽀 물고기	5학년 2학기 '물체의 운동'	공기의 저항

PART	언제 하면 좋을까요?	실험명	교과 연계	분류
PART 2 여름에 하면 좋은 실험	6월	춤추는 청포도	4학년 1학기 '물체의 무게'	밀도, 부력
		재롱둥이 돌고래	4학년 1학기 '물체의 무게'	수평 잡기
		동전 위 물기둥	3학년 2학기 '물질의 성질'	표면장력
		가늘가늘 실 소리	3학년 2학기 '소리의 성질'	소리의 확대
		액자 속 사과	6학년 2학기 '우리 몸의 구조와 기능'	잔상 착시
		마그누스 비행체	5학년 2학기 '물체의 운동'	유체의 속도와 압력
		뽀송뽀송 종이배 물속 탐험	3학년 1학기 '물질의 성질'	공기의 부피
		투명 마법 구슬	6학년 1학기 '빛과 렌즈'	빛의 투과
		간단 분무기	5학년 2학기 '물체의 운동'	유체의 속도와 압력
	7월	비눗방울 속 장미	3학년 2학기 '물질의 성질'	표면장력
		비눗방울 탱탱볼	3학년 2학기 '물질의 성질'	표면장력
		초간단 슬러시 만들기	4학년 2학기 '물의 상태 변화'	물의 상태 변화
		저절로 가는 쪼꼬미 배	3학년 2학기 '물질의 성질'	표면장력
		채소 서커스단	4학년 1학기 '물체의 무게'	수평 잡기
		우주선 요요	5학년 2학기 '물체의 운동'	회전 관성, 잔상 착시
		색 혼합 요요	5학년 2학기 '물체의 운동'	회전 관성, 가산 혼합
		클립 로켓 발사	3학년 1학기 '자석의 이용'	자기장
		자석 댄서	3학년 1학기 '자석의 이용'	자기력의 종류
		V자 부메랑	5학년 2학기 '물체의 운동'	양력과 회전 운동
	8월	나란히맥 잎과 그물맥 잎	4학년 2학기 '식물의 생활'	잎의 분류
		나의 식물 표본 책	4학년 2학기 '식물의 생활'	식물의 구조와 생활
		얼음 돛단배	4학년 2학기 '물의 상태 변화'	물의 특성
		물 뿜는 풍선	3학년 1학기 '물질의 성질'	기체의 압력과 부피
		갈매기 글라이더	5학년 2학기 '물체의 운동'	비행기의 원리
		단풍씨 헬리콥터	5학년 2학기 '물체의 운동'	공기의 저항
		물 옮기는 자동 빨대	3학년 1학기 '지구의 모습'	대기압
		물 옮기는 3단 자동 빨대	3학년 1학기 '지구의 모습'	대기압
		아슬아슬 잠자리	4학년 1학기 '물체의 무게'	수평 잡기
		통꽃 요정과 갈래꽃 나비	4학년 2학기 '식물의 생활'	꽃의 분류

PART	언제 하면 좋을까요?	실험명	교과 연계	분류
PART 3 가을에 하면 좋은 실험	9월	자석 자동차	3학년 1학기 '자석의 이용'	자기력의 종류
		페트병 자동차	3학년 1학기 '자석의 이용'	자기력의 종류
		쌩~ 나뭇잎 배	3학년 2학기 '물질의 성질'	표면장력
		물을 빨아올리는 컵	6학년 1학기 '여러 가지 기체'	연소, 대기압
		거미집 채집하기	3학년 2학기 '동물의 생활'	거미의 생활
		물과 기름 사이	4학년 1학기 '혼합물의 분리'	밀도
		알록달록 물보석	4학년 1학기 '혼합물의 분리'	밀도
		알록달록 물아지랑이	5학년 1학기 '용해와 용액'	확산
		세 날개 헬리콥터	5학년 2학기 '물체의 운동'	공기의 저항
		자석 디스코 팡팡	3학년 1학기 '자석의 이용'	자석의 이용
	10월	꽃무지개 고슴도치	3학년 1학기 '물질의 성질'	공기의 압력
		돌멩이 시소 놀이	4학년 1학기 '물체의 무게'	수평 잡기
		달토끼 시소	4학년 1학기 '물체의 무게'	수평 잡기
		오르락내리락 젤리	5학년 1학기 '용해와 용액'	기체의 용해도
		물 돋보기	6학년 1학기 '빛과 렌즈'	빛의 굴절
		매니큐어 마블링	4학년 1학기 '혼합물의 분리'	밀도차
		빨대 고리 글라이더	5학년 2학기 '물체의 운동'	비행기의 원리
		삼각 고리 비행기	5학년 2학기 '물체의 운동'	비행기의 원리
		회전 부풀이	5학년 2학기 '물체의 운동'	회전 관성, 잔상 착시
		쌍둥이 착시	6학년 2학기 '우리 몸의 구조와 기능'	크기 착시
	11월	계절 모빌	4학년 1학기 '물체의 무게'	수평 잡기
		가을이 듬뿍 모빌	4학년 1학기 '물체의 무게'	수평 잡기
		뒤집히는 하트 팽이	4학년 1학기 '물체의 무게'	무게중심
		넘칠 듯 넘치지 않는 컵	3학년 1학기 '지구의 모습'	대기압
		낙엽콥터	5학년 2학기 '물체의 운동'	공기의 저항
		핼러윈의 정전기 유령	6학년 2학기 '전기의 이용'	정전기 유도
		알록달록 정전기 알갱이 토핑	6학년 2학기 '전기의 이용'	정전기 유도
		하늘을 떠다니는 전기 해파리	6학년 2학기 '전기의 이용'	정전기의 이용
		무지개로 가득 찬 방	6학년 1학기 '빛과 렌즈'	빛의 굴절과 회절

PART	언제 하면 좋을까요?	실험명	교과 연계	분류
PART 4 겨울에 하면 좋은 실험	12월	균형 잡는 몽당연필	4학년 1학기 '물체의 무게'	수평 잡기
		동전 충돌	5학년 2학기 '물체의 운동'	운동량 보존
		구슬 치기	5학년 2학기 '물체의 운동'	운동량 보존
		오렌지 향초	6학년 2학기 '연소와 소화'	연소
		겨울 밤 얼음 랜턴	4학년 2학기 '물의 상태 변화'	물의 특성
		원기둥 비행기	5학년 2학기 '물체의 운동'	비행기의 원리
		보는 방향에 따라 색이 달라지는 그림	6학년 2학기 '우리 몸의 구조와 기능'	시각
		한 장에 두 개의 그림이 보이는 마술	6학년 2학기 '우리 몸의 구조와 기능'	시각
		오색찬란 꼬마 빛상자	4학년 2학기 '그림자와 거울'	빛의 반사와 투과
	1월	아기 새 오뚜기	4학년 1학기 '물체의 무게'	무게중심
		풍선 아령	3학년 1학기 '지구의 모습'	공기의 이동
		열 받은 풍선	3학년 1학기 '물질의 성질'	기체의 온도와 부피
		키친타월 레인보우	5학년 1학기 '용해와 용액'	모세관 현상, 색의 혼합
		공중에서 혼자 도는 공	5학년 2학기 '물체의 운동'	유체의 속도와 압력
		벽에 달라붙는 풍선	6학년 2학기 '전기의 이용'	마찰 전기
		밀고 당기는 정전기 풍선	6학년 2학기 '전기의 이용'	전기력의 종류
		무지개 촛불	6학년 1학기 '빛과 렌즈'	빛의 회절과 반사
		CD 자이로드롭	3학년 1학기 '자석의 이용'	척력
		철 조각품	3학년 1학기 '자석의 이용'	자기장과 자화
	2월	휴지심 저울	4학년 1학기 '물체의 무게'	수평 잡기
		촛농 꽃잎 놀이	3학년 2학기 '물질의 상태'	물질의 상태 변화
		우유 마블링	4학년 1학기 '혼합물의 분리'	밀도차, 표면장력
		도깨비 뿔 붙이기	3학년 1학기 '물질의 성질'	기체의 온도와 부피
		딸깍 동전의 비밀	3학년 1학기 '물질의 성질'	기체의 온도와 부피
		발레리나 호일과 색종이 팝콘	6학년 2학기 '전기의 이용'	정전기 유도
		초능력 손가락	6학년 2학기 '전기의 이용'	정전기 유도
		움직이는 털실	6학년 2학기 '전기의 이용'	정전기 유도
		종이 슬리퍼	4학년 1학기 '물체의 무게'	힘의 분산

차례

추천사 04 | 서문 06

PART 1 봄에 하면 좋은 실험

- 활짝 피는 종이 꽃 18
- 사탕 무지개와 초콜릿 폭포 20
- 비눗방울 끌기와 물줄기 구부리기 22
- 종이 인형의 바다 정원 구경 24
- 꼬마 빨대 잠수정 26
- 쏟아지지 않는 딸기 28
- 떠오르는 구슬 30
- 이것은 무엇일까요? 32
- 물에 빠진 클립 구출 작전 34

- 자주색 양배추 지시약 36
- 알록달록 국수 지시약 38
- 나뭇잎 곤충 모빌 40
- 새콤달콤 피클 만들기 42
- 민들레 씨앗 낙하산 44
- 빨대로 물 옮기기 46
- 얼음 꽃그릇 48
- 페트병 우주 팽이 50
- 떠오르는 동전 52
- 하트의 묘기 54

- 줄 타는 피에로 56
- 물구나무 서는 피에로 58
- 떠오르는 풍선 잠수정 60
- 물 위의 요정, 클립 소금쟁이 62
- 빈 병 오카리나 64
- 꿈틀꿈틀 종이 애벌레 66
- 바람 빼지 않고 풍선 줄이기 68
- 꼬꼬마 부메랑 70
- 당근 뗏목 72
- 하늘을 나는 뽀뽀 물고기 74

PART 2 여름에 하면 좋은 실험

춤추는 청포도 78
재롱둥이 돌고래 80
동전 위 물기둥 82
가늘가늘 실 소리 84
액자 속 사과 86
마그누스 비행체 88
뽀송뽀송 종이배 물속 탐험 90
투명 마법 구슬 92
간단 분무기 94

비눗방울 속 장미 96
비눗방울 탱탱볼 98
초간단 슬러시 만들기 100
저절로 가는 쪼꼬미 배 102
채소 서커스단 104
우주선 요요 106
색 혼합 요요 108
클립 로켓 발사 110
자석 댄서 112
V자 부메랑 114

나란히맥 잎과 그물맥 잎 116
나의 식물 표본 책 118
얼음 돛단배 120
물 뿜는 풍선 122
갈매기 글라이더 124
단풍씨 헬리콥터 126
물 옮기는 자동 빨대 128
물 옮기는 3단 자동 빨대 130
아슬아슬 잠자리 132
통꽃 요정과 갈래꽃 나비 134

PART 3 가을에 하면 좋은 실험

자석 자동차 138
페트병 자동차 140
쌩~ 나뭇잎 배 142
물을 빨아올리는 컵 144
거미집 채집하기 146
물과 기름 사이 148
알록달록 물보석 150
알록달록 물아지랑이 152
세 날개 헬리콥터 154
자석 디스코 팡팡 156

꽃무지개 고슴도치 158
돌멩이 시소 놀이 160
달토끼 시소 162
오르락내리락 젤리 164
물 돋보기 166
매니큐어 마블링 168
빨대 고리 글라이더 170
삼각 고리 비행기 172
회전 부풀이 174
쌍둥이 착시 176

계절 모빌 178
가을이 듬뿍 모빌 180
뒤집히는 하트 팽이 182
넘칠 듯 넘치지 않는 컵 184
낙엽콥터 186
핼러윈의 정전기 유령 188
알록달록 정전기 알갱이 토핑 190
하늘을 떠다니는 전기 해파리 192
무지개로 가득 찬 방 194

PART 4 겨울에 하면 좋은 실험

균형 잡는 몽당연필 **198**
동전 충돌 **200**
구슬 치기 **202**
오렌지 향초 **204**
겨울 밤 얼음 랜턴 **206**
원기둥 비행기 **208**
보는 방향에 따라 색이 달라지는 그림 **210**
한 장에 두 개의 그림이 보이는 마술 **212**
오색찬란 꼬마 빛 상자 **214**

아기 새 오뚝이 **216**
풍선 아령 **218**
열 받은 풍선 **220**
키친타월 레인보우 **222**
공중에서 혼자 도는 공 **224**
벽에 달라붙는 풍선 **226**
밀고 당기는 정전기 풍선 **228**
무지개 촛불 **230**
CD 자이로드롭 **232**
철 조각품 **234**

휴지심 저울 **236**
촛농 꽃잎 놀이 **238**
우유 마블링 **240**
도깨비 뿔 붙이기 **242**
딸깍 동전의 비밀 **244**
발레리나 호일과 색종이 팝콘 **246**
초능력 손가락 **248**
움직이는 털실 **250**
종이 슬리퍼 **252**

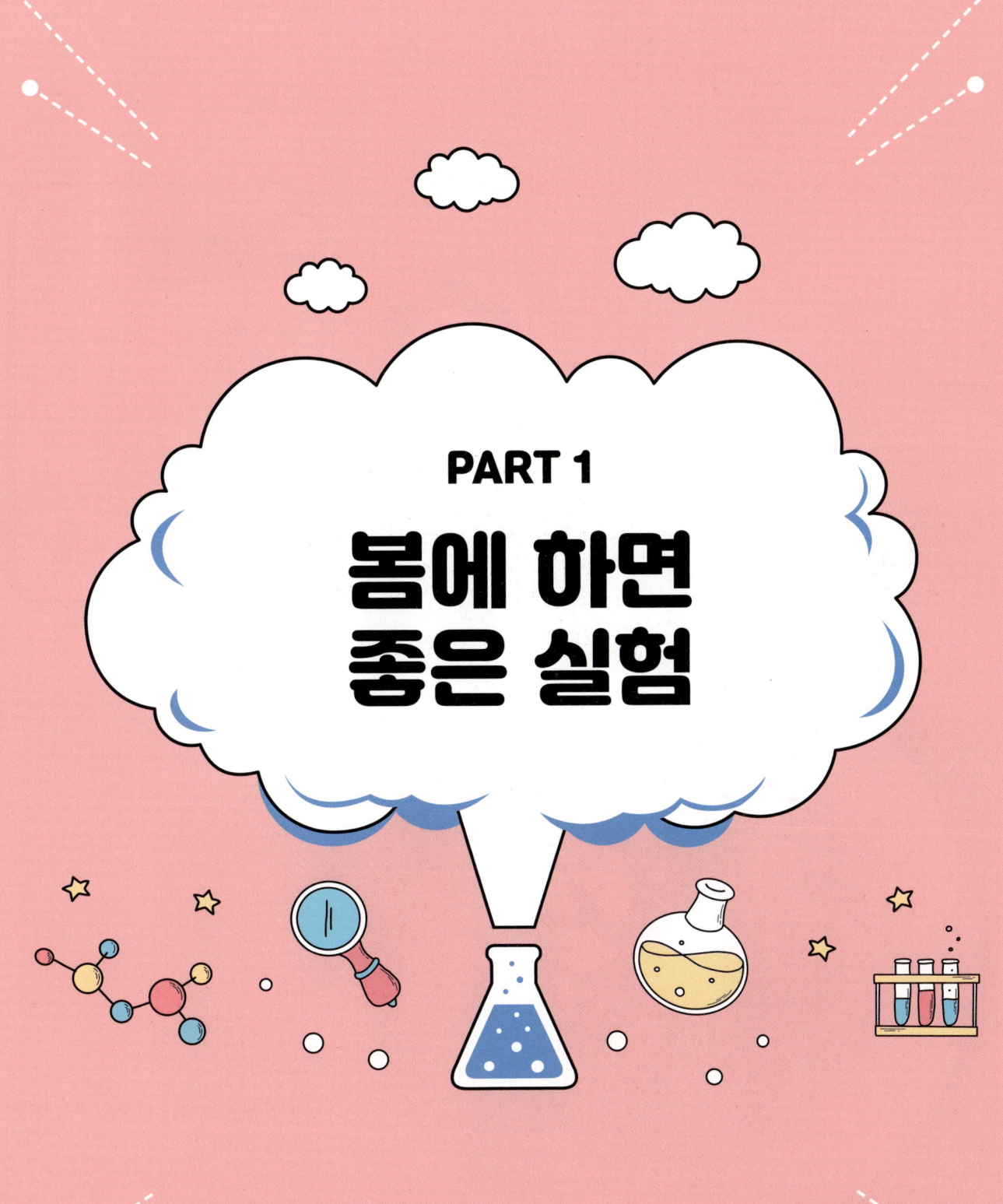

활짝 피는 종이꽃

분 류	모세관 현상
연 령	5세 이상
교과연계	4학년 2학기 '물의 여행'

준비물

- 오목하고 넓은 그릇(접시나 대접)
- 색종이
- A4용지
- 크레파스
- 물
- 가위
- 작은 구슬 또는 작은 장난감

이 실험은요!

이 실험은 모세관 현상을 경험해 보는 활동이에요.

⚠️
- 구슬은 꽃 속에 숨겼다가 꽃이 벌어질 때 나타나는 재미를 위한 것이니 작고 가벼운 것을 사용해 주세요.

❶ 색종이에 꽃을 그려서 오려 주세요.

꽃 하나를 그려 종이를 여러 번 겹쳐서 오리면 한 번에 여러 장의 꽃을 만들 수 있습니다.

❷ 꽃잎을 차례로 접어 주세요.

꽃잎을 한꺼번에 접지 말고 하나씩 차례차례 접어 주세요.

❸ 접은 꽃잎을 물에 살짝 올려 주세요.

접힌 꽃잎이 위로 오도록 놓아 주세요. 뒤집어서 넣거나 물에 던지지 마세요.

❹ 꽃잎의 변화를 관찰해 보세요. 꽃잎이 벌어지면서 나는 톡톡 소리에도 귀 기울여 보세요.

꽃이 벽에 붙으면 입으로 살살 불어 가운데로 보내 주세요.

❺ A4용지에 꽃을 그려 크레파스로 색을 칠한 뒤 접어서 색을 칠하지 않은 색종이 꽃과 동시에 물에 넣어 주세요.

크레파스를 칠한 꽃의 꽃잎이 더 천천히 벌어지는 이유를 아이와 이야기 나눠 보세요.

확장 활동

❶ 꽃을 2~3장 겹쳐서 꽃잎이 벌어지는 신비로운 과정을 즐겨 보세요.

❷ 꽃잎이 벌어질 때 가운데서 반지나 구슬이 나오는 이벤트를 해보세요.

❸ 젖은 종이꽃을 창문이나 컵에 붙여 보세요.

무슨 원리일까?

접혀 있는 종이꽃이 활짝 피는 것은 '모세관 현상' 때문입니다. 모세관 현상이란 가는 관(모세관)을 따라 액체가 흡수되는 현상입니다. 식물이 물관을 통해 물을 이동시키는 것, 스펀지나 헝겊, 종이에 물이 흡수되는 것도 모세관 현상으로 설명할 수 있습니다. 종이는 실낱같이 가는 식물 섬유가 엉켜 있는 것으로 그 사이에는 가느다란 통로가 셀 수 없이 많습니다. 종이에 물이 닿으면 이 가느다란 통로로 물이 흡수되어 이동하면서 빈 공간을 채워 꽃잎이 벌어집니다. 그러나 기름 성분이 들어 있는 크레파스를 칠하면 물이 흡수되는 것을 막아 종이꽃은 피지 못하거나 빈틈으로 겨우 들어온 물에 의해 꽃잎이 천천히 벌어집니다. 물을 흡수한 종이꽃은 풀이 없어도 유리에 잘 달라붙습니다. 이렇게 서로 다른 두 물체의 접촉면끼리 일시적으로 붙게 하는 힘을 '부착력'이라고 합니다. 종이가 물을 잡아당기는 힘, 유리가 물을 잡아당기는 힘도 부착력의 일종입니다.

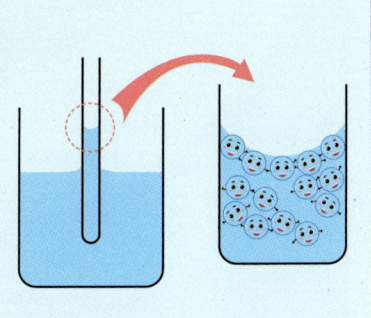

사탕 무지개와 초콜릿 폭포

분류	확산
연령	5세 이상
교과연계	5학년 1학기 '용해와 용액'

준비물

- 여러 색깔 또는 무늬가 있는 사탕 (별사탕, 회오리사탕)
- M&Ms 또는 스키틀즈 1봉
- 접시
- 물

 **이 실험은요!**

이 실험은 색소가 물에 녹아 퍼져 나가는 확산을 경험해 보는 활동이에요.

- 옷에 색소 물이 들지 않도록 주의하세요.

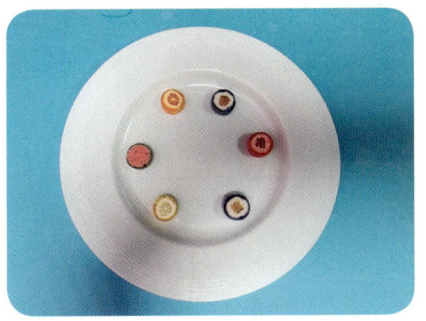
① 사탕을 접시 가장자리에 둥글게 놓아주세요.

2개나 3개씩 놓아도 됩니다.

② 물이 퍼져 사탕에 닿을 만큼 물을 붓습니다.

물의 온도가 높을수록 색이 빨리 퍼져 나갑니다.

③ 물이 사탕에 닿아 일어나는 변화를 관찰해보세요.

색소가 물에 녹아 색색으로 퍼져 나갑니다.

④ 접시에 둥글게 초콜릿을 올린 뒤 가운데에 물을 부어 주세요.

초콜릿은 1개씩 놓아도 되고 색색별로 뭉쳐 놓아도 됩니다. 원하는 색과 패턴대로 놓으세요.

⑤ 초콜릿 색소가 녹아 물에 퍼지는 모습을 관찰해 보세요.

초콜릿이 물에 녹으면서 가운데로 뻗어나오는 색소의 흐름을 살펴보세요.

⑥ 색소가 서로 섞이지 않고 소용돌이를 만들어내는 모습을 살펴보세요.

색소가 빠져나간 초콜릿의 색말은 어떻게 변했는지 관찰해 보세요.

무슨 원리일까?

물질을 이루는 알갱이(분자)들이 공기나 물속에서 퍼져 나가는 현상을 '확산'이라고 합니다. 확산은 물질의 밀도(용액의 경우 농도) 차이로 인해 생기며, 밀도(또는 농도)가 높은 쪽에서 낮은 쪽으로 일어납니다. 사탕이나 초콜릿의 성분은 대부분 농축된 설탕으로, 설탕 농도가 높은 사탕과 초콜릿이 물에 녹으면서 농도가 낮은 물속으로 퍼져 나갑니다. 색소가 옆으로 퍼져 섞이지 않고 앞으로 쭉 뻗는 것은 색소 사이의 농도 차이보다 물과의 농도 차이가 훨씬 크기 때문입니다. 확산은 물 전체가 같은 밀도(또는 농도)가 되면 더 이상 일어나지 않습니다.

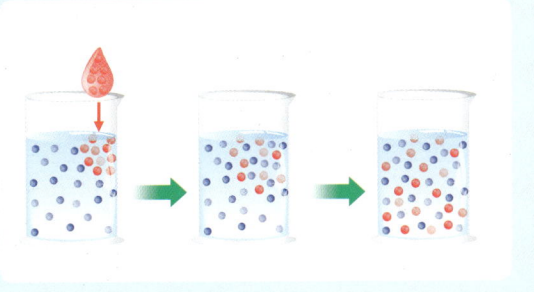

비눗방울 끌기와 물줄기 구부리기

분류	정전기 유도
연령	5세 이상
교과연계	6학년 2학기 '전기의 이용'

준비물

✓ 비눗물
✓ 풍선 1~2개
✓ 플라스틱으로 된 물건 (자, 장난감 등)
✓ 털옷
✓ 쟁반 또는 플라스틱 판
✓ 빨대   ✓ 공기펌프
✓ 색종이 1장

*비눗물: 물 1/2컵, 글리세린 1스푼, 주방 세제 3스푼

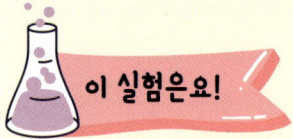 이 실험은 정전기 유도 현상을 경험해 보는 과학 놀이 활동이에요.

- 물이 튀거나 비눗물이 흐를 수 있으니 수건이나 걸레를 미리 준비해 주세요.
- 풍선이 물에 닿지 않게 해주세요.
- 정전기 실험은 건조한 날 해주세요.

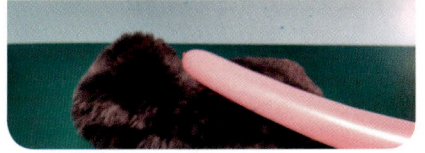
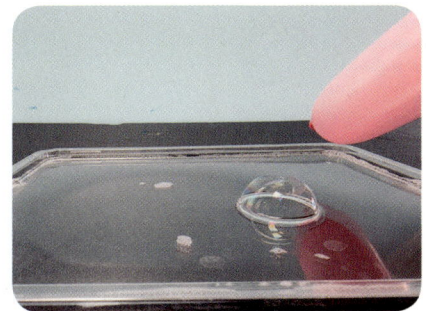
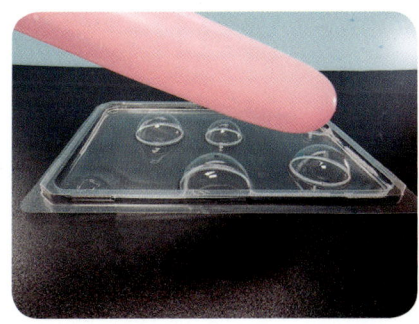

1 쟁반이나 플라스틱 판에 비눗물이 고루 퍼지게 한 뒤 빨대로 불어 비눗방울을 만들고, 풍선은 털옷에 여러 번 비벼 주세요.

비눗물이 판에 얇게 깔리는 정도가 되게 해주세요.

2 털옷에 비빈 풍선을 비눗방울 근처에 가까이 가져간 뒤 천천히 움직여 보세요.

비눗방울이 살짝 당겨지며 풍선을 따라 쪼르르 따라옵니다.

3 비눗방울을 2~5개 정도 만든 뒤 털옷에 마찰시킨 풍선으로 이 비눗방울을 끌어 모아 보세요.

비눗방울이 끌려와 하나로 합쳐집니다.

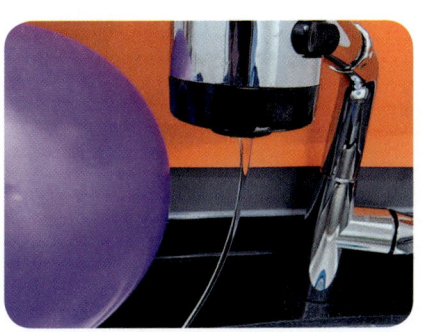

4 색종이 1/2~1장으로 종이배를 접어 물 위에 띄운 뒤 털옷에 비빈 풍선을 가까이 가져가 배를 가장자리로 끌어 보세요

풍선을 따라 배가 이리저리 이동하는 것을 관찰해 보세요.

5 물줄기가 가늘게 나오도록 수도를 조절한 뒤 털가죽에 마찰한 풍선을 가까이 또 멀리 해봅니다.

수돗물이 풍선을 따라 엿가락처럼 휘어지는 것을 살펴보세요.

6 플라스틱 자나 주걱, 장난감 등을 털가죽에 마찰한 뒤 **5**의 수돗물에 가까이 해보세요.

마찰하지 않고 가까이 가져가거나 물에 적신 뒤에 가까이 가져가면 수돗물이 휘어지지 않습니다.

무슨 원리일까?

마찰에 의해 전기적 성질을 띠게 된 풍선(대전체)을 비눗방울에 가까이 하면 비눗방울도 순간적으로 전기를 띠게 됩니다. 이렇게 전기를 띠지 않은 물체에 직접 접촉하지 않고 대전체를 가까이하는 것만으로도 전기를 띠게 할 수 있는데, 이러한 현상을 '정전기 유도'라고 합니다. 털가죽과 마찰한 풍선은 (-)전기를 띠고 있어서 중성인 비눗방울 속 전자들을 밀어내 풍선 쪽 비눗방울을 (+)로 대전되게 만듭니다. 따라서 서로 극이 다른 풍선과 비눗방울 사이에 인력이 작용, 비눗방울이 끌려옵니다. 종이배나 가는 물줄기에도 전기를 띤 풍선에 의해 정전기 유도가 나타나며, 물줄기가 풍선(또는 플라스틱 막대)에 끌려 휘어집니다.

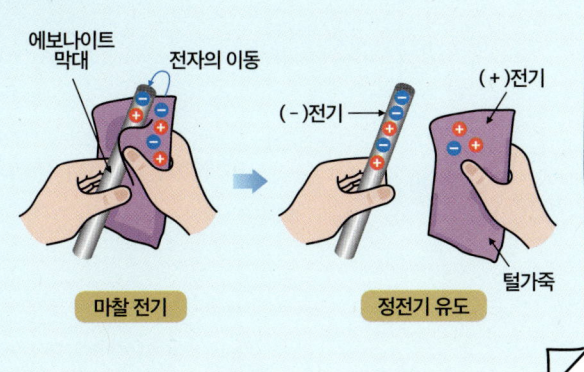

종이 인형의
바다 정원 구경

준비물

- 10×10cm짜리 우드락 또는 스티로폼 1개
- 두꺼운 종이(또는 A4용지), 코팅지
- 유성 사인펜
- 물그릇(반찬통이나 대야)
- 1.5ℓ 또는 2ℓ짜리 페트병 1개 (뚜껑 포함)
- 풍선 1개
- 장식품(조개나 해초, 돌멩이)
- 커터 칼

분류	공기의 부피
연령	4세 이상
교과연계	3학년 1학기 '물질의 성질'

이 실험은요! 이 실험은 공기의 부피와 이동을 경험해 보는 과학 활동이에요.

- 물을 흘릴 수 있으니 수건이나 걸레 등을 미리 준비해 주세요.
- 커터 칼을 사용할 때는 어른이 도와주세요.

❶ 페트병 아래에서 1/3 정도 되는 부분을 칼로 잘라 주세요.

> 페트병이 크지 않은 경우에는 바닥 부분만 잘라도 됩니다.

❷ 유성 사인펜으로 종이에 인형을 그린 뒤 스티로폼 조각에 끼워 물 위에 띄워 주세요.

> A4용지는 코팅지를 붙여 사용합니다. 물속을 예쁘게 꾸며 주세요.

❸ 물에 떠 있는 인형을 뚜껑을 닫은 페트병으로 덮어 바닥까지 밀어 넣었다 빼 보세요.

> 페트병이 바닥에 닿았을 때 병 주변의 물높이가 높아진 모습, 인형이 물이 없는 바닥에 서 있는 모습을 확인합니다.

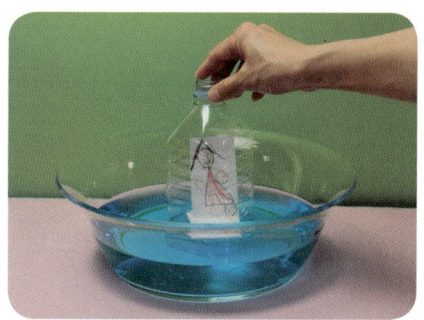

❹ ❸번처럼 뚜껑을 닫고 페트병을 똑바로 밀어 넣은 뒤 이번에는 뚜껑을 열어 변화를 관찰해 보세요.

> 뚜껑을 열면 물이 병 안으로 들어오면서 인형이 위로 올라갑니다. 이유를 생각해 보세요.

❺ 이번에는 아예 뚜껑을 연 상태에서 종이 인형 위로 페트병을 씌운 다음 관찰해 보세요.

> 인형이 그릇 바닥에 닿지 않고 떠 있는 이유가 무엇인지 이야기 나눠 보세요.

❻ 뚜껑 대신 작은 풍선을 ❶의 페트병 입구에 끼운 뒤 페트병을 똑바로 물속에 넣어 풍선의 변화를 관찰해 보세요.

> 풍선 입구가 막히지 않도록 손으로 풍선을 살짝 당겨 위로 세워 주세요.

엄마랑 아이랑

어떻게 종이 인형은 하나도 젖지 않고 저 물속 깊은 곳을 구경하고 다시 나올 수 있었을까? 그건 바로 페트병 내부가 공기로 가득 차 있었기 때문이야. 뚜껑을 닫은 페트병을 물속으로 눌러 넣으면 페트병 속 공기가 물을 밀어내거든. 그러면 페트병 속으로 물이 들어가지 못해. 그래서 인형도 물에 뜨지 않고 바닥까지 내려갈 수 있었던 거야. 페트병 안에 물이 들어오지 않으니 인형도 젖지 않은 거지. 그러다가 잠겨 있던 페트병 뚜껑을 서서히 열었더니 물이 페트병 안으로 점점 높이 밀려 올라왔지? 공기가 빠져나가면서 그 자리에 물이 들어온 거야.

그런데 뚜껑을 연 채 종이 인형 위에 페트병을 씌워 누르면 인형은 물속으로 들어가지 않고 그대로 물 위에 떠 있었어. 이것은 공기가 빠져나가 물을 밀어내지 못했기 때문이야. 마개 대신 풍선을 씌운 페트병을 물속에 넣었더니 풍선이 부풀어 올랐어. 이건 페트병 속에 공기가 있었다는 뜻이지. 공기가 물에 밀려 풍선으로 들어가 풍선이 부푼 거란다. 이렇게 공기는 공간에서 자리를 차지하기도 하고 또 다른 곳으로 이동하기도 한단다.

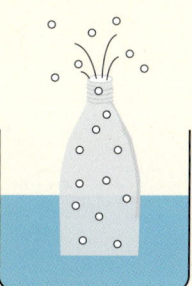

꼬마 빨대 잠수정

분류	기체의 압력과 부피
연령	7세 이상
교과연계	3학년 1학기 '물질의 성질'

준비물

- ✓ 주름빨대 1개
- ✓ 500㎖짜리 페트병 1개
- ✓ 가위
- ✓ 투명 물컵 1개
- ✓ 셀로판테이프
- ✓ 클립 2개
- ✓ 물

이 실험은요!

이 실험은 빨대 잠수정 놀이를 하며 기체의 압력과 부피 관계를 탐구해 보는 활동이에요.

• 물을 흘릴 수 있으니 주의하세요.

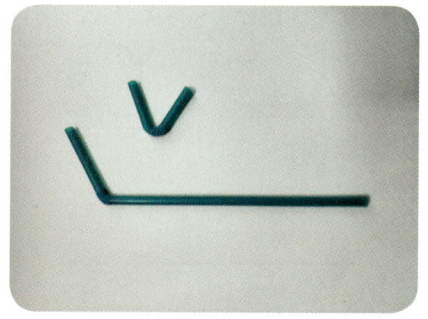
① 빨대를 접었을 때 중심에서 아래위로 각각 2cm(전체 4cm) 정도 되게 빨대를 잘라 주세요.

빨대의 주름 부분을 접어 V자가 되도록 자릅니다.

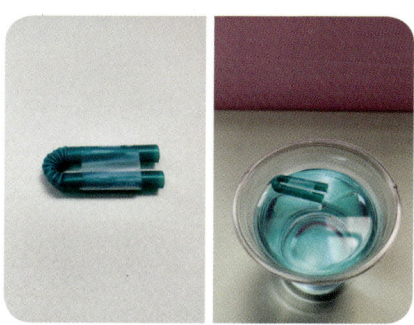
② 자른 빨대를 구부려 U자 모양으로 만든 다음 셀로판테이프를 붙여 벌어지지 않도록 해주세요.

물이 담긴 컵에 U자 빨대를 담가 보세요.

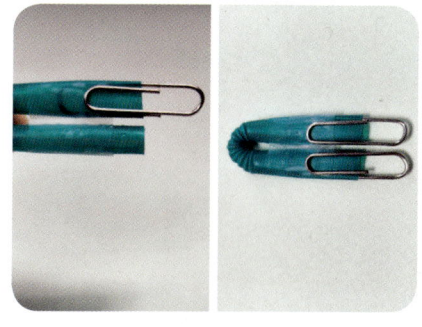
③ 빨대 양쪽 끝부분에 나란히 클립을 꽂아 주세요.

잠수정이 되려면 빨대가 물속에서 서 있을 수 있어야 하므로 클립으로 무게중심을 잡습니다.

④ ❸의 빨대를 컵에 넣어 빨대가 똑바로 서는지, 빨대 윗부분이 물 밖으로 나올 수 있는지 확인해 보세요.

물 위로 나온 부분에는 공기가 들어 있습니다.

⑤ ❹의 빨대를 물이 담긴 페트병에 넣고 뚜껑을 닫아 주세요.

페트병 입구가 좁아지는 지점까지 물을 채워 주세요.

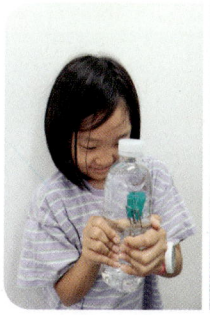

⑥ 페트병 양옆을 눌렀다가 놓았다가 하면서 빨대 잠수정이 잠수했다 다시 물 위로 솟아오르게 해주세요.

페트병을 누를 때 빨대 안으로 물이 들어가 물의 높이가 높아지는 것을 관찰하세요.

 무슨 원리일까?

기체의 부피는 기체에 가해지는 온도와 압력에 따라 달라집니다. 온도가 일정할 때 기체의 부피는 압력에 따라 달라지는데, 기체에 가해지는 압력이 커지면 기체의 부피는 줄어들고 압력이 작아지면 부피는 커집니다. 이렇게 기체의 부피와 압력이 반비례하는 관계를 '보일의 법칙'이라고 합니다.

물이 든 페트병에 압력을 가하면 빨대 잠수정에 압력이 전달되어 잠수정 속 공기의 부피가 줄어듭니다. 공기의 부피가 줄어든 곳으로 물이 들어가면 빨대 잠수정은 무거워져 가라앉습니다. 반대로 압력을 줄이면 잠수정 속 공기의 부피가 커지면서 잠수정은 다시 물 위로 떠오릅니다.

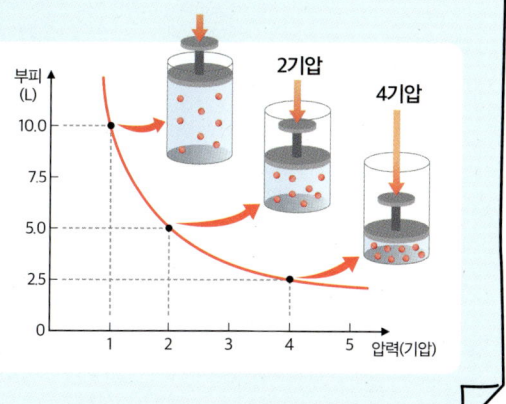

쏟아지지 않는 딸기

분 류	대기압
연 령	6세 이상
교과연계	3학년 1학기 '지구의 모습'

준비물

- ✓ 투명 컵 1개
- ✓ 대야 또는 넓은 물그릇 1개
- ✓ 물
- ✓ 종이(컵 입구를 덮을 정도의 크기, A4용지 또는 도화지)
- ✓ 딸기 또는 포도알 1개

이 실험은 대기압을 경험해 보는 활동이에요.

- 물에 뜨는 작고 가벼운 과일이나 장난감을 이용하세요.

① 컵의 4/5 정도 물을 채우고 딸기를 넣습니다.

바닥에 가라앉는 블록이나 장난감은 사용하지 않습니다. 종이가 컵에 붙어 있는 것을 방해합니다.

② 컵 위에 종이를 덮습니다.

종이가 컵 입구 전체를 덮어야 합니다.

③ 컵을 들어올려 종이를 손바닥으로 덮어 살짝 눌러 줍니다.

물이 쏟아질 수 있으니 대야나 물그릇을 준비하여 그 안에서 실험하세요.

④ 컵을 뒤집어 주세요.

종이 사이로 물이 조금 새는 것은 괜찮습니다.

⑤ 다른 손으로 컵의 윗부분을 잡은 뒤 종이를 받치고 있는 손을 살며시 떼어 보세요.

딸기가 떠 있는 물이 얼마나 쏟아지지 않고 그대로 있는지 숫자를 세어 보세요.

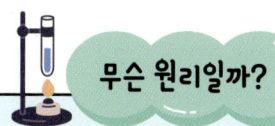

무슨 원리일까?

공기의 무게 때문에 생기는 압력을 '기압'이라고 합니다. 지구는 거대한 공기 기둥으로 둘러싸여 있으며, 지구 주변을 둘러싸고 있는 공기를 '대기'라 하지요. 그리고 지구를 둘러싼 공기 기둥의 무게를 '대기압'이라 합니다. 지표면에서 대기압은 1기압으로, 이것은 1,000km 길이의 공기 기둥의 무게에 해당하며 물기둥 10m의 무게와 맞먹습니다. 대기압은 모든 방향에서 물체에 작용합니다. 종이는 컵 속에 있는 물의 표면장력에 의해 컵에 달라붙고, 종이에 작용하는 대기압은 종이를 위로 떠받쳐 물(물+딸기)이 쏟아지지 않게 합니다.

떠오르는 구슬

분 류	물체의 원 운동
연 령	5세 이상(활동 ❺, ❻은 7세 이상)
교과연계	5학년 2학기 '물체의 운동'

준비물

- 다양한 종류의 공(골프공이나 탁구공, 유리구슬) 여러 개
- 오목하고 둥근 샐러드 볼 또는 대접
- 플라스틱 컵 또는 페트병
- 실 30cm
- 송곳

이 실험은요!

이 실험은 회전하는 물체의 운동을 탐구해 보는 활동이에요.

- 그릇이나 컵을 돌릴 때 주변에 부딪히지 않게 조심하세요
- 구슬이나 물이 쏟아질 수 있으니 주변을 정리한 뒤 실험을 시작하세요

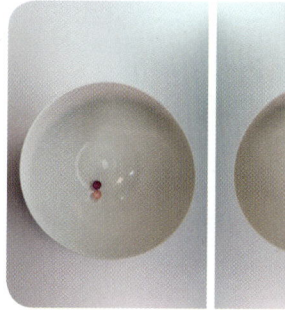    

① 유리구슬 1~2개를 그릇 가운데에 넣은 뒤 그릇을 돌리면 어떻게 될지 이야기 나눠 보세요. 그런 다음 그릇을 돌립니다.

> 그릇은 바닥에 놓고 돌려도 되고 양손이나 한 손으로 들고 돌려도 됩니다.

② 구슬을 하나씩 늘려가면서 그릇을 돌려 보세요. 그릇을 10회 정도 돌린 뒤 세워 구슬을 살펴보세요.

> 색색의 유리구슬이 그릇 안쪽을 따라 원을 그리며 마치 경주를 하듯 오르락내리락 회전합니다.

③ 골프공이나 탁구공을 그릇에 넣고 그릇을 돌려 멈추게 한 뒤 관찰해 보세요.

> 그릇은 멈췄지만 공은 계속해서 그릇의 벽면을 따라 회전하는 모습을 확인할 수 있습니다.

④ 페트병이나 컵으로 구슬을 가둔 뒤 돌려 보세요. 구슬의 개수를 늘려가며 구슬이 어떻게 움직이는지 살펴보세요.

> 컵을 10회 정도 빠르게 돌린 뒤 멈춰 보세요.

⑤ 플라스틱 컵이나 자른 페트병 입구 양쪽에 구멍을 낸 다음 끈을 묶어 주세요. 여기에 구슬을 넣고 끈을 잡아 공중으로 돌려주세요.

> 빠르게 돌려야 컵이 뒤집혀도 구슬이 쏟아지지 않습니다.

⑥ ⑤번 컵에 물을 1/4 정도 넣고 공중에서 빠르게 돌려 보세요.

> 물이 흐를 수 있으니 놀이터나 야외에서 도전해 보세요.

엄마랑 아이랑

타고 가던 차가 갑자기 멈추면 몸이 앞으로 쏠리지? 실제로 누가 민 것도 아닌데 말야. 이런 힘을 '관성력'이라고 해. 관성력은 그러니까 실제로 있는 힘은 아니지. 그릇에 구슬을 넣고 돌리다가 멈춰도 구슬은 계속 돌지? 힘을 주지 않고 있는데도 말야. 이런 것을 '회전 관성'이라고 해. 통에 물을 넣고 돌리다 물통을 거꾸로 들어도 물은 쏟아지지 않아. 사람들은 이걸 보며 물을 밖으로 미는 힘인 원심력이 작용한다고 생각하지. 하지만 그건 그렇게 밀어내는 현상을 설명하기 위해 만든 가상의 힘이고, 통에 실제로 작용하는 힘은 통에 달린 끈을 중심으로 잡아당기는 구심력이야. 구슬과 물은 그냥 계속 앞으로 가고 있는 거지.

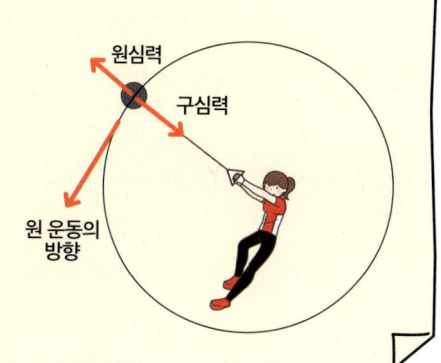

이것은 무엇일까요?

분류	자석의 성질
연령	5세 이상
교과연계	3학년 1학기 '자석의 이용'

준비물
- 자석 홀더
- 주변의 다양한 물건들 (클립, 집게, 인형 등)

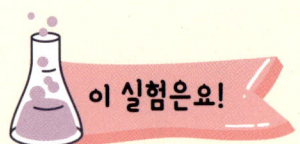 이 실험은 자석의 정체를 발견하는 과학 놀이 활동이에요.

 • 스마트폰이나 TV, 컴퓨터 모니터에는 자석을 접촉하지 않습니다.

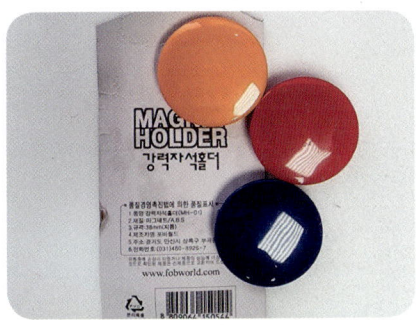
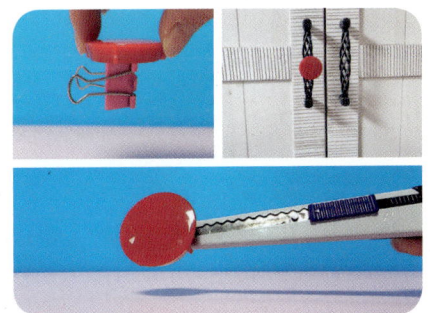

1. 낯선 자석 홀더를 보여주며 이것의 정체를 알기 위한 자료를 수집해 보세요.

   냄새도 맡아 보고, 손으로 만져 보고, 눈으로 관찰하고, 주변 물건과 어떤 작용을 일으키는지 알아보세요.

2. 자석 홀더가 달라붙는 것이 있으면 그것이 무엇인지 사진을 찍거나 모으거나 기억해 두세요.

   자석 홀더 안에 있는 것이 무엇인지는 비밀로 하고 자석이 잘 달라붙을 만한 것을 제시하거나 자석을 대보게 합니다.

3. 자석 홀더가 달라붙지 않는 것들을 사진을 찍거나 모으거나 기억해 두세요.

   자석 홀더를 갖다 대도 달라붙지 않는 것들을 찾아 어떤 물건에 자석을 대기 전에 붙을지 붙지 않을지를 예상해 보고 확인합니다.

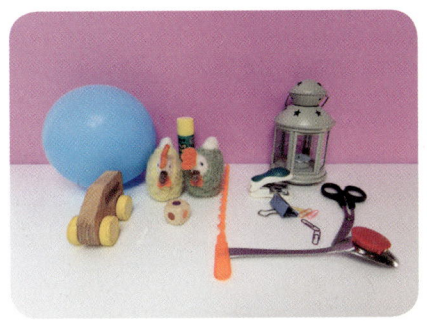

4. 수집한 물건들을 자석 홀더에 붙는 것과 붙지 않는 것으로 분류해 보세요.

   '관찰-자료 수집-분류하기'는 과학 탐구에서 매우 중요한 부분입니다.

5. 자석 홀더에 붙을 것 같지만 붙지 않는 물건 몇 가지를 정하여 붙을지 붙지 않을지를 예상한 다음 확인해 보세요.

   알루미늄 캔과 동전은 자석 홀더에 붙지 않습니다. 모든 금속이 다 자석에 달라붙는 것은 아니었네요.

6. 지금까지 이것저것 붙여본 물건이 자석이었다는 사실을 아이에게 알려주세요. 아이가 자석을 안다면 이것이 바로 자석이었음을 스스로 알게 해주세요.

   자석에 달라붙는 것이 철이라는 것을 확인한 뒤 자석 홀더를 실제로 활용해 보세요.

무슨 원리일까?

자석은 못이나 클립, 가위, 문손잡이 같은 금속 물체를 끌어당겨 달라붙게 합니다. 그러나 알루미늄 캔이나 금반지, 은반지, 동전 등은 금속이어도 자석에 달라붙지 않습니다. 다시 말해 철로 만들어진 물체만 자석에 달라붙습니다. 자석이 철을 끌어당기는 것은 철과 같은 물질의 내부에 작은 자석(원자 자석)들이 들어 있기 때문입니다. 자석 속에는 이 작은 자석들이 일정하게 규칙적으로 배열되어 있습니다. 그러나 철 속에 있는 작은 자석들은 평소 무질서하게 배열되어 있어 자석의 성질을 띠지 않습니다. 그러다가 자석을 가까이하면 철 속에 있는 무질서했던 작은 자석들이 가지런히 정렬하면서 자기를 띠게 되어 자석에 달라붙습니다.

자석에 붙는 물체	자석에 붙지 않는 물체
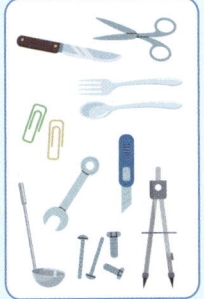	

물에 빠진 클립 구출 작전

분 류	자석의 이용
연 령	5세 이상
교과연계	3학년 1학기 '자석의 이용'

준비물

- ✓ 500~1500㎖짜리 페트병 1개
- ✓ 자석 1개
- ✓ 클립 30개
- ✓ 물

 이 실험은요!

이 실험은 자석이 떨어진 상태에서도 힘을 발휘하는 것을 경험해 보는 과학 활동이에요.

- 물을 쏟거나 흘리지 않도록 주의하세요.

① 페트병 입구가 좁아지기 시작하는 지점까지 물을 채운 뒤 클립을 넣어 주세요.

물을 흘리거나 물이 넘치지 않도록 합니다.

② 물을 쏟지 않으면서 페트병 속 클립을 꺼낼 수 있는 방법을 고민해 본 뒤 자석을 사용해 보세요.

클립이 모여 있는 아래쪽에 자석을 댄 뒤 클립이 달라붙으면 서서히 위로 끌어올립니다.

③ 클립을 병 입구까지 끌어올린 뒤 병 입구에서 클립을 자석에 붙여 손으로 떼어 주세요.

병의 입구가 좁아지는 부분에서 자석을 병에 밀착시켜야 끝까지 끌어올릴 수 있습니다.

④ 자석을 2개 붙여서 더 센 힘으로 클립을 끌어올려 보세요.

자석의 세기에 따라 달라붙는 클립 수가 달라집니다.

엄마랑 아이랑

자석이 다른 자석이나 철에 미치는 힘을 '자기력'이라고 한단다. 사람은 물체를 움직이려면 물체에 직접 몸이 닿아야 해. 하지만 자석은 떨어져 있어도 물체를 움직일 수 있단다. 그래서 물속에 있던 클립에 자석이 힘을 미쳐 끌어올릴 수 있었던 거야. 플라스틱과 물이 있어도 자기력이 작용하기 때문이지. 그래서 강력 자석(네오디뮴 자석)을 손등에 올려놓고 손바닥을 클립에 가까이하면 손바닥에 클립이 달라붙게 할 수도 있지. 스스로 닫히는 냉장고 문이나 자석 메모판은 자석의 이런 성질을 이용한 것이란다.

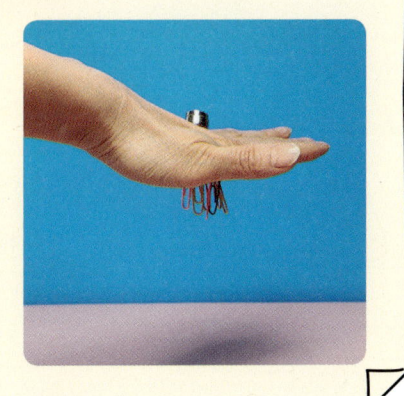

자주색 양배추 지시약

분류	산과 염기
연령	6세 이상
교과연계	5학년 2학기 '산과 염기'

준비물

- 자주색 양배추 1/6통
- 냄비
- 체
- 여러 물질(식초, 사이다, 레몬, 주방 세제, 소다, 물)
- 투명 작은 컵
- 물약병

이 실험은 어떤 물질이 산성인지 염기성인지를 알려주는 천연 지시약을 만들어 보는 활동이에요.

- 칼과 불은 위험하니 반드시 어른이 도와주세요
- 용액 중 농도가 진한 것은 물에 희석하여 사용해 주세요.

1. 양배추를 6등분하여 그중 하나를 듬성듬성 자릅니다.

   양배추는 1/6통만 사용해도 충분합니다.

2. 양배추가 잠길 만큼 물을 붓고 15분 정도 끓여 줍니다.

   믹서에 양배추를 갈아서 사용해도 됩니다.

3. 체를 이용해 양배추를 건져내고 물만 남깁니다.

   믹서에 간 것도 체에 걸러 사용합니다.

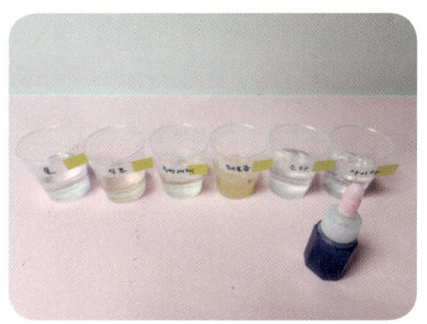
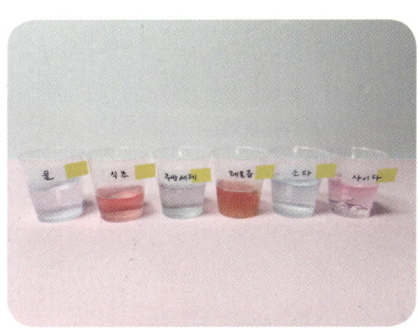
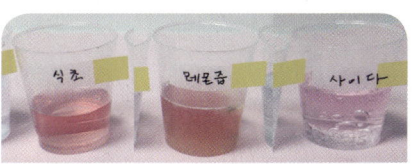
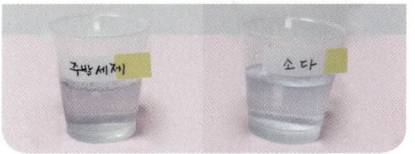

4. 양배추 용액은 물약병에 담고, 그 외 용액은 접시나 컵에 준비해 둡니다.

   ①물 ②식초 ③주방 세제
   ④레몬즙 ⑤소다 용액 ⑥사이다
   용액 이름을 붙여 놓으면 헷갈리지 않습니다.

5. 양배추 지시약을 각각의 용액에 2~3방울 떨어뜨립니다.

   컵이나 접시에 담긴 용액의 색 변화를 관찰하세요.

6. 붉은색 계열로 변한 용액과 푸른색 계열로 변한 용액을 확인해 보세요.

   용액의 색깔이 각각 어떻게 변했는지 이야기해 보세요.

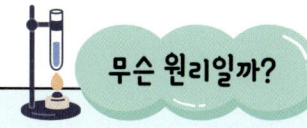

무슨 원리일까?

우리 주변의 물질은 성질에 따라 산성과 염기성으로 나눌 수 있습니다. 그 물질이 산성인지, 염기성인지를 알려주는 물질을 '지시약'이라고 합니다. 지시약은 화학적으로 만들기도 하지만 자연에서 손쉽게 얻을 수도 있습니다. 자주색 양배추 지시약은 양배추 색소(안토시아닌)를 우려내 사용하는 천연 지시약으로, 산성 용액은 붉은색으로, 염기성 용액은 푸른색으로 변하게 합니다. 이를 통해 식초, 레몬즙, 사이다는 산성이고 주방 세제와 소다 용액은 염기성임을 알 수 있습니다. 반면 물은 색 변화가 없는 중성 물질입니다.

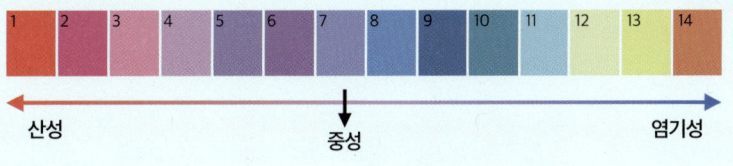

알록달록 국수 지시약

분 류	산과 염기
연 령	6세 이상
교과연계	5학년 2학기 '산과 염기'

준비물
- 자주색 양배추 1/6통
- 냄비
- 체
- 국수(소면)
- 여러 물질(식초, 사이다, 레몬, 주방 세제, 소다, 물)
- 투명 컵 또는 스포이트
- 6칸 나눔접시

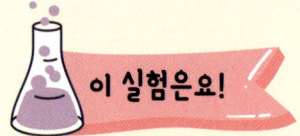 이 실험은 산성과 염기성을 알려주는 천연 지시약을 이용한 과학 활동이에요.

- 칼과 불은 위험하니 반드시 어른이 도와주세요
- 용액 중 농도가 진한 것은 물에 희석하여 사용해 주세요

1 냄비에 양배추를 넣고 끓여 양배추 물을 만듭니다.

양배추를 건져낸 뒤 국수를 넣고 살짝 삶습니다.

2 국수를 건져 체에 받쳐 물기를 빼주세요.

필요한 경우 국수를 찬물에 헹구면 면이 탱탱해집니다.

3 국수를 나눔접시에 담아 주세요.

나눔접시에 담아야 나중에 용액이 섞이지 않습니다.

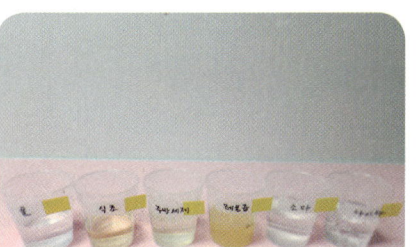

4 국수에 붓거나 넣을 물질을 준비해 주세요.

①물 ②식초 ③주방 세제
④레몬즙 ⑤소다 용액 ⑥사이다
용액에 이름을 붙이면 헷갈리지 않습니다.

5 컵에 담긴 용액을 국수에 붓거나 스포이트로 떨어뜨린 뒤 색깔 변화를 관찰해 보세요.

붉은색으로 변한 국수, 푸른색으로 변한 국수, 변화가 없는 국수로 나눕니다.

6 ❺의 국수로 작품을 만들어 보세요.

다양한 작품을 만들어 즐기고 뽐내 보세요.

엄마랑 아이랑

엄마는 리트머스 종이를 가지고 지시약을 배웠어. 리트머스 종이는 리트머스라는 이끼에서 뽑아낸 용액에 종이를 담갔다 말려 사용하는 지시약이야. 자주색 양배추를 끓여낸 보라색 용액에 종이를 담갔다 말리면 자주색 양배추 지시약이 되는 거지. 종이에 해도 재밌지만 국수를 이용하면 더 재미있어. 식초, 레몬즙, 사이다는 양배추 지시약 국수를 붉게 변하게 했지? 이런 물질은 산성이라고 해. 주방 세제와 소다 용액은 양배추 국수를 푸른 색으로 변하게 했지? 이런 물질은 염기성이야. 그런데 물은? 변화 없이 지시약 색 그대로네. 이런 물질은 중성이라고 한단다.

나뭇잎 곤충 모빌

분류	수평 잡기
연령	5세 이상
교과연계	4학년 1학기 '물체의 무게'

준비물
- 10cm짜리 나뭇가지 1개
- 나뭇잎(나비의 경우 사철나무, 은행나무 잎 각각 4장)
- 실 20~30cm
- 인형 눈알 2개
- 글루건 또는 양면테이프

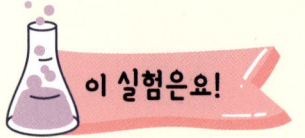 이 실험은 나뭇잎과 나뭇가지로 곤충 모빌을 만드는 활동이에요. 아이들이 까치발로 서서 기우뚱기우뚱 균형을 잡는 것처럼 나뭇잎 곤충으로 균형 잡기의 원리를 익혀 보세요.

- 자연을 훼손하지 않아요.
- 글루건으로 인해 화상을 입을 수 있으니 유의하세요.

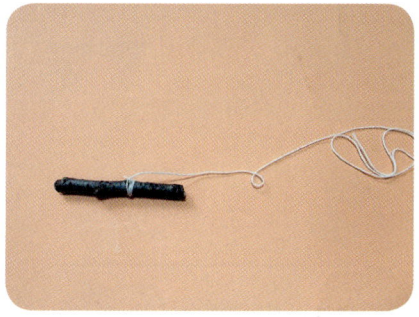

1 나뭇가지나 막대의 가운데 부분에 실을 감아 묶어 주세요.

> 아이가 직접 가운데 부분을 찾게 해주세요. 정확히 가운데가 아니어도 괜찮습니다.

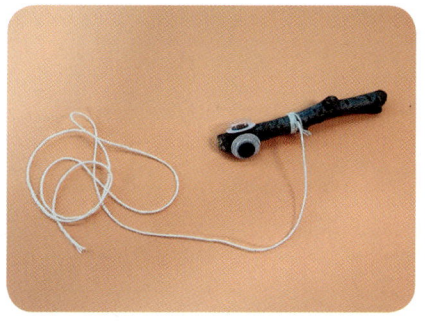

2 막대의 한쪽 끝에 눈알을 붙여 주세요.

> 양면테이프나 글루건을 이용합니다. 글루건을 막대에 묻힌 다음 후후 불어 그 위에 눈알을 살짝 올려 주세요.

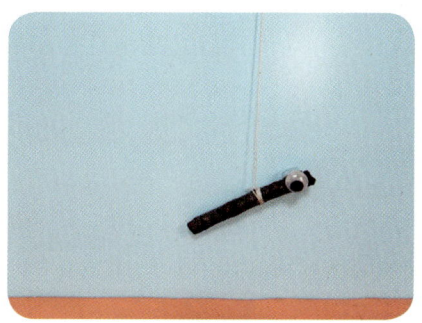

3 실을 들어 막대가 앞부분과 뒷부분 중 어느 쪽으로 기우는지 확인해 보세요.

> 막대가 기우는 쪽이 무거운 쪽입니다.

4 실의 앞뒤로 나뭇잎을 붙여 나비를 완성해주세요.

> 기울어진 쪽에는 가벼운 잎을, 올라간 쪽에는 좀 더 크고 무거운 잎을 달아 수평이 이루어지게 합니다.

5 실을 들어올려 모빌이 균형을 이루는지 확인해 보세요.

> 모빌이 한쪽으로 많이 기울어져 있으면 기울어진 쪽으로 실의 매듭 위치를 옮기거나 올라간 쪽에 작은 나뭇잎 또는 구슬 스티커를 붙여 균형을 맞춰 줍니다.

6 막대의 길이, 나뭇잎의 크기와 형태를 달리하여 다양한 나뭇잎 곤충을 만들어 달아보세요.

> 여러 종류의 나뭇잎으로 여러 개의 나뭇잎 곤충을 만들어 매달아 보세요.

무슨 원리일까?

수평 잡기의 원리가 적용됩니다. 수평은 실에 매단 막대가 어느 쪽으로도 기울지 않고 평평한 상태를 이루는 것을 말합니다. 평평한 상태를 이루며 실에 매달려 가만히 있을 수도 있지만 실에 매달린 채로 같은 폭만큼 아래 위로 움직이며 균형을 이루기도 합니다.

사실 막대는 실에 모든 무게를 달고 매달려 있습니다. 막대가 실에 매달려 어느 쪽으로도 기울어지지 않고 수평을 이루고 있다는 것은 막대의 무게중심을 받치고 있다는 의미입니다. 막대가 기운다면 가벼운 쪽에 무게를 달아 무게중심을 맞추면 다시 수평을 이루게 됩니다.

새콤달콤 피클 만들기

분류	삼투 현상
연령	5세 이상
교과연계	3학년 1학기 '물질의 성질'

준비물

- 오이 1개
- 양배추 1/8통
- 작은 파프리카 색깔별로 2~3개
- 양파 1/4통
- 설탕 1컵
- 물 2컵
- 식초 1컵
- 소금 1컵
- 900~1000㎖짜리 유리병 1개
- 도마
- 칼
- 숟가락
- 냄비

 이 실험은요!

이 실험은 채소 피클 만들기를 통해 삼투 현상을 경험해 보는 활동이에요.

- 채소를 자르고 단촛물을 만드는 과정은 반드시 어른이 도와주세요.

① 준비된 채소는 깨끗이 닦아서 다듬고, 유리병은 뜨거운 물로 소독해 주세요.

> 오이는 굵은 소금을 이용해 껍질을 닦고, 파프리카는 반을 갈라 씨를 뺍니다.

② 채소를 먹기 좋은 크기로 잘라 주세요.

> 너무 얇게 자르지 않습니다. 오이는 0.8~1cm가 적당합니다.

③ 재료를 유리병에 골고루 가득 채워 주세요.

> 병보다 위로 삐져나와도 괜찮습니다. 나중에 채소의 수분이 빠져나가면서 가라앉습니다.

④ 설탕, 물, 소금, 식초를 냄비에 넣고 섞어서 보글보글 끓여 단촛물을 만들어 주세요.

> 처음에는 센 불로, 보글보글 끓으면 중불로 줄여 3분 정도 더 끓인 뒤 불을 끕니다. 취향에 따라 향신료를 가미해도 됩니다.

⑤ 뜨거운 단촛물을 병에 부어 주세요. 이때 채소가 단촛물에 잘 잠겨야 합니다.

> 50분 정도 지나 김이 빠지면 뚜껑을 닫습니다. 너무 일찍 닫으면 나중에 뚜껑이 열리지 않을 수 있습니다.

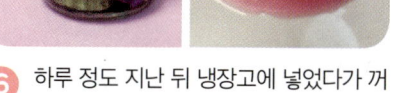

⑥ 하루 정도 지난 뒤 냉장고에 넣었다가 꺼내서 맛있게 먹습니다.

> 피클의 맛과 겉모습의 변화를 살펴보고 변화가 일어난 이유를 아이와 이야기 나눠 보세요.

엄마랑 아이랑

김치나 피클을 담글 때 배추나 오이를 소금물에 절이거나 단촛물에 담가두면 배추나 오이가 숨이 죽어 부드럽게 되는 것, 오랫동안 목욕을 하고 나면 손가락이 쪼글거리는 것은 모두 '삼투 현상'이란다. 삼투란 '스며들어 투과한다'는 뜻이야. 채소나 우리 몸에는 얇은 막이 있는데 그 막에 스며들어 통과하는 거지. 그 막은 소금이나 설탕처럼 알갱이가 큰 것은 통과를 시키지 못하고 물처럼 작은 알갱이만 통과시킬 수 있어. 그래서 배추나 오이를 소금물이나 단촛물에 담가 두면 그 속의 물이 빠져나가는 거지. 그런데 손가락이 쪼글거리는 것은 물이 스며들어와 손가락의 오톨도톨한 부분이 부풀어 올라서 그래. 손가락이나 땀은 좀 짭짤하잖아. 우리 몸이 목욕물보다는 진한 소금물인 셈이라서 물이 손가락으로 스며드는 거란다. 이런 삼투 현상이 일어나는 이유는 진한 정도(농도)가 다른 두 용액의 진한 정도를 같게 해서 균형을 이루게 하기 위함이야.

〈삼투 현상〉

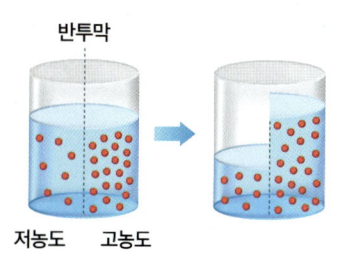

민들레 씨앗 낙하산

분 류	공기의 저항
연 령	6세 이상
교과연계	5학년 2학기 '물체의 운동'

준비물

- 민들레 씨앗 1~2개
- 20~30cm짜리 정사각 비닐 1장
- 실 1m
- 가위
- 셀로판테이프
- 스티커
- 종이컵 또는 고무찰흙

이 실험은요!

이 실험은 민들레 씨앗이 퍼져나가는 모습을 모사해 공기 저항을 탐구해 보는 과학 활동이에요.

- 높은 곳에서 낙하산을 떨어뜨릴 때는 안전에 유의하세요.
- 민들레는 주로 4~5월에 꽃이 피고 그 이후 늦여름까지 씨앗을 볼 수 있습니다.

❶ 민들레 꽃 줄기에 하얀 갓털로 덮힌 동그란 민들레 씨앗을 입으로 불어 보세요.

민들레 씨앗이 날리는 모습을 관찰합니다.

❷ 민들레 갓털을 뽑아 모양을 자세히 관찰해 보세요.

아래에는 진갈색의 길쭉한 씨앗이 달려 있고, 위에는 여러 개의 갓털이 퍼져 있습니다.

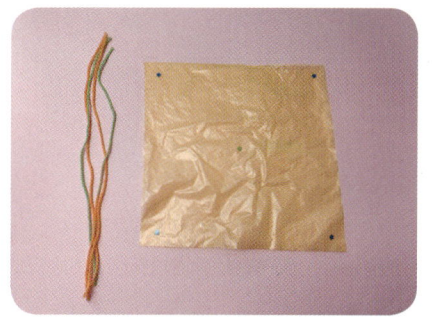
❸ 비닐봉지를 펼쳐 꼭짓점에서 안쪽으로 2cm 정도 위치에 실을 붙일 자리를 펜이나 스티커로 표시해 주세요.

각 꼭짓점에서의 거리가 동일해야 낙하산이 기울지 않습니다.

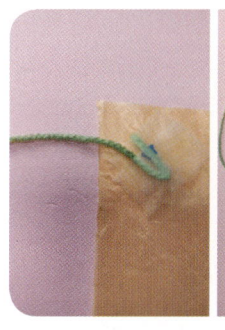
❹ 4등분한 실을 ❸의 표시된 곳에 셀로판테이프로 단단히 붙여 주세요.

실을 붙인 뒤 실을 꼬아 한 번 더 붙여 주면 떨어지지 않습니다.

❺ ❹의 실을 가운데로 모은 다음 종이컵 옆면에 간격을 맞춰 테이프로 붙여 주세요.

컵 대신 고무찰흙이나 좋아하는 인형, 야광봉 등을 이용해도 재미있습니다.

❻ ❺를 떨어뜨려 낙하하는 모습을 관찰해 보세요.

공기의 저항을 받으며 천천히 내려오는 모습이 흥미롭습니다.

무슨 원리일까?

바람에 의해 씨앗을 퍼뜨리는 식물은 공기 중에 씨앗을 띄우는 독창적인 방법을 발전시켜 왔습니다. 민들레 씨앗은 단풍나무 씨앗처럼 날개 구조를 가지고 있지 않습니다. 대신 공기 저항을 크게 만들어 씨앗을 높게 뜨도록 돕는 갓 모양의 털(갓털)을 이용하지요. 갓 또는 우산의 머리 부분에 90~110개 정도의 갓털이 달려 있습니다. 이 갓털 사이 빈 공간을 지나는 공기가 소용돌이를 만들어내 씨가 떨어지지 않고 안정적으로 비행할 수 있도록 합니다. 이는 매우 효과적이어서 민들레는 놀라울 정도로 멀리 씨앗을 퍼뜨립니다.

민들레 씨앗의 우산처럼 둥근 갓털 모양을 본떠 만든 것이 낙하산입니다. 우산처럼 생긴 낙하산의 지붕이 공기 저항을 일으켜 낙하산을 단 물체가 공기에 떠서 이동하면서 서서히 땅에 내려앉도록 합니다.

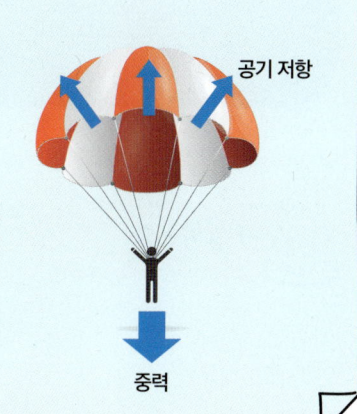

빨대로 물 옮기기

준비물
- 물컵 2개
- 물
- 빨대 1개(손가락으로 구멍을 막을 수 있는 굵기)

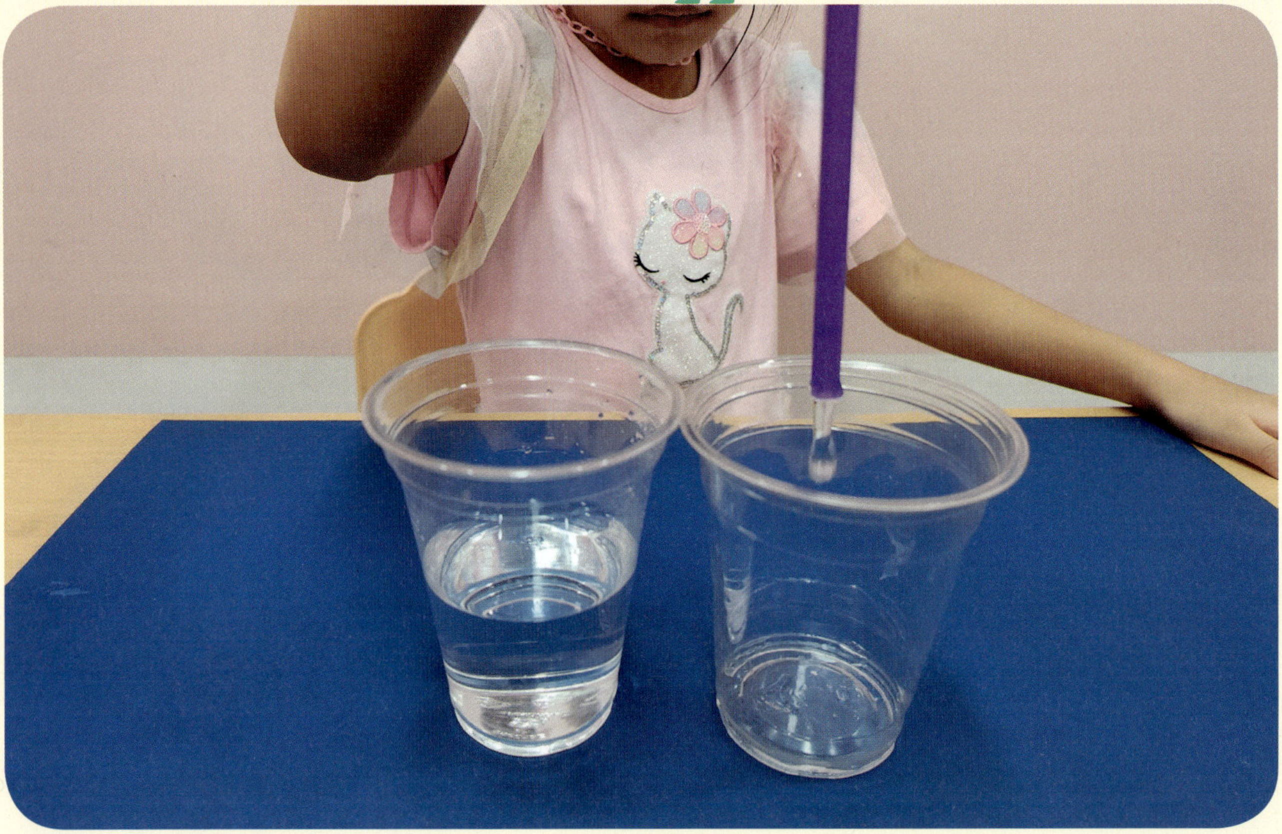

분 류	대기압
연 령	6세 이상
교과연계	3학년 1학기 '지구의 모습'

 이 실험은 대기압을 이용해 빨대에 물을 가두는 과학 활동이에요.

 • 물을 흘릴 수 있으니 걸레나 마른 수건을 미리 준비해 주세요

① 빨대를 이용해 물이 든 컵에서 빈 컵으로 물을 옮겨 보세요. 입은 사용하지 않습니다.

빨대를 이용해 여러 방법으로 물을 옮겨 보세요.

② 물이 든 컵에 빨대를 똑바로 꽂아 세운 다음 빨대 끝을 손가락으로 꼭 막아 주세요.

손가락으로 빨대 끝을 막았다 열었다 하며 변화하는 모습을 살펴보세요.

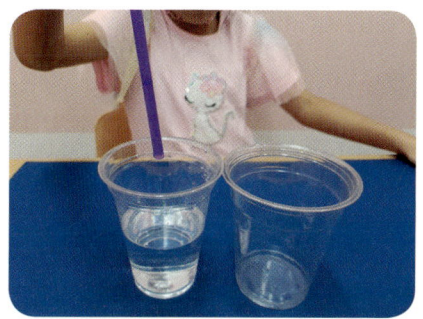

③ 빨대 끝을 꼭 막은 ②의 빨대를 위로 들어 올려 빨대 속 물을 확인해 보세요.

빨대 구멍을 막고 있으면 빨대를 들어도 물이 쏟아지지 않습니다.

④ 빨대 구멍을 막은 상태에서 빨대를 빈 컵으로 가져갑니다.

⑤ 막고 있던 손을 떼어 보세요.

⑥ 빨대 속 물이 쏟아지는 것을 확인하고 이 과정을 반복해 보세요.

무슨 원리일까?

빨대로 주스를 마실 때 우리는 음료뿐 아니라 공기도 빨아들입니다. 공기를 입으로 빨아들여 빨대 속에서 공기를 제거하면 빨대 속의 압력이 빨대 바깥의 압력(대기압)보다 낮아집니다. 빨대 밖 압력이 세기 때문에 컵 속의 주스는 빨대로 밀려 올라가 마지막에 입 안으로 들어갑니다. 마찬가지로 빨대 위와 아래에 공기 압력차(기압차)를 만들면 빨대에 넣은 물을 가둘 수 있습니다. 우리가 빨대에 물을 넣은 다음 빨대 위쪽을 손가락으로 막으면 빨대 위쪽에서 가해지는 공기의 압력이 줄어듭니다. 이때 빨대 아래쪽에 작용하는 공기의 압력(대기압)은 변화가 없으므로 빨대 아래에서 작용하는 공기의 압력이 더 크기 때문에 물은 아래로 흘러내리지 못합니다.

우리 주변에 작용하는 공기의 압력은 1000km 높이 공기 기둥의 무게에 해당합니다. 이 공기 기둥의 무게를 우리는 '대기압'이라고 부르지요. 대기압은 모든 방향에서 동일하게 작용합니다.

공기 기둥의 무게 = 대기압

얼음 꽃그릇

분 류	물의 특성
연 령	5세 이상
교과연계	4학년 2학기 '물의 상태 변화'

준비물

- 3ℓ짜리 둥근 플라스틱 그릇 (지름 15cm)
- 1.5~1.8ℓ짜리 작은 그릇 (밥공기 크기)
- 여러 가지 꽃잎(허브나 자른 오렌지도 가능)
- 물(찬물, 뜨거운 물)
- 각얼음
- 돌멩이 또는 추
- 넓은 접시(도마도 가능)

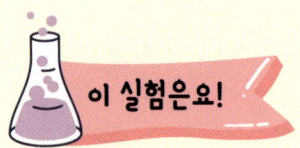 이 실험은 얼음 그릇 만들기를 통해 액체와 고체 상태를 비교 탐구해 보는 활동이에요.

⚠️
- 뜨거운 물을 사용할 때는 반드시 어른이 도와주세요.
- 그릇을 빼는 과정에서 얼음이 너무 많이 녹지 않도록 합니다.

① 주변에서 쉽게 구할 수 있는 꽃과 꽃봉오리, 잎을 준비해 주세요.

> 꽃다발 속 꽃이나 허브도 가능합니다.

② 큰 그릇의 바닥과 가장자리에 꽃을 넣고 가운데에 작은 그릇을 넣은 다음 두 그릇 사이에 물을 부어 주세요.

> 꽃이 뜨면 각얼음으로 누르고, 작은 그릇은 가운데에 돌멩이를 넣어 중심을 잡아 주세요. 물은 가득 채우지 말고 2~3cm 정도 남깁니다.

③ 그릇을 냉동실에 넣은 뒤 2~3시간 후에 꺼내어 물을 조금 더 붓고 삐져나온 꽃이 잠기에 하여 3시간 정도 더 얼립니다.

> 냉동실 설정과 물의 양에 따라 다르지만 완전히 어는 데 5~6시간 정도 소요됩니다.

④ 그릇을 냉동실에서 꺼내 실온에 5분 정도 두었다가 따뜻한 물에 넣었다 뺀 다음 가장자리를 녹여 큰 그릇을 뺍니다.

> 얼음 가운데에 있는 작은 그릇에도 뜨거운 물을 넣었다 빼서 그릇을 살짝 뺍니다.

⑤ 완성된 얼음그릇을 꺼내 그릇의 모양, 단단함, 투명함 등을 관찰해 보세요.

> 물그릇은 만들 수 없지만 얼음그릇은 만들 수 있어요. 물과 얼음의 특징을 비교하며 그 이유를 이야기해 보세요.

⑥ 완성된 얼음그릇은 냉동실에 보관해 두고 필요할 때 꺼내어 사용하면 됩니다.

> 얼음 두께가 최소 2cm 정도 되어야 빙수나 아이스크림, 과일 등을 담을 수 있습니다.

무슨 원리일까?

액체 상태인 물을 냉각하면 고체 상태인 얼음이 됩니다. 액체인 물은 투명하고 흐를 수 있고 정해진 모양이 없어 담는 그릇에 따라 형태가 달라집니다. 이는 물분자 사이의 거리가 고체일 때보다 멀어 비교적 느슨하게 흩어져 있기 때문입니다. 고체인 얼음은 물을 0℃ 이하로 냉각해 만듭니다. 물이 냉각되면서 물분자들은 열에너지를 잃고 움직임이 줄어들면서 분자들끼리 가까워집니다. 그리고 마침내 분자들끼리 단단히 결합되어 일정한 형태를 가지게 되지요. 단단한 결합으로 인해 손으로 찔러도 들어가지 않고 눌러도 모양이 쉽게 변하지도 않습니다. 물에서 떠다니며 움직이던 물체도 얼음 속에 갇히면 꼼짝 못합니다. 여기에 투명하기까지 하여 꽃을 넣어 얼리면 아름다운 그릇이 됩니다.

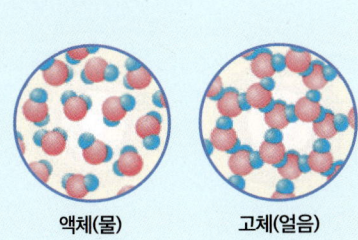

액체(물)   고체(얼음)

PART 1 봄에 하면 좋은 실험

페트병 우주 팽이

분 류	물체의 원 운동
연 령	7세 이상
교과연계	5학년 2학기 '물체의 운동'

준비물

- ✓ 250~500㎖짜리 페트병 2개
- ✓ 유리구슬 1개
- ✓ 셀로판테이프
- ✓ 가위
- ✓ 칼
- ✓ 스티커

 이 실험은요!

이 실험은 회전하는 페트병을 통해 원 운동과 착시를 경험해 보는 활동이에요.

- 페트병을 자를 때는 칼집을 살짝 넣은 뒤 가위로 자릅니다.
- 칼과 가위는 위험하니 어른이 도와주세요.

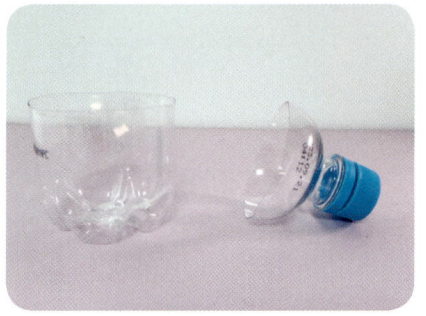

1 페트병 윗부분을 잘라 2개의 깔대기를 준비해 주세요.

페트병은 뚜껑이 있는 상태로 사용합니다.

2 2개의 깔때기를 셀로판테이프로 붙입니다.

끝부분을 매끄럽게 연결해 주세요.

3 뚜껑 한쪽을 열어 구슬을 넣고 다시 닫아 주세요.

한쪽 뚜껑은 닫은 상태에서 넣어야 구슬이 밖으로 빠져나오지 않습니다.

4 완성된 페트병을 바닥에 놓고 가운데 볼록한 부분을 한 손으로 누르고 다른 한 손으로 오목한 뚜껑 부분을 당겨 팽이를 돌려 주세요.

볼록한 부분을 살짝 누르며 회전시켜야 구슬과 페트병이 도망가지 않고 제자리에서 돕니다.

5 여러 번 반복해서 페트병을 돌려 회전하는 모습을 관찰하세요.

마치 고리를 두른 듯한 행성의 모습이 보입니다. 페트병에 스티커를 붙여 그 모습을 관찰해도 좋습니다.

6 회전하는 페트병 중심에 있는 구슬과 가장자리에 있는 병뚜껑이 어떻게 움직이는지 비교해 보세요.

구슬이 돌다가 뚜껑 속으로 들어가기도 합니다. 중심을 잡은 상태에서 천천히 돌리면 가운데 부분에 자리를 지키고 있는 구슬이 보입니다.

무슨 원리일까?

우주 팽이를 회전시키기 위해서는 외부에서 힘이 가해져야 하며, 한 번 회전하기 시작한 페트병은 외부 힘이 가해지지 않는 한 계속 회전합니다. 이렇게 회전하는 물체가 계속해서 회전하려는 성질을 '회전 관성'이라고 합니다. 회전하는 물체의 중심은 회전축이 되어 움직임이 거의 없지만 중심에서 먼 부분은 많은 거리를 빠르게 움직이며 큰 원을 그리게 됩니다. 그래서 페트병이 회전할 때 중심의 구슬은 거의 움직임이 없고, 페트병 뚜껑은 연속된 하나의 고리처럼 보이다가 바닥과의 마찰에 의해 속도가 느려지면 8개, 4개, 2개로 보입니다. 페트병 뚜껑이 둥글게 연결된 하나의 고리처럼 보이는 것은 빠르게 움직이는 물체를 볼 때 아직 앞의 이미지가 남아 있는 상태에서 새로운 이미지가 들어오면서 두 이미지를 겹친 것으로 인식하는 뇌의 착시 효과 때문입니다.

떠오르는 동전

분류	빛의 굴절
연령	5세 이상
교과연계	6학년 1학기 '빛과 렌즈'

준비물

- 동전 또는 납작구슬
- 오목한 그릇(밥공기나 대접)
- 물
- 투명 컵 2개
- 빨대 또는 꼬치막대
- 젤리
- 세숫대야 또는 샐러드용 볼

 이 실험은 빛의 굴절을 경험해 보는 과학 놀이 활동이에요.

 • 물을 닦을 수 있는 수건을 준비해 주세요.

❶ 물을 넣은 그릇에 손을 담가 보세요. 내 손이 커진 걸까요? 아니면 크게 보이는 걸까요?

> 욕조나 수영장에서 해보아도 좋습니다.

❷ 투명 컵이나 그릇에 젤리를 넣고 물을 부은 다음 물을 붓지 않은 젤리와 비교해 보세요.

> 물속 젤리가 더 커 보이는 것을 관찰합니다.

❸ 젤리의 위치를 잘 보면서 빨대나 꼬치막대로 한 번에 젤리를 찍어서 꺼내 보세요.

> 깊이가 조금 깊은 컵이나 그릇을 사용하세요.

❹ 오목한 그릇 가운데에 동전을 놓고 한걸음 물러나 비스듬히 서서 동전을 바라보세요.

> 위치를 바꿔 가며 동전이 보일 듯 말 듯한 위치를 찾아보세요.

❺ 아이는 동전을 계속 바라보고, 엄마는 그릇에 물을 부어 보세요.

> 동전이 물 위에 떠 있는 것처럼 보인다면 손으로 잡아 봅니다.

❻ 투명 컵에 빨대를 넣은 뒤 컵 밖에서 빨대를 살펴보세요.

> 빨대가 물과 공기의 경계면에서 꺾어진 것처럼 보입니다.

무슨 원리일까?

빛이 공기에서 물로 진행되면 이 둘의 경계면에서 빛이 굴절합니다. 공기에서 물이나 유리처럼 빛의 속력이 감소하는 매질로 들어가면 빛이 들어오는 입사각에 비해 빛이 꺾이는 굴절각이 작아지는 것이지요. 반대로 물이나 유리에서 공기로 들어갈 때는 굴절각이 커집니다. 물속에 손을 담갔을 때 손이 커 보이는 것은 빛이 물에서 공기로 이동하면서 굴절하기 때문입니다. 물속에 있는 젤리가 더 커 보이는 것도 같은 이유입니다. 젤리에서 반사된 빛이 물속을 지나 공기 중으로 나올 때 빛이 굴절하는데, 젤리가 수면 가까이 떠 있는 것으로 보여 젤리가 더 커 보이는 것입니다. 그래서 빨대로 젤리를 찍을 때는 젤리가 보이는 위치보다 약간 아래쪽을 찍어야 합니다. 동전도 그릇 가장자리에서 비스듬히 들여다보면 보이지 않습니다. 그러나 여기에 물을 부으면 빛이 굴절되며 동전이 약간 위로 떠올라 보이기 때문에 그릇 가장자리에서도 동전을 볼 수 있습니다.

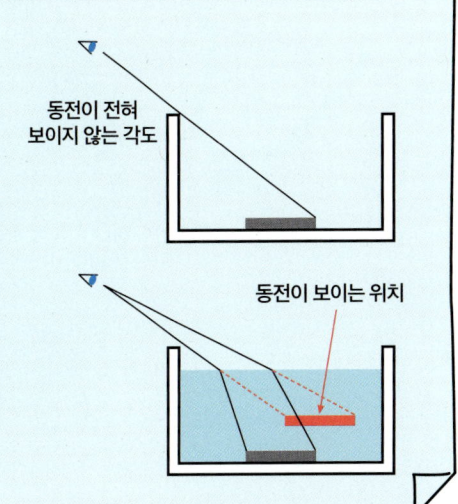

하트의 묘기

분류	수평 잡기
연령	5세 이상
교과연계	4학년 1학기 '물체의 무게'

준비물

- 30cm짜리 내맘대로 철사 1개
- 너트 또는 클립
- 클레이 또는 지점토

이 실험은요!

이 실험은 아래가 열린 하트 모양(♡)으로 철사를 구부려 균형 잡기 놀이를 해보는 활동이에요.

⚠ • 철사를 하트 모양으로 구부릴 때 찔리지 않게 조심하세요.

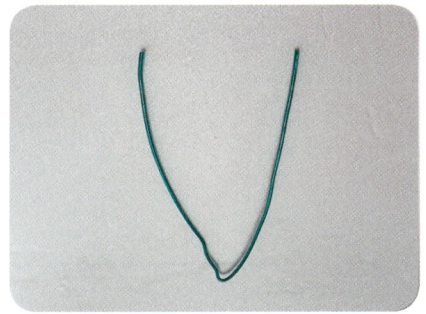

1 내맘대로 철사의 중심을 찾아 주세요.

> 철사를 반으로 접으면 중심을 찾을 수 있습니다.

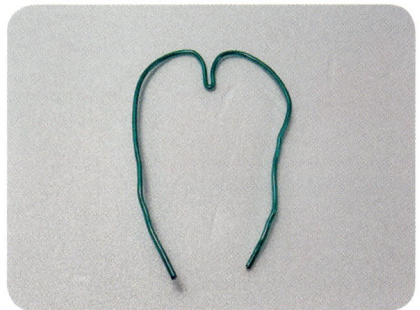

2 철사의 중심이 오목하게 들어간 열린 하트 모양을 만들어 주세요.

> 철사의 중심이 2cm 정도 오목하게 들어가게 해 주세요.

3 철사 양끝에 같은 무게의 클레이나 지점토를 단 뒤 주변에 있는 물체 위에 올려 보세요.

> 하트의 오목한 부분이 받침점이 됩니다.

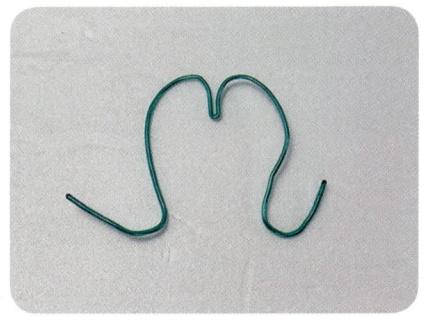

4 철사의 양끝을 구부려 고리 모양을 만들어 물건을 걸 수 있게 해주세요.

5 철사의 양끝에 같은 수의 너트나 클립을 걸어 주변의 물체 위에 올려 보세요.

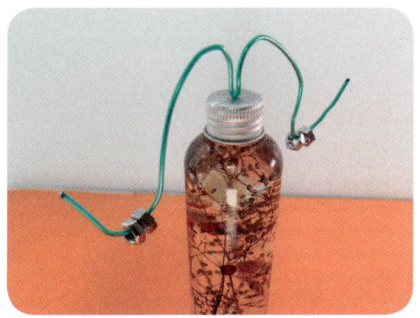

6 철사에 너트를 걸지 않거나 한쪽을 무겁게 해보고 다시 양쪽에 같은 수의 너트를 걸어 비교해 보세요.

엄마랑 아이랑

책이나 연필을 한 손가락 위에 올릴 수 있을까? 책이나 연필의 한 가운데를 받치면 쓰러지지 않고 손가락 위에서 균형을 잡게 되는데, 이 지점을 '무게중심'이라고 한단다. 무게중심은 말 그대로 물체 무게의 중심이어서 이 부분을 받쳐 주면 물체가 쓰러지지 않아. 하트 철사도 마찬가지야. 하트에서 오목하게 들어간 부분을 물체에 올려 받쳐 주게 되니까 이 부분이 받침점이 되는 거지. 하트의 무게중심이 받침점과 같거나 무게중심이 받침점보다 아래에 있게 되면 우리의 하트 철사는 넘어지지 않고 그대로 서 있게 된단다.

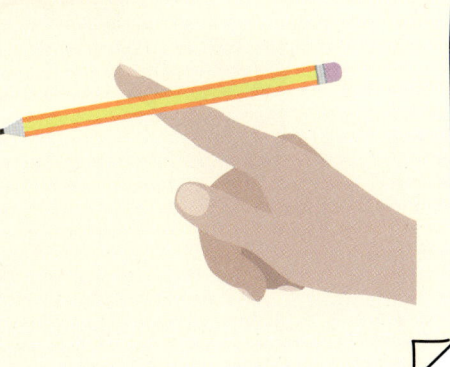

PART 1 봄에 하면 좋은 실험

줄 타는 피에로

기본 활동

분 류	수평 잡기
연 령	6세 이상
교과연계	4학년 1학기 '물체의 무게'

 **준비물**

- 두꺼운 도화지 1장
- A4용지 1장
- 풀
- 가위
- 색연필
- 동전 2개 또는 동전자석 4개
- 실 30cm
- 2ℓ짜리 페트병 2개
- 셀로판테이프

 **이 실험은요!**

이 실험은 외줄 위에서 아슬아슬 위험한 곡예를 펼치는 피에로로 균형 잡기의 원리를 탐구해 보는 활동이에요.

- 피에로를 오릴 때 곡선 부분은 어려울 수 있으니 어른이 도와주세요

1 종이를 반으로 접어 피에로를 반만 그려서 접은 채로 오려 주세요.

> 좌우 대칭이 되어야 하므로 반을 접어 그림을 그린 뒤 같이 오립니다.

2 피에로를 두꺼운 도화지에 붙인 다음 나머지 반쪽을 그려 색을 칠합니다.

> A4용지에 먼저 그린 다음 두꺼운 도화지에 붙여서 오리면 가위질하기 좋습니다.

3 피에로의 양쪽 발에 동전이나 납작구슬, 동전자석을 붙입니다.

> 무게가 있는 것이면 다 가능합니다. 자석은 별도의 접착을 하지 않아도 되고 붙이는 위치를 자유롭게 바꿀 수 있어 편리합니다.

4 페트병에 물을 2/3 정도 채운 다음 양쪽에 실을 팽팽하게 묶어 주세요.

> 페트병에 물을 채워야 쉽게 쓰러지지 않습니다.

5 실 위에 피에로를 올려 균형을 잡을 수 있는지 살펴보세요.

> 줄 위의 피에로를 살짝 밀거나 당겨 균형을 잡게 해보세요.

6 한쪽 페트병을 살짝 들어 경사를 만들어 피에로가 줄을 타고 저절로 움직이게 해 주세요.

> 피에로는 높은 곳에서 외줄을 타고 균형을 잡으며 내려오는 서커스를 펼칩니다.

무슨 원리일까?

외줄 위에서 위태롭게 줄을 타는 피에로는 균형 잡기의 원리를 잘 활용하고 있습니다. 줄을 탈 때 피에로의 엉덩이는 받침점이 되고, 양발에 붙인 동전은 무게중심을 잡아 주는 역할을 합니다. 피에로가 균형을 잡기 위해서는 무게중심의 위치가 중요합니다. 무게중심이 받침점 아래에 있어야 피에로는 균형을 이룰 수 있습니다. 그래서 몸의 가장 아래쪽에 있는 양발에 같은 무게의 무거운 물체를 달아 무게중심을 받침점보다 아래에 위치하도록 합니다.

물구나무 서는 피에로 확장 활동

분류	수평 잡기
연령	7세 이상
교과연계	4학년 1학기 '물체의 무게'

준비물

- ✓ 두꺼운 도화지 1장
- ✓ A4용지 1장
- ✓ 풀
- ✓ 가위
- ✓ 색연필
- ✓ 고무찰흙 2개
- ✓ 내맘대로 철사 30cm
- ✓ 실 30cm
- ✓ 2ℓ짜리 페트병 2개
- ✓ 셀로판테이프
- ✓ 글루건

이 실험은요!

이 실험은 줄 타는 피에로의 확장 활동으로, 균형 잡기의 원리를 더 확실하게 이해하고 응용해 보는 활동이에요.

⚠️
- 글루건으로 인해 화상을 입을 수 있으니 유의하세요.

58

① 앞에서 사용한 피에로 모자에 V자로 작은 홈을 만들어 주세요.

> 피에로의 모자를 실에 얹기 위한 1cm 정도의 가느다란 홈입니다.

② 물을 채운 페트병 2개에 실을 묶어 줄타기용 줄을 만든 뒤 피에로 모자의 홈에 실을 끼워 거꾸로 세워 보세요.

> 피에로가 줄에서 떨어지지 않도록 하려면 어떻게 해야 할지 아이와 이야기 나눠 보세요.

③ 피에로를 뒤집어 가슴에서부터 팔, 그리고 손까지 V자로 길게 철사를 붙여 주세요.

> 철사가 피에로의 손에서 3~5cm 정도 더 삐져 나와야 합니다. 테이프나 글루건을 사용하세요.

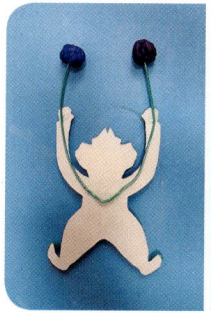  

④ 철사의 양끝에 같은 무게의 고무찰흙을 붙여 주세요

> 고무찰흙이 철사에서 빠질 경우 철사 끝을 동그랗게 말거나 글루건을 이용해 붙여 주세요.

⑤ 피에로를 거꾸로 하여 실 위에 올린 다음 균형을 잡을 수 있는지 확인하세요.

> 피에로를 살짝 밀거나 흔들어 움직임을 즐겨 보세요.

엄마랑 아이랑

피에로를 그냥 거꾸로 세우면 줄에서 떨어지지? 하지만 양팔에 고무찰흙을 붙여 줄 위에 세우면 피에로가 균형을 이룬단다. 고무찰흙 덕분에 아랫부분이 무거워져 피에로가 균형을 잡을 수 있는 거지. 피에로는 몸을 받치는 머리 부분보다 물체의 무게가 몰리는 무게중심이 더 아래에 있어야 균형을 잡을 수 있다는 것을 기억하렴.

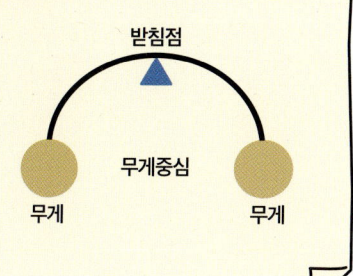

떠오르는 풍선 잠수정

분 류	화학 변화, 부력
연 령	5세 이상
교과연계	3학년 1학기 '물질의 성질'

준비물

- 1.5~2ℓ짜리 페트병 1개
- 작은 풍선 1~2개
- 클립 또는 옷핀 10개
- 5~10㎖ 작은 유리병
- 색소 1개(색깔 무관)
- 소다
- 식초
- 티스푼
- 약병 또는 스포이트
- 종이(색종이의 1/4 크기)
- 작은 컵
- 물

 이 실험은요!

이 실험은 화학 반응으로 부력을 발생시켜 보는 과학 활동이에요.

- 식초나 소다는 쏟아질 위험이 있으니 조금씩 담아서 이용하세요.

60

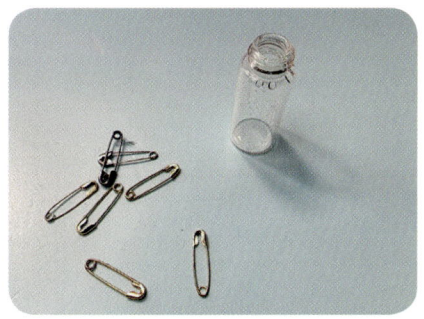
① 물을 3/4 정도 채운 페트병과 옷핀 10개 정도를 넣을 수 있는 작은 유리병을 준비해 주세요.

향수 샘플이나 화장품 용기를 재활용하면 좋습니다.

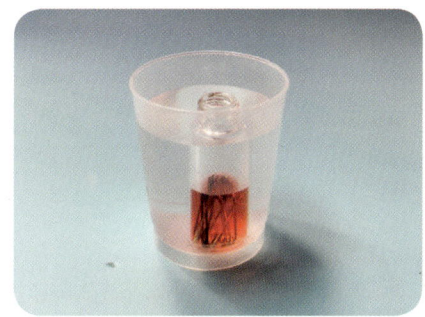
② 물이 담긴 작은 컵에 ①의 유리병을 넣어 세워 보세요. 물에 색소를 넣으면 더 선명하게 볼 수 있습니다.

유리병이 떠오르면 옷핀과 물을 넣어 떠오르지 않고 중심을 잡고 서게 합니다.

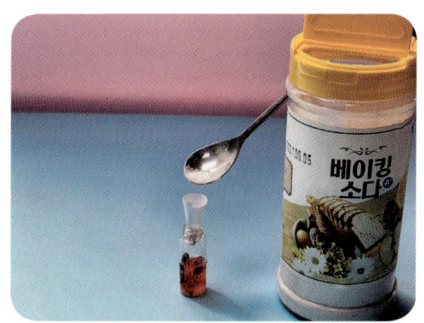
③ 유리병에 소다 1티스푼을 넣어 주세요.

종이를 깔때기 모양으로 말아 병 입구에 끼운 뒤 소다를 조금씩 흘려 넣습니다.

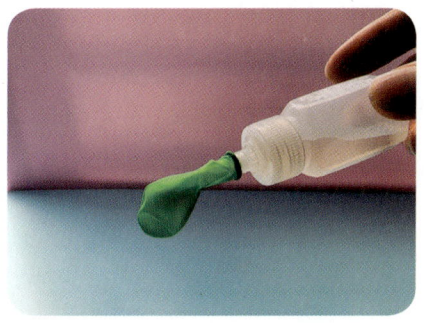
④ 약통이나 스포이트를 이용해 풍선에 식초를 1/2~1/3 정도 넣어 주세요.

식초가 넘치지 않게 주의하세요.(식초:소다=1:1)

⑤ ④의 풍선을 유리병에 씌운 다음 식초가 유리병에 들어가지 않도록 주의하면서 물이 들어 있는 페트병에 넣어 주세요.

풍선을 유리병에 끼울 때는 식초가 넘어가지 않도록 풍선 목 부분을 손가락으로 누른 다음 씌워 주세요.

⑥ 풍선 달린 유리병이 물속으로 들어가면서 바닥으로 가라앉았다가 다시 떠오르는 모습을 관찰해 보세요.

풍선이 부풀면서 위로 떠오르는 모습을 보고 풍선에 무슨 일이 일어났는지를 생각해 보세요.

무슨 원리일까?

풍선을 씌운 유리병은 처음엔 무거워서 물속에 가라앉지만 유리병 속 소다와 풍선 속 식초가 만나는 순간 이산화탄소 기체가 발생하면서 풍선을 부풀게 합니다. 기체는 액체인 물보다 밀도가 작기 때문에 풍선을 씌운 유리병은 물에 밀려 위로 떠오르게 됩니다. 식초(CH_3COOH)와 소다($NaHCO_3$)처럼 서로 다른 물질이 만나 이산화탄소(CO_2)와 같은 새로운 물질을 만들어내는 것을 '화학 변화'라고 합니다.

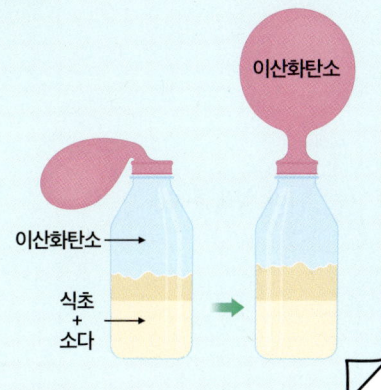

물 위의 요정, 클립 소금쟁이

분류	표면장력
연령	5세 이상
교과연계	3학년 1학기 '물질의 성질'

준비물

- ✓ 접시 또는 컵
- ✓ 클립 또는 옷핀 3~4개
- ✓ 물
- ✓ 화장지
- ✓ 꼬치막대 또는 젓가락
- ✓ 스티커 인형 눈알 작은 것 2개

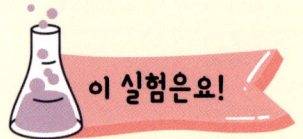

이 실험은 물에 클립 띄우기를 통해 물의 표면장력을 경험해 보는 활동이에요.

 • 물이 흘러 젖을 수 있으니 수건을 미리 준비하세요.

62

① 옷핀이나 클립 3~4개, 물이 2/3 정도 채워진 컵을 준비해 주세요.

못처럼 뾰족한 것보다는 클립처럼 편평한 형태의 것이 좋습니다.

② 준비한 물체들이 물에 뜰지 가라앉을지를 예상해 보세요.

'예상하기-실험 및 관찰하기-결과 확인하기-이유 생각해 보기'의 과정을 아이와 이야기 나눠 보세요.

③ 물에 넣은 물체들이 어떻게 되었는지 확인하고 이유를 생각해 보세요.

물보다 밀도가 큰 물체(쇠)는 가라앉고, 물보다 밀도가 작은 물체(나무로 만든)는 물에 뜹니다.

④ 클립이나 옷핀을 물에 띄울 수 있는 방법을 고민해 본 뒤 화장지를 물에 띄워 클립을 올려 보세요.

휴지는 클립보다 좀 더 크게 잘라 사용하세요.

⑤ 화장지는 가라앉았지만 클립은 계속 물에 떠 있는 모습을 보면서 이유를 생각해 보세요.

만약 휴지가 물에 가라앉지 않으면 꼬치막대로 살짝 눌러 클립과 분리해 주세요.

⑥ 클립 가운데 부분에 눈알 스티커를 붙여 클립 소금쟁이를 만들어 물에 띄워 보세요.

클립이 기울지 않도록 스티커 중심을 잘 맞춰 주세요. 눈을 붙이면 재미도 있고, 물 표면에 생긴 막을 더 잘 관찰할 수 있습니다.

엄마랑 아이랑

비가 갠 후 작은 물웅덩이를 보면 여러 개의 긴 발로 물 위를 걷는 곤충을 볼 수 있단다. 바로 소금쟁이지. 소금쟁이가 물 위를 걸을 수 있는 이유는 물의 '표면장력' 때문이란다. 표면장력은 물과 같은 액체가 맨 바깥의 겉넓이(표면적)를 줄이려고 하는 힘을 말해. 표면은 바깥이나 가장 윗부분이라는 뜻이고 장력은 잡아당기는 힘이란 뜻이야. 소금쟁이의 발이 물에 닿으면 물이 오목하게 들어가지? 그러면 물은 소금쟁이의 발을 밀어올려 물의 맨 바깥쪽 겉넓이를 줄이려 한단다. 이 과정에서 물이 아주 얇고 탱탱한 막처럼 되는 거지. 클립도 마찬가지야. 표면장력으로 클립 주변의 물이 얇고 탱탱한 막처럼 되어 클립을 밀어 올리기 때문에 물에 뜰 수 있는 거지.

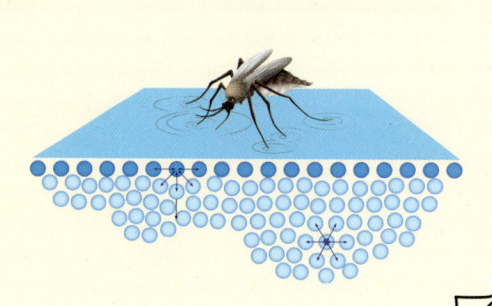

빈 병 오카리나

분류	소리의 성질
연령	6세 이상
교과연계	3학년 2학기 '소리의 성질'

준비물

- 빈 병(2ℓ, 500㎖짜리 페트병, 주스병, 항아리 우유 또는 요구르트 용기)
- 음료 캔
- 위에 구멍이 있는 플라스틱 커피컵
- 빨대 2~3개
- 셀로판테이프
- 물

 이 실험은 소리의 성질을 경험해 보는 과학 놀이 활동이에요.

❶ 페트병, 유리병, 캔을 깨끗이 씻어 말린 뒤 스티커 등을 붙여 꾸며 주세요.

개인의 취향에 맞게 마음껏 꾸며 보세요.

❷ 항아리 모양 우유병 또는 요구르트 용기 입구 가장자리에 빨대를 놓고 후 불어 빨대에서 나온 바람이 병 입구를 수평으로 지나갈 수 있도록 해주세요.

빨대 끝을 눌러 납작하게 해서 불면 됩니다.

❸ 캔 입구 가장자리에 빨대를 고이고 바람이 구멍 위를 → 모양으로 지나가도록 여러 번 불어 주세요.

셀로판테이프를 이용해 빨대를 캔에 고정시키고 불면 더 편합니다.

❹ 유리병과 커피 컵의 구멍 가장자리에도 빨대를 놓고 끝을 납작하게 한 뒤 불어 보세요.

병, 컵, 캔 각각의 소리를 비교해 보세요.

❺ 커다란 페트병 입구 끝에 빨대를 반만 걸친 뒤 세게 불어 주세요.

페트병 크기가 클수록 세게 불어야 합니다.

❻ 병에 물 높이를 3/4, 2/4, 1/4로 달리하여 불면서 소리의 높낮이를 비교해 보세요.

물이 많이 든 페트병에서는 높은 음이, 물이 조금 들어 있는 페트병에서는 낮은 음이 납니다.

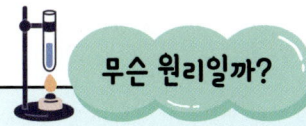

무슨 원리일까?

종을 치면 종소리가 납니다. 종과 닿아 있는 공기 분자들이 진동하며 내는 소리입니다. 이 진동이 계속 전달되어 퍼져 나가는 것을 '소리의 전달'이라고 합니다. 바람은 공기 분자들이 통째로 이동하는 것이지만 소리는 공기 분자가 이동하는 것이 아닌 진동(떨림)을 옆 공기 분자에게 전달하는 것입니다. 소리는 분자들이 가까울수록 빨리 전달됩니다. 밀도가 높은 고체>액체>기체 순으로 빨리 전달되고, 아무런 물질이 없는 진공에서는 전달되지 않지요. 또한 소리는 높낮이가 있습니다. 소리의 높낮이는 음파의 진동 횟수를 의미합니다. 진동 횟수가 많으면 높은 소리가, 진동 횟수가 적으면 낮은 소리가 납니다. 음료수 병은 관악기입니다. 관이 길어 그 안에 공기 양이 많으면 파장은 길어지고 진동 횟수는 적어 낮은 소리가 납니다. 관이 짧으면 파장이 짧아지며, 공기의 진동 횟수가 많아져 높은 소리가 납니다. 소리의 크기는 얼마나 세게 부느냐에 따라 달라집니다. 또한 병마다 생김새가 다르기 때문에 음색도 각각 다릅니다.

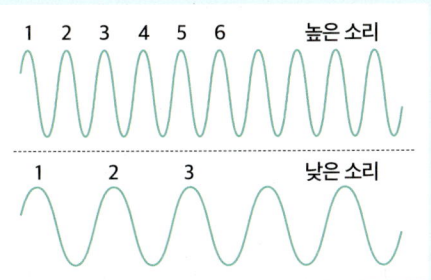

꿈틀꿈틀 종이 애벌레

분류	모세관 현상
연령	5세 이상
교과연계	3학년 1학기 '물질의 성질'

준비물

- 키친타월 5~6장
- 수성 사인펜
- 유성 사인펜
- 둥근 나무젓가락 또는 꼬치막대
- 스포이트 또는 물약병
- 물
- 접시(나뭇잎이나 배춧잎도 가능)

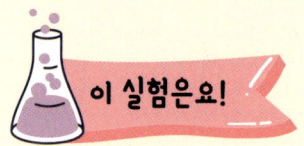 이 실험은 모세관 현상을 경험해 보는 활동이에요.

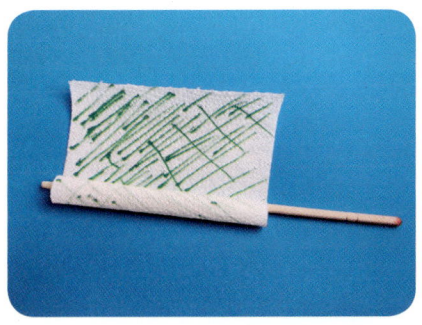

① 수성 사인펜을 이용해 키친타월 한쪽 면에 여러 개의 사선을 그립니다.

> 나무젓가락이 키친타월보다 길어야 합니다.

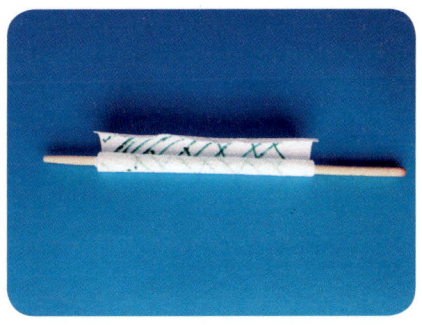

② 색칠한 쪽에 나무젓가락을 놓고 돌돌 말아주세요.

> 키친타월 끝부분을 잘 말아 주세요.

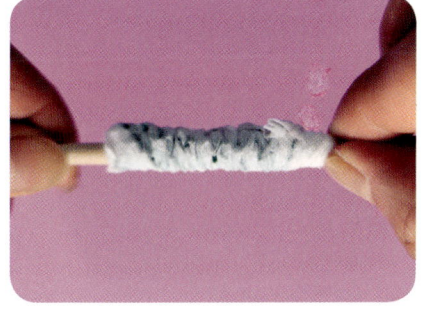

③ 키친타월을 한쪽으로 밀어 주름을 만들어 주세요.

> 다른 한 손으로는 키친타올이 밀려나지 않게 잡아야 합니다.

④ 키친타월 한쪽 끝에 유성 사인펜으로 눈과 입을 그려 애벌레를 만들어 주세요.

> 유성펜을 이용해야 물에 지워지지 않습니다.

⑤ 애벌레를 접시나 나뭇잎에 올린 뒤 스포이트로 애벌레 몸통에 물을 떨어뜨려 주세요.

> 손가락에 물방울 묻혀 떨어뜨리기, 스프레이로 물 뿌리기, 얕은 물이 담긴 접시에 애벌레 넣어 보기 등 다양한 방법으로 놀아 보세요.

⑥ 물을 흡수한 애벌레가 꿈틀꿈틀하면서 색이 퍼져나가는 과정을 살펴보세요.

> 키친타월로 만든 애벌레가 살아 있는 것처럼 꿈틀거리는 이유를 아이와 이야기 나눠 보세요.

엄마랑 아이랑

세수한 다음에 수건으로 톡톡 얼굴을 닦으면 얼굴에 있던 물이 없어지지? 어떻게 된 걸까? 맞아, 수건이 물을 빨아들인 거야. 그래서 수건은 축축해졌어. 이건 우리 눈에는 보이지 않지만 수건과 종이에 아주 작은 구멍들이 많고 이것들이 연결되어 가느다란 관(tube)을 만들고 있기 때문이야. 이렇게 가느다란 관은 물을 끌어당길 수가 있어. 또 물알갱이는 서로가 서로를 잡아당기며 똘똘 뭉치려는 성질도 갖고 있거든. 가느다란 관에서 물을 끌어당기면 그 다음엔 물알갱이들끼리 서로 당기면서 물은 가느다란 관을 따라서 이동하지. 그 가느다란 관을 '모세관'이라 부르고, 이를 '모세관 현상'이라고 해. 키친타월이 빨아들인 물도 수많은 모세관을 타고 이동하는 거란다. 그러다 주름진 부분의 관에 들어가 빈 부분을 채우면 그 부분이 펴지면서 마치 애벌레가 꿈틀하는 것처럼 보이는 거지.

바람 빼지 않고 풍선 줄이기

분　류	기체의 압력과 부피
연　령	6세 이상
교과연계	3학년 1학기 '물질의 성질'

준비물

- 풍선(미니 풍선 1~2개, 일반 풍선 1~2개)
- 바늘 없는 주사기 30~50㎖
- 스펀지
- 유리병(지름 10cm 정도)
- 고무줄
- 둥근 기둥 또는 화장품 공병 1개

이 실험은요!

이 실험은 기체의 부피와 압력 관계를 경험해 보는 활동이에요.

⚠️
- 주사기를 누를 때 체중을 실어 눌러 주세요.

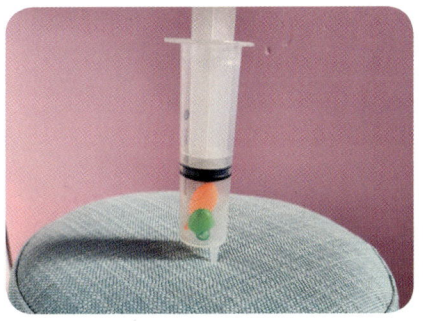
❶ 주사기에 들어갈 만한 크기로 미니 풍선 1~2개를 불어 주사기 안에 넣어 주세요.

피스톤을 빼고 미니 풍선을 넣은 다음 다시 피스톤을 꽂습니다.

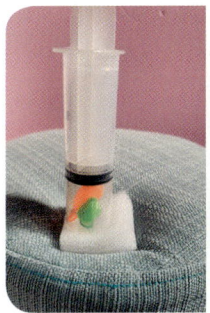
❷ 주사기 구멍 아래에 스펀지를 대고 피스톤을 힘껏 누르면 어떻게 될지 예측해 본 뒤 실제로 해보세요.

피스톤을 누르면 풍선은 작아집니다.

❸ 힘을 빼서 피스톤이 제자리로 오게 한 뒤 풍선의 모양을 살펴보세요.

누르는 힘이 사라지면 풍선은 다시 커집니다.

❹ 일반 풍선을 작게 불어 병에 넣고 다른 풍선 하나를 잘라 입구를 막아 주세요.

풍선 막이 벗겨지기 않도록 고무줄로 감아 고정해 줍니다.

❺ 풍선 막을 둥근 막대나 병으로 깊이 눌러 병 속 풍선의 변화를 살펴보세요.

병 속 공기가 눌리면서 풍선은 작아집니다.

❻ 풍선 막을 누르고 있던 막대를 치운 뒤 풍선의 상태를 관찰해 보세요.

병의 풍선 막을 눌렀다가 다시 놓았다가를 반복하며 병 안의 풍선이 어떻게 변하는지 살펴보세요.

무슨 원리일까?

공기와 같은 기체는 모양과 부피가 일정하지 않고 입자 사이의 거리가 매우 멀고 배열이 불규칙하여 압력을 가하면 부피가 쉽게 변합니다. 우리가 주사기 피스톤을 누르는 것과 병을 막고 있는 풍선막을 누르는 것은 외부에서 압력을 가하고 있음을 의미합니다. 외부에서 압력이 가해지면 피스톤이나 병에 들어 있는 풍선은 크기가 작아집니다. 이것은 풍선 속 공기들이 외부 압력에 의해 거리가 가까워지기 때문입니다. 반대로 압력을 가하지 않으면 공기들이 멀리 퍼져나가 풍선이 다시 부풀어 오르며 크기도 커집니다. 이처럼 (온도가 일정할 때) 기체에 가하는 압력이 커지면 부피가 줄어들고 압력이 작아지면 부피가 커지는 것을 '보일의 법칙'이라고 합니다.

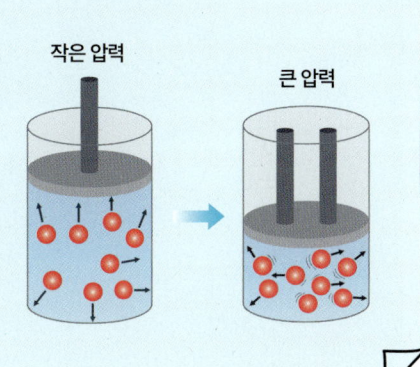

PART 1 봄에 하면 좋은 실험

꼬꼬마 부메랑

분 류	양력과 회전 운동
연 령	7세 이상
교과연계	5학년 2학기 '물체의 운동'

 준비물

✓ CD 1장(삼각형 그리기에 사용)
✓ 자
✓ 도화지 또는 얇은 우드락
✓ 색연필 또는 유성펜

 **이 실험은요!**

이 실험은 부메랑이 제자리로 돌아오는 원리를 경험해 보는 과학 놀이 활동이에요.

- 작도와 오리기 작업은 어른이 도와주세요
- 사람을 향해 부메랑을 날리지 마세요

70

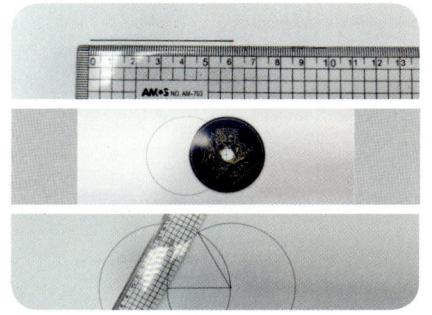

① 종이에 한 변의 길이가 6cm인 정삼각형을 그려 보세요.

정삼각형 쉽게 그리는 법: CD의 반지름(6cm)만큼 직선을 긋고, 한쪽 끝점이 중심이 되는 원을 그리고 또 다른 한쪽 끝점이 중심이 되는 원을 각각 그려 두 원이 서로 교차하는 곳이 생기면 이 세 점을 연결합니다.

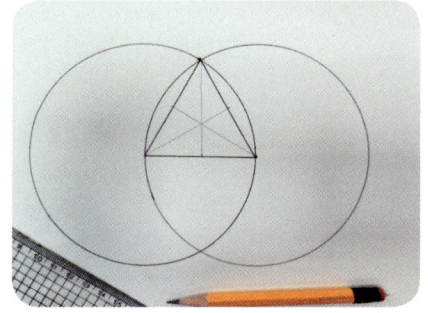

② 3개의 꼭짓점 각각에서 맞은편에 있는 선의 1/2이 되는 지점까지 직선을 그어 주세요.

3개의 선이 중심을 지나가도록 합니다.

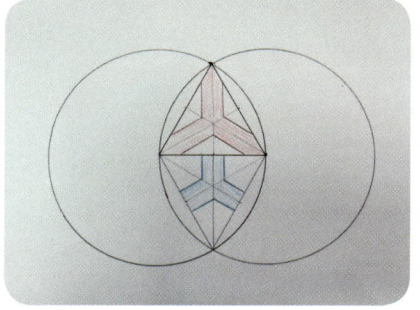

③ 중심을 지나는 3개의 선을 중심으로 날개를 그려 주세요. 날개의 두께는 1cm입니다.(양쪽 각 0.5cm)

아래에도 똑같이 삼각형을 그린 뒤 날개를 그립니다. 삼각형의 각 변에 맞춰 짧은 날개를 그려도 좋습니다.

④ ③의 날개를 오린 뒤 각진 모서리는 둥글게 다듬고 취향에 따라 색칠하세요.

세 날개의 길이는 같습니다.

⑤ 세 날개를 각각 손가락 사이에 끼워 둥글게 구부려 주세요.

세 날개를 조금씩 한 방향으로 구부리면 부메랑은 ' (' 모양이 됩니다.

⑥ 부메랑의 둥글게 휜 부분이 위로 오도록 손가락 끝이나 손바닥에 올려놓고 다른 쪽 손가락으로 부메랑을 튕겨 보세요.

부메랑이 빙글빙글 돌며 앞으로 날아가다가 한쪽으로 휘어 돌아오나요?

무슨 원리일까?

부메랑의 날개는 윗면이 약간 둥글고 아랫면이 편평해야 합니다. 그래야 비행기가 뜨는 원리처럼 날개 위쪽으로 뜨게 하는 힘(양력)이 생깁니다. 양력은 비행기 날개의 윗면과 아랫면을 지나는 공기 흐름의 차이 때문에 생깁니다. 둥근 쪽을 지나는 공기가 구부러진 면을 타고 아래로 흐르면서 편평한 쪽에 있던 공기와 압력 차이를 만들어내며, 둥근(볼록한)쪽으로 부메랑을 밀게 됩니다.

생긴 모양 때문에 부메랑은 날아가면서 계속해서 양력을 받고, 날아가면서 회전하기 때문에 회전 방향에 따라 받는 힘의 크기가 달라져 다시 돌아오게 됩니다. 즉 부메랑이 회전하면서 날아갈 때, 날아가는 방향과 회전 방향이 일치하는 쪽과 날아가는 방향과 회전 방향이 일치하지 않는 쪽이 받는 힘이 다릅니다. 이때 생기는 불균형으로 인해 부메랑은 축이 기울어진 팽이처럼 회전하며(세차 운동), 이것이 지속되면서 운동 방향이 바뀝니다.

당근 뗏목

분류	밀도
연령	5세 이상
교과연계	4학년 1학기 '혼합물의 분리'

준비물

- ✓ 당근 1개
- ✓ 오이 1개
- ✓ 빨대 1~2개
- ✓ 꼬치막대 1~2개
- ✓ 나무막대 1~2개
- ✓ 가위
- ✓ 컵
- ✓ 물

이 실험은요!

이 실험은 밀도를 활용해 물체를 물에 뜨게 하는 과정을 탐구해 보는 활동이에요.

⚠️
- 당근이나 오이를 썰 때는 어른이 도와주세요.

① 당근과 오이를 0.3~0.5cm 두께로 잘라 1~2개를 물에 넣어 어느 것이 물에 뜨는지 확인해 보세요.

비교를 위해 가능하면 같은 크기와 두께의 오이와 당근을 사용하세요.

② 당근을 4조각으로 잘라 물에 넣어 뜨는지 확인해 보세요.

당근을 물에 뜨게 하는 다양한 방법을 생각해 보고 그 방법을 하나씩 시도해 보세요.

③ 당근에 꼬치막대를 잘라 꽂은 다음 물에 넣어 뜨는지 확인해 보세요.

물에 뜨는 여러 가지 물체를 활용해 보세요. 나무가 물에 뜨는지 먼저 확인한 다음 당근에 꽂아도 됩니다.

  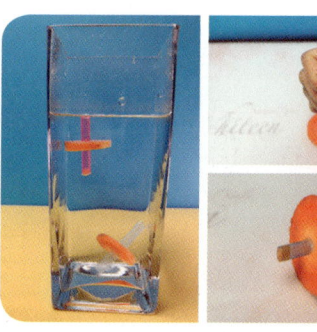

④ 꼬치막대보다 좀 더 굵은 나무 막대를 당근에 꽂은 다음 물에 띄워 보세요.

막대를 끼운 당근은 똑바로 서기보다는 옆으로 기울어져 둥둥 뜹니다.

⑤ 빨대를 꽂은 다음 물에 띄워 보세요.

빨대에 물이 차면서 점점 가라앉는 모습을 확인하세요.

⑥ 빨대 끝을 당근으로 막아 물에 띄워 보세요.

당근으로 빨대 끝을 막아 공기가 남아 있게 합니다.

엄마랑 아이랑

어떤 물체를 물에 넣었을 때 물에 뜨는 것과 가라앉는 것이 있지. 돌멩이나 쇠구슬은 가라앉고 나무나 공은 물에 뜨는것처럼 말이야. 이는 물질을 이루는 작은 알갱이들이 어떻게 모여 있느냐에 따라 달라진단다. 똑같은 크기의 쇠구슬이나 돌멩이, 나무, 공을 비교해 보면 쇠구슬이나 돌멩이가 훨씬 무겁지? 이건 쇠구슬이나 돌멩이를 이루는 알갱이들이 나무나 공을 이루는 알갱이들보다 빽빽하게 모여 있기 때문이야. 이렇게 알갱이가 빽빽하게 모여 있는 정도를 '밀도'라고 해. 물보다 밀도가 큰 물체들은 물에 가라앉는데, 그래서 물보다 밀도가 큰 당근은 가라앉고 물보다 밀도가 작은 오이는 뜨는 거란다. 그리고 각각의 물질이 가진 밀도는 일정해. 그래서 아무리 잘게 잘라도 당근은 물에 가라앉고 오이는 물에 뜨는 거지. 대신 나무나 공기처럼 밀도가 작은 물체를 당근에 붙여주면 당근 전체의 밀도가 작아져 물에 뜨게 된단다.

하늘을 나는 뽀뽀 물고기

분 류	공기의 저항
연 령	6세 이상
교과연계	5학년 2학기 '물체의 운동'

준비물

- ✓ 색종이 1~2장
- ✓ 셀로판테이프
- ✓ 가위
- ✓ 스티커

이 실험은요!

이 실험은 낙하하는 물체의 운동을 통해 공기 저항을 경험해 보는 과학 놀이 활동이에요.

- 공간이 트인 곳에서 던지거나 떨어뜨려 주세요.

1 색종이를 한 방향으로 길게 4등분해 주세요

> 긴 직사각형 모양이 나오도록 합니다.

2 잘라낸 색종이의 양끝 2~3cm 지점에 서로 반대 방향으로 색종이 폭 2/3 정도의 가위집을 넣습니다.

> 1장씩 가위집을 내도 되지만 2~3장씩 겹쳐서 해도 상관없습니다.

3 ❷의 색종이 하나를 둥글게 말아 가위집을 낸 곳끼리 끼워 물고기 모양으로 만듭니다.(2개)

> 끼운 곳이 빠지면 셀로판테이프로 고정합니다.

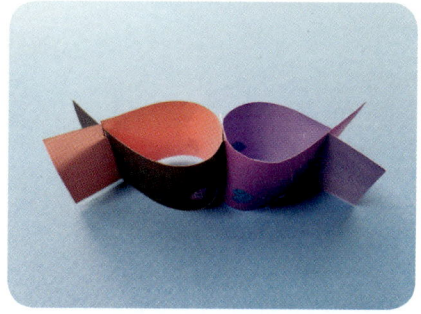

4 색종이 물고기의 둥근 부분을 마주 보게 한 다음 둘을 테이프로 붙여 고정해 주세요.

> 스티커로 눈을 붙이고 예쁘게 꾸며도 좋아요.

5 ❹의 뽀뽀 물고기를 공중에 던지거나 높은 곳에서 떨어뜨려 보세요. 뽀뽀 물고기가 땅에 가까울수록 빨리 회전하는지 느리게 회전하는지 관찰해 보세요.

> 뽀뽀 물고기의 가운데 부분을 손가락으로 잡고 구멍이 뚫려 있는 쪽을 아래로 향하게 한 다음 높은 곳에서 살짝 떨어뜨려 보세요

6 색종이를 더 가늘게(8등분) 또는 더 두껍게(2등분) 잘라 뽀뽀 물고기를 만들어 보세요. 두꺼운 것과 가느다란 것 중 어느 것이 더 많이 빙글빙글 돌까요?

> 색종이 폭과 공기 저항을 연결하여 생각해 보세요.

엄마랑 아이랑

달리는 자동차나 기차 창밖으로 손바닥을 내밀면 손바닥이 뒤로 밀리지? 달리는 차의 속도가 빨라지면 바람이 더 세지고 그러면 손도 더 많이 밀리게 된단다. 이것은 차는 앞으로 가는데 공기는 차가 움직이는 반대 방향으로 손바닥을 밀기 때문이야. 이렇게 우리가 운동하는 것을 방해하는 공기의 흐름을 '공기 저항'이라고 한단다. 공기 속을 움직이는 물체가 빠르게 움직일수록 운동을 방해하는 공기 힘도 커지고, 그만큼 공기 저항도 커지지. 위에서 아래로 떨어지는 물체에 작용하는 공기 저항은 떨어지는 것을 방해해 물체를 천천히 떨어지게 한단다. 뽀뽀 물고기는 가운데로 공기가 빠져나가고 색종이에는 공기가 부딪히면서 공기 저항 때문에 데굴데굴 회전하는 거야. 또 바닥에 닿기까지 공기에 떠밀려 멀리까지 가는 거지.

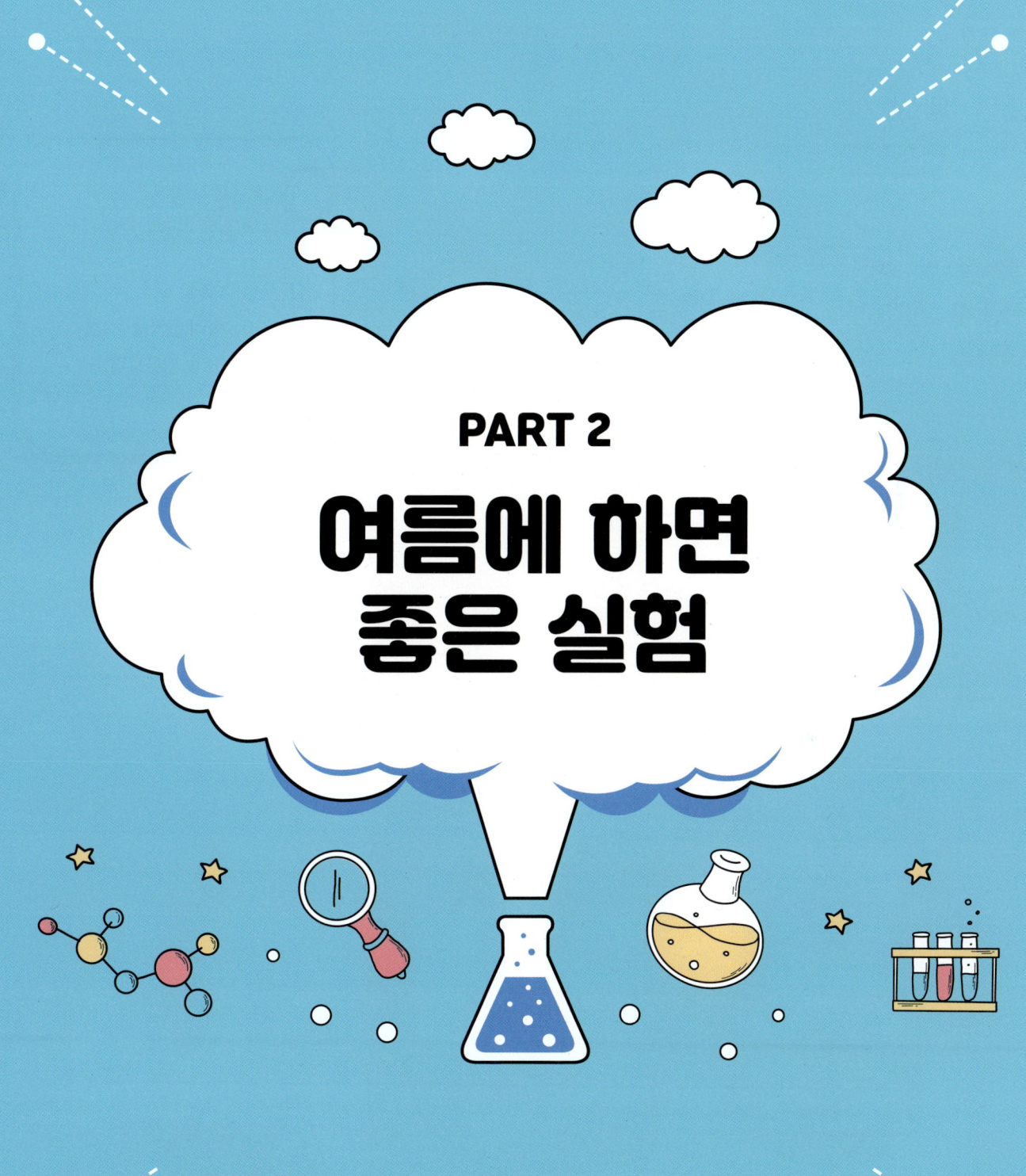

PART 2
여름에 하면 좋은 실험

춤추는 청포도

분 류	밀도, 부력
연 령	5세 이상
교과연계	4학년 1학기 '물체의 무게'

준비물
- ✓ 투명 컵 2개
- ✓ 500㎖짜리 탄산음료 1병
- ✓ 청포도 또는 방울토마토
- ✓ 물

 **이 실험은요!**

이 실험은 탄산음료를 이용해 물체의 밀도와 부력을 탐구해 보는 활동이에요.

① 컵에 청포도 2~3알을 넣은 다음 물을 부으면 어떻게 될지 이야기 나누며 실험해 보세요.

반드시 먼저 예측해 본 뒤 물을 부어 확인합니다.

② 이번에는 다른 컵에 청포도를 2~3알 넣고 사이다를 부으면 어떻게 될지 이야기 나누며 실험해 보세요.

이번에도 먼저 예측해 본 뒤 탄산음료를 부어 확인합니다.

③ 사이다 속 청포도가 빙글빙글 돌기도 하고 가라앉았다 다시 떠오르기도 하는 모습을 관찰하고 이유를 생각해 보세요.

청포도에 기포(공기방울)가 달라붙었다 터졌다 하며 청포도가 돌기도 하고 내려갔다 올라오기도 하는 모습을 살펴보세요.

④ 컵에 물을 2/3 정도 부은 다음 방울토마토를 넣어 보세요.

방울토마토는 물에 뜰까요? 가라앉을까요?

⑤ 사이다가 들어 있는 컵에 방울토마토를 넣어 보세요.

사이다 속에 방울토마토를 넣으면 어떻게 될까요?

⑥ 사이다와 물을 1:1 또는 2:1로 바꿔 가며 방울토마토를 넣고 움직임을 관찰해 보세요.

기포가 줄어들면서 나타나는 현상을 관찰해 보세요.

무슨 원리일까?

'부력'은 유체(기체, 액체)가 물체를 위로 밀어 올리는 힘을 말합니다. 부력은 물체를 위로 밀어 올리고 중력은 물체를 아래로 당깁니다. 부력이 중력보다 커야 물체가 떠오를 수 있습니다. 부력이 크게 작용하려면 유체 속 물체의 밀도가 작아야 합니다. 밀도가 작다는 것은 같은 부피를 두고 비교했을 때 더 가볍다는 것을 의미합니다. 물보다 밀도가 작은 물체는 물에 뜨고 물보다 밀도가 큰 물체는 물에 가라앉습니다.

포도나 방울토마토는 물보다 밀도가 커서 물에서는 가라앉습니다. 하지만 사이다에서는 물에 용해되어 있던 기체(탄산가스)가 빠져나오면서 포도나 방울토마토에 달라붙어 공기튜브 역할을 해 이들을 떠오르게 합니다. 기포가 방울토마토나 포도에 많이 달라붙으면 물체는 가벼워져 중력을 이기고 위로 떠오릅니다(부력>중력). 그러다가 기포가 터지면 가라앉고 다시 기포가 달라붙으면 위로 떠오르기를 반복합니다.

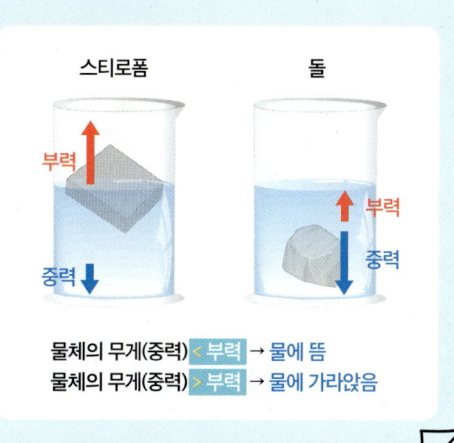

재롱둥이 돌고래

분 류	수평 잡기
연 령	6세 이상
교과연계	4학년 1학기 '물체의 무게'

준비물

- 두꺼운 도화지 1장
- 조개껍질(볼풀공, 레고 인형, 동전 등 돌고래에 매달 것)
- 실 10~20cm
- 펀치
- 가위
- 색연필
- 인형 눈알
- 지름 10~20cm짜리 둥근 접시 또는 뚜껑
- 셀로판테이프

이 실험은요!

이 실험은 종이 돌고래가 커다란 몸을 지느러미 하나에 의지해 균형을 잡는 원리를 탐구해 보는 활동이에요.

 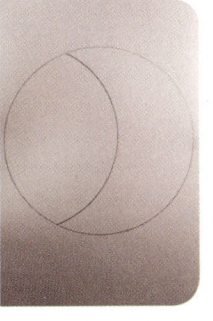 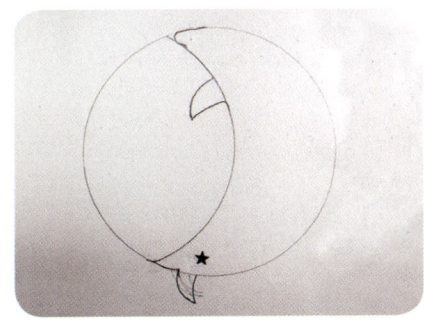

① 두꺼운 도화지에 둥근 접시를 엎어 원을 그린 뒤 원의 1/2 지점에 다시 접시를 엎어 원에 접하는 둥근 선을 그려 주세요.

> 통통한 초승달 모양이 나오도록 그려 줍니다.

② 초승달 윗부분을 둥그스름하게 굴려 돌고래의 머리 모양으로 다듬고 조금 아래쪽에 가슴 지느러미를 그려 주세요.

> 초승달 끝에 두 갈래로 갈라진 꼬리 지느러미를 그려 줍니다.

③ 돌고래를 오린 뒤 예쁘게 색칠해 주세요. 눈을 붙이고, 꼬리 근처에 펀치로 구멍을 뚫어 주세요.

> 구멍은 되도록 가슴 지느러미 끝 수직 아래쪽에 뚫어 주세요.

④ 실에 레고 인형(또는 조개껍질, 동전, 볼풀공)을 테이프로 붙인 뒤 ③의 구멍에 끼워 매달아 주세요.

> 실을 묶기 어려우면 셀로판테이프로 붙여도 됩니다. 실에 매달 재료는 구하기 쉬운 것으로 선택하면 됩니다.

⑤ 가슴 지느러미 끝을 손에 올려 돌고래가 어떻게 움직이는지 살펴보세요.

> 인형을 단 지점이 가슴 지느러미의 수직 아랫부분에 있으면 돌고래는 흔들리면서도 서고, 일정 범위를 벗어나면 고래는 아래로 떨어집니다.

⑥ 가슴 지느러미 끝을 손에 올리고 걸어 보세요. 돌고래가 손에서 떨어지지 않고 균형을 잘 잡고 있나요?

> 돌고래를 책상 모서리나 책꽂이 등 다양한 곳에 올려 보세요. 흔들흔들 귀엽게 재롱을 부릴 거예요.

 **엄마랑 아이랑**

귀여운 돌고래를 만들어 균형 잡기 놀이를 해볼까? 돌고래 가슴에 있는 지느러미를 손가락으로 받쳐 주면 돌고래가 까딱까딱 인사를 한단다. 가슴 지느러미가 돌고래를 받쳐 주는 받침점이 되는 거지. 그런데 그냥 손가락에 돌고래를 올리면 돌고래가 툭 떨어지지. 이럴 때 조개껍질이나 장난감처럼 조금 무거운 것을 돌고래에게 매달아 주는 거야. 돌고래의 지느러미 아래쪽 방향에. 그러면 돌고래의 몸통 위쪽 어딘가에 있던 무게중심이 가슴 지느러미 아래쪽으로 옮겨지고, 이렇게 받침점 아래쪽에 무게중심이 생기면 돌고래는 균형을 잡고 설 수 있게 되지.

동전 위 물기둥

분　류	표면장력
연　령	7세 이상
교과연계	3학년 2학기 '물질의 성질'

준비물

- 동전(10원/100원짜리 각 1개)
- 스포이트
- 물컵
- 물
- 접시
- 바늘 또는 핀
- 가느다란 실 15~20cm
- 주방 세제 또는 샴푸

 이 실험은 표면장력을 이용해 동전 위에 물기둥을 만들어 보는 활동이에요.

 • 책상이나 바닥에서 실험할 경우 물이 흐를 수 있으니 수건이나 휴지를 미리 준비해 주세요

❶ 접시에 동전 하나를 올려 주세요.

가능하면 깨끗한 동전을 사용합니다.

❷ 스포이트를 이용해 동전 위에 물방울을 1방울씩 떨어뜨려 주세요.

게임하듯 물방울의 개수를 세며 천천히 떨어뜨립니다.

❸ 동전 위에 쌓인 물이 무너지지 않는 모습을 관찰해 보세요.

물기둥이 무너지는 순간이 있습니다. 그 순간이 언제인지 찾아보세요.

❹ 동전 위 물기둥을 핀이나 바늘로 살짝 찔러 물기둥이 어떻게 되는지 살펴보세요.

바늘이나 이쑤시개로 찌르기 전 어떻게 될지 먼저 예상해 보아야 합니다.

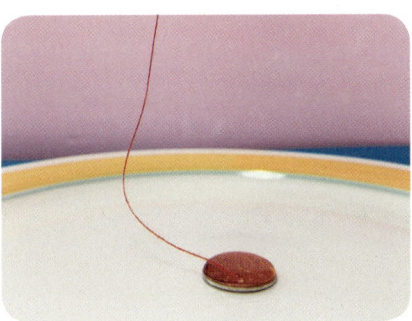

❺ 실이 물기둥에 닿으면 어떻게 될지 예상해 본 뒤 직접 해보세요.

실이 물에 서서히 젖으면서 물기둥 속으로 들어가는 모습을 확인해 보세요.

❻ 주방 세제를 묻힌 실이 물기둥에 닿으면 어떻게 될지 예상해 본 뒤 직접 해보세요.

주방 세제가 묻은 실이 닿으면 물기둥이 터져 흘러내립니다.

무슨 원리일까?

동전 위에 물을 1방울씩 떨어뜨리다 보면 동전의 가장자리보다 더 높이 물이 쌓여 올라갑니다. 이 물기둥을 옆에서 보면 가운데가 볼록합니다. 하지만 어느 순간 동전 위의 볼록한 물기둥이 퍽 터지며 쏟아져 내립니다. 동전 위에 이렇게 물기둥이 생기는 것은 물의 '표면장력' 때문입니다. 표면장력은 액체 표면에 있는 분자들을 내부에 있는 액체 분자들이 안으로 잡아당기는 힘을 말합니다.

액체를 이루는 분자들은 공기 같은 기체보다 가까이 모여 있고 서로 잡아당기는 힘이 강해 그릇에 같이 모여 있을 수 있습니다. 이때 액체 내부에 있는 분자들끼리는 모든 방향에서 서로 잡아당기는 힘을 받는 반면 액체 표면에 있는 분자들은 액체 내부로 잡아당기는 힘만 받게 됩니다. 표면장력이 클수록 더 동그란 형태가 되며, 바늘이나 실을 물방울에 넣어도 표면장력은 쉽게 깨지지 않습니다. 그러나 세제를 묻힌 물체를 물기둥에 접촉하면 물분자 간의 인력이 약해져 물기둥이 쉽게 터집니다.

가늘가늘 실 소리

분류	소리의 확대
연령	5세 이상
교과연계	3학년 2학기 '소리의 성질'

준비물

- ✓ 종이컵 3개
- ✓ 송곳 또는 연필
- ✓ 실 30cm
- ✓ 주름빨대 1개
- ✓ 플라스틱 끈(클리어파일 자른 것 또는 리본 줄)
- ✓ 가위
- ✓ 클립
- ✓ 셀로판테이프

이 실험은요! 이 실험은 소리의 크기에 대해 경험해 보는 과학 놀이 활동이에요.

⚠ • 송곳으로 컵 바닥을 뚫을 때는 어른이 도와주세요

		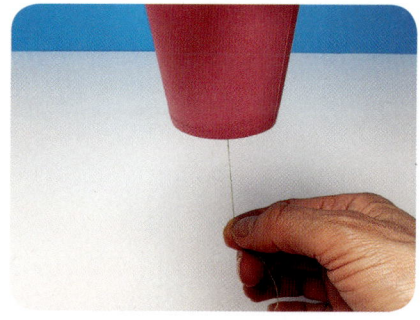
① 엄지와 검지로 실을 긁어 어떤 소리가 나는지 들어 보세요. 그런 다음 컵 바닥에 구멍을 뚫어 실을 통과시킵니다. 가느다란 실이 어떤 소리를 내나요?	② 컵 안쪽에서 클립을 실에 묶은 뒤 클립을 종이컵 바닥에 테이프로 고정해 주세요. 클립을 실에 묶은 뒤에 구멍을 통과시켜도 됩니다.	③ 종이컵을 귀에 대고 손톱이나 손으로 실을 긁거나 훑어 보세요. 손에 물을 묻혀서 긁으면 소리가 더 잘 들립니다.

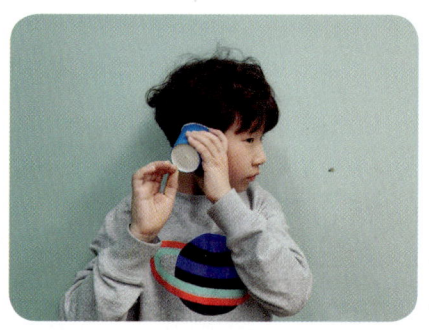		
④ 비닐이나 리본, 플라스틱 줄을 ②와 같은 방법으로 고정한 뒤 손톱으로 긁어 보세요. 다양한 재료가 내는 소리를 들어 보세요.	⑤ 빨대를 종이컵 구멍에 넣고 주름 부분을 손톱으로 긁거나 연필로 문질러 소리를 들어 보세요. 빨대의 주름진 부분을 긁어 보고 컵에 끼워 종이컵에 귀를 가까이 가져가 소리를 들어 보세요.	⑥ ⑤의 종이컵을 뒤집어 빨대를 손으로 밀었다 당겼다 하면서 주름 부분이 컵과 마찰하는 소리를 들어 보세요. 귀를 컵에 가까이 대보세요. 동물이나 자연 현상 중 비슷한 소리가 내는 것은 무엇일까요?

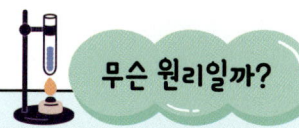

무슨 원리일까?

실을 손톱으로 긁어도 소리가 작아 잘 들리지 않습니다. 그러나 실을 종이컵에 붙인 뒤 손톱으로 긁으면 제법 큰 소리가 납니다. 이것은 실을 긁을 때 생긴 진동이 컵으로 전달되고, 컵의 진동이 컵 속 공기를 진동시켰기 때문입니다. 소리는 일종의 에너지로, 매질을 통해 전달됩니다. 실에 생긴 진동은 공기 중에도 퍼져 나가지만 공기보다 밀도가 높은 실이나 플라스틱 줄, 빨대가 소리를 더 빠르게 전달합니다. 손에 물을 묻히고 실을 긁으면 손과 실의 마찰도 커지고 물이 실 사이의 작은 공간을 채워 소리를 더 크게 전달합니다. 그러다 컵을 귀에 갖다 대면 공기의 진동이 집중되는 데다 컵에 전달된 진동도 함께 귀에 전달되어 엄청 큰 소리를 들을 수 있습니다. 빨대의 주름 부분의 우툴두툴한 부분은 실이나 플라스틱 줄보다 더 큰 떨림을 만들어냅니다.

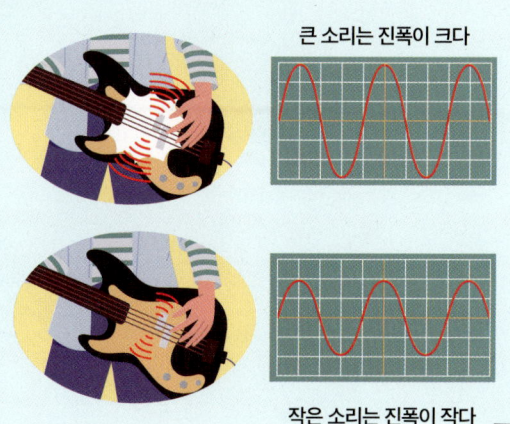

큰 소리는 진폭이 크다

작은 소리는 진폭이 작다

액자 속 사과

분류	잔상 착시
연령	5세 이상
교과연계	6학년 2학기 '우리 몸의 구조와 기능'

준비물

- ✓ 도화지 또는 A4용지
- ✓ 사인펜 또는 색연필
- ✓ 빨대
- ✓ 가위
- ✓ 풀
- ✓ 셀로판테이프

이 실험은요!

이 실험은 잔상 착시를 경험해 보는 과학 놀이 활동이에요.

① 10×20cm 도화지를 준비하여 긴 쪽을 반으로 접어 한쪽에는 사과를, 다른 한쪽에는 액자를 그려 주세요.

> 어린 아이와 함께하는 경우 도화지 크기를 줄여도 됩니다.(7×14cm 정도)

② ①을 뒤집어 그림 가운데에 빨대를 놓고 셀로판테이프로 단단히 고정해 주세요

> 반으로 접힌 곳이 아니라 반으로 접어 가운데가 되는 부분에 빨대를 붙입니다.

③ 사과와 액자가 밖으로 나오도록 그림 뒷면에 풀칠을 한 뒤 반으로 접어 붙여 주세요.

> 나풀거리지 않도록 가장자리는 풀칠을 더 꼼꼼히 하거나 셀로판테이프로 붙입니다.

④ ③의 빨대를 손바닥으로 비벼 그림을 돌려 보세요. 사과와 액자를 바라보며 천천히 돌려 보세요.

> 빨대가 약하면 밑에 연필을 꽂아 돌려 보세요.

⑤ ③을 빠른 속도로 돌려 사과와 액자 그림이 어떻게 보이는지 관찰해 보세요.

> 사과 그림이 액자 속에 들어가 있는 것처럼 보이는 이유를 이야기 나눠 보세요.

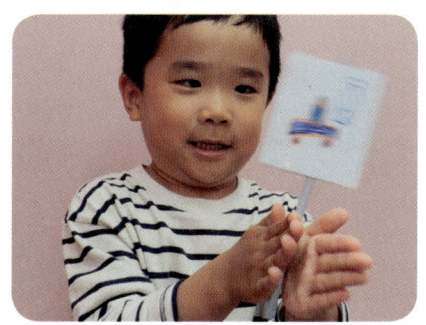

⑥ 텔레비전 그림을 그린 뒤 그 안에 나왔으면 하는 사람이나 물건을 그려 보세요.

> 새와 새장, 물고기와 어항, 텔레비전과 아이 사진, 거미와 거미줄 등의 그림을 활용해 보세요.

 엄마랑 아이랑

촛불을 한참 바라보다가 눈을 감았는데도 한동안 촛불이 보이는 경험을 해 본 적이 있지? 우리가 무언가를 본다는 것은 눈으로 들어온 정보를 뇌에서 해석하는 거란다. 그래서 실제로는 보이지 않더라도 뇌에 그 물체에 대한 감각이 남아 있으면 그것이 눈 앞에 있는 것처럼 보이는 거지. 이를 '잔상'이라고 해. 이것은 마치 보고 있는 것처럼 착각을 하게 만드는 일종의 착시 현상이야. 예를 들면 사과에 대한 잔상이 남아 있을 때 액자를 보면 우리는 사과랑 액자가 겹쳐 있는 것처럼 보게 되는 되지. 이런 효과를 이용해 영화나 애니메이션을 만든단다. 여러 개의 사진이나 그림을 연속해서 빠르게 겹쳐 보면 잔상이 남아 마치 움직이는 것처럼 보이는 거란다.

마그누스 비행체

 준비물

- 같은 크기의 일회용 플라스틱 컵 또는 단단한 종이컵 2개
- 셀로판테이프
- 노란 고무줄 4~5개
- 스티커

분 류	유체의 속도와 압력
연 령	6세 이상
교과연계	5학년 2학기 '물체의 운동'

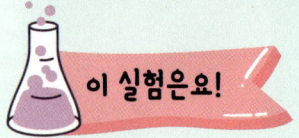 이 실험은요!

이 실험은 공기 속에서 회전하는 물체의 운동을 경험해 보는 과학 탐구 활동이에요.

 • 고무줄을 당길 때 자기 손에 튕기지 않도록 주의하세요

1 같은 크기의 종이컵 또는 플라스틱 컵을 각각 2개씩 준비해 주세요.

> 다양한 종류와 크기의 컵을 활용해 보세요.

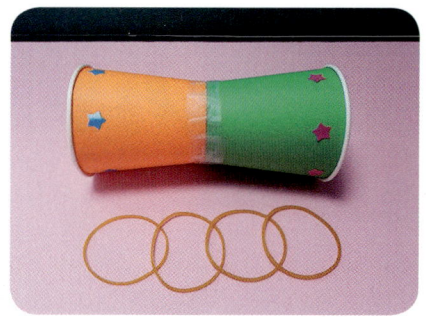

2 컵 밑부분을 맞대어 테이프로 단단하게 감싸 붙여 주세요.

> 테이프를 세로로 먼저 붙여 컵을 고정한 뒤 둥글게 감싸 붙이면 편리합니다.

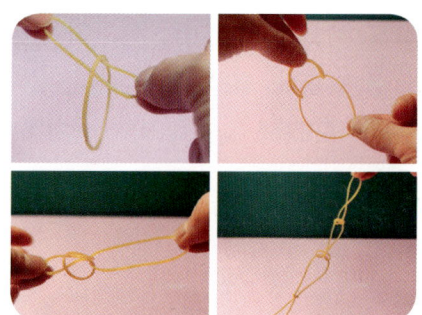

3 고무줄 2개를 서로 끼우는 방식으로 노란 고무줄 4~5개를 연결해 주세요.

> 매듭이 단단하도록 고무줄을 탄탄하게 당깁니다.

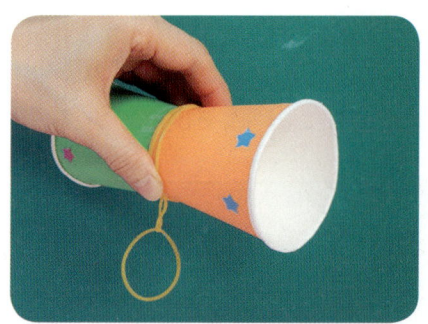

4 두 컵의 가운뎃부분에 고무줄을 대고 한 손으로 고정한 뒤 2~3회 돌려 감아 주세요.

> 고무줄 끝이 컵 아래쪽에서 앞으로 향할 수 있도록 방향을 잡아 줍니다.

5 한 손은 고무줄이 감긴 가운데 부분을 잡고 다른 한 손으로 고무줄을 앞으로 당겨 새총처럼 컵을 발사해 주세요.

> 발사 후 비행체가 붕 떠올라 스스로 회전하며 앞으로 날아가는 모습을 관찰해 보세요.

6 작은 컵이나 더 큰 컵, 플라스틱 컵 등을 이용해 다양한 컵 비행체를 만들어 보세요.

> 큰 비행체는 천천히 회전하고, 작은 비행체는 빠르게 회전하며 날아가는 모습을 확인하세요.

무슨 원리일까?

흘러가는 공기의 흐름과 회전하며 날아가는 물체가 만나면 물체 주변 공기의 속도가 달라지며 압력 차이가 생깁니다. 이런 압력차로 인해 물체는 곡선을 그리며 경로가 휘어지는데, 이를 '마그누스 효과'라고 합니다. 야구의 커브볼이나 축구의 바나나킥이 그리는 궤적도 마그누스 효과가 적용됩니다. 즉 축구공처럼 회전하는 물체가 공기 속을 날아갈 때 공의 회전 방향과 공기의 흐름이 같은 방향이면 빠른 공기의 흐름이 생기고, 서로 다른 방향이면 공기의 흐름이 느려집니다. 베르누이의 원리에 따라 속력이 빠른 부분에서는 압력이 감소하고 속력이 느린 부분에서는 압력이 증가합니다. 그러면 압력이 큰 쪽에서 작은 쪽으로 공이 밀리면서 공이 휘어져 날아갑니다.

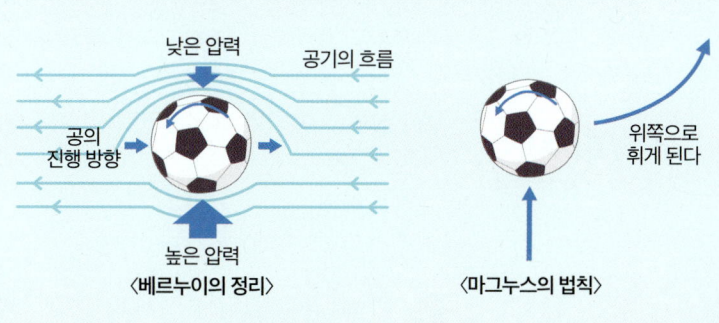

뽀송뽀송 종이배 물속 탐험

분류	공기의 부피
연령	4세 이상
교과연계	3학년 1학기 '물질의 성질'

준비물

- 우드락 또는 스티로폼 5×5cm 짜리 1개
- 색종이 또는 작은 인형
- 물그릇(반찬통이나 대야)
- 투명 유리컵
- 휴지
- 글루건 또는 양면테이프
- 장식품(조개나 해초, 돌멩이)

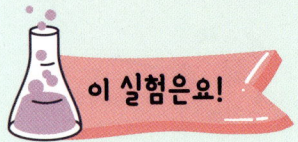 이 실험은 공기가 부피를 가지고 있음을 발견하는 과학 놀이 활동이에요.

- 물이 흐를 수 있으니 수건이나 걸레를 미리 준비해 주세요.
- 글루건을 사용할 때는 반드시 어른이 도와주세요.

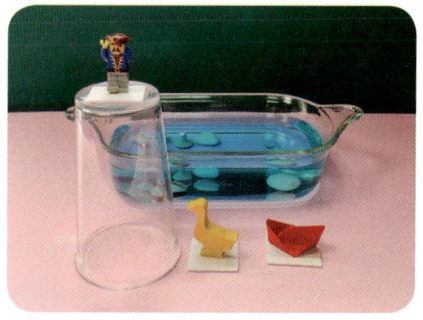

1 색종이로 종이배를 접어 스티로폼에 붙여 주세요.

> 블록이나 장난감을 이용할 때는 물에 넣어 균형을 잡을 수 있는지 여부를 먼저 확인합니다.

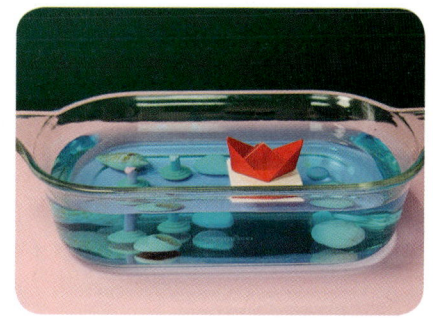

2 투명한 그릇에 물을 붓고 종이배를 띄운 다음 배가 젖지 않고 바닥까지 다녀올 수 있는 방법을 고민해 보세요.

> 아이가 제시하는 방법을 시도해 보세요.

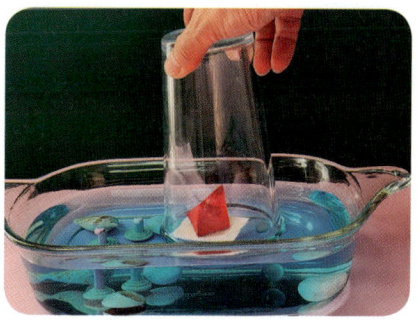

3 컵으로 종이배를 덮은 뒤 물속으로 밀어 넣어 보세요.

> 배가 뒤집어지지 않도록 컵을 조심스럽게 넣습니다.

4 바닥까지 컵을 수직으로 밀어 넣은 뒤 손을 떼고 컵 속의 상태를 살펴보세요.

> 컵 속에 물이 없는 것을 확인합니다.

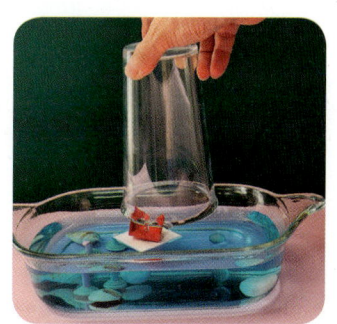

5 컵을 조심스럽게 들어 물에서 뺀 뒤 종이배가 젖었는지 확인해 보세요.

> 컵을 물에서 뺄 때 배가 뒤집어지지 않도록 조심하세요.

6 휴지 몇 장을 뭉쳐 컵 안쪽에 빠지지 않게 넣은 뒤 ❸과 같이 물속에 넣어 보세요.

> 컵을 물속에서 꺼내어 휴지가 젖지 않은 것을 확인합니다.

무슨 원리일까?

컵은 비어 있는 것 같지만 사실 공기로 가득 차 있습니다. 컵을 뒤집어 아래로 향하게 한 뒤 물속에 똑바로 넣으면 컵 안에 있던 공기가 빠져나가지 못한 채로 공기도 함께 물속으로 들어갑니다. 공기가 있는 공간에는 물이 들어오지 못하니 종이배는 물속에서도 젖지 않습니다. 이때 컵을 기울여 물속에 넣으면 기울어진 틈으로 공기가 빠져나오고 그 자리에 물이 들어갑니다. 어떤 물질이 공간에서 차지하는 크기를 '부피'라고 합니다. 이를 통해 공기도 책이나 책상처럼 부피를 가지고 있다는 사실을 알 수 있습니다.

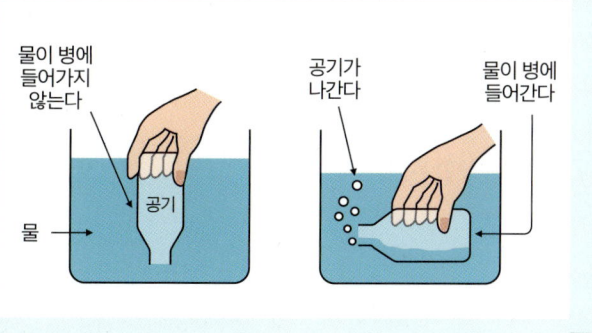

PART 2 여름에 하면 좋은 실험

투명 마법 구슬

분 류	빛의 투과
연 령	5세 이상
교과연계	6학년 1학기 '빛과 렌즈'

 준비물

- 입구가 넓은 투명 페트병
- 개구리알(수정토, 고흡습성 수지, 지름 10mm 크리스탈 워터볼 1봉지)
- 투명 컵 또는 그릇
- 물

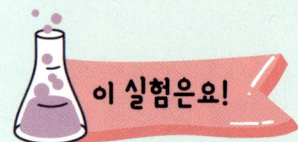 이 실험은요!

이 실험은 전반사를 이용한 과학 놀이 활동이에요.

- 개구리 알을 먹거나 삼키지 않도록 합니다.
- 말라 있는 상태의 개구리 알은 물에 잠깐 담가 크기가 커진 뒤에 사용합니다.

92

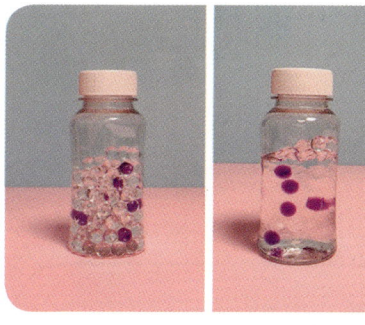

① 투명 페트병에 개구리 알을 넣고 이리저리 움직여 관찰한 뒤 물을 부어 주세요.

물을 넣고 병을 이리저리 뒤집어 봅니다.

② 투명한 컵에 장난감을 세워 주세요.

선명한 색의 장난감 자동차나 플라스틱 인형을 활용하면 좋습니다.

③ 개구리 알로 장난감 주변을 감싸 주세요.

장난감이 개구리 알에 가려져 보이지 않도록 합니다.

④ ③ 위에 물을 조금씩 부어가며 장난감이 드러나는 것을 살펴보세요.

물이 가득 채워지면 개구리 알은 사라지고 장난감만 보입니다.

⑤ 자신이 키우는 작은 식물에 개구리 알을 채운 뒤 물을 조금씩 부어 보세요.

⑥ 물을 가득 채운 뒤 개구리 알이 사라지고 물에 잠긴 식물의 뿌리나 줄기가 나타나는 것을 살펴보세요.

개구리 알은 수분을 많이 품고 있어 수정토라는 이름으로 식물 수경재배에 많이 사용됩니다.

엄마랑 아이랑

우리가 가지고 실험한 개구리 알은 물을 많이 흡수하면 말랑말랑해지는 플라스틱의 한 종류란다. 평소에는 잘 보이지만 물을 흡수하면 감쪽같이 사라지지. 이건 빛의 굴절로 인해 일어나는 현상이란다. 빛은 물이나 컵, 나무 같은 물체를 만나면 그 물체에 부딪혀 되돌아 나오거나 그 물체 속으로 들어가 꺾이는 성질이 있어. 부딪혀 되돌아 나오는 것을 '반사'라 하고, 꺾이는 것을 '굴절'이라고 해. 우리가 나뭇잎을 볼 수 있는 것은 나뭇잎에서 초록색이 반사되어 우리 눈에 들어오기 때문이야. 대부분의 물체는 빛이 닿으면 빛을 반사하거나 굴절시키지. 그런데 물속에 들어 있는 어떤 물질이 물과 굴절률(빛이 꺾이는 정도)이 같으면 반사나 굴절이 일어나지 않고 빛이 그냥 통과하게 돼. 이렇게 빛이 물체를 통과하는 것을 '투과'라고 하는데, 빛이 투과하면 그 물체는 투명해지면서 보이지 않게 된단다. 투명 망토나 투명 인간도 이런 원리로 우리 눈에서 갑자기 사람을 사라지게 하는 거지. 물론 지금의 과학 기술로는 어렵지만 말이야.

간단 분무기

분 류	유체의 속도와 압력
연 령	7세 이상
교과연계	5학년 2학기 '물체의 운동'

준비물

- 지름 8mm, 5mm 빨대 각 1~2개
- 가위
- 셀로판테이프
- 일회용 플라스틱 컵 (빨대를 끼울 수 있는 것)

이 실험은요!

이 실험은 간단한 방법으로 분무기를 만들어 유체의 속력과 압력 관계를 경험해 보는 활동이에요.

⚠️
- 물을 분무할 때는 욕실을 이용하거나 야외에서 합니다.
- 전기기구나 책에 물이 닿지 않도록 사전에 주변을 정리해 주세요.

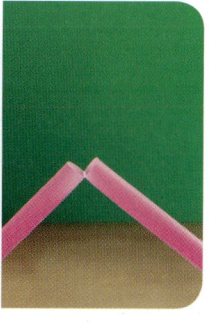

❶ 8mm 빨대의 1/3 지점을 80% 정도만 잘라 'ㄱ'자 형태로 구부려 주세요.(빨대 색상 무관)

> 빨대가 꺾어지도록 살짝 가위집을 내 줍니다.

❷ 일회용 플라스틱 컵에 물을 채우고 뚜껑을 닫아 빨대의 짧은 쪽(B)을 끼워 주세요.

> A: 긴 빨대-부는 부분
> B: 짧은 빨대-물속에 들어가는 부분

❸ 5mm 빨대를 B부분에 넣은 다음 'ㄱ' 자로 꺾인 부분보다 위로 올라오는 부분은 잘라 주세요.

> B부분의 지름이 작으면 압력 차에 의해 물이 더 잘 올라옵니다.

❹ 두 빨대가 85~90도 사이가 되도록 조정한 뒤 셀로판테이프로 살짝 고정해 주세요.

> 두 빨대의 각도가 90도를 넘지 않게 해주세요.

❺ 각도를 조절한 다음 A부분을 힘껏 불어 물이 분무되는 것을 확인해 보세요.

> 여러 번 반복하여 가장 좋은 각도를 찾은 뒤에 셀로판테이프로 고정합니다.

❻ 집에 있는 분무기를 열어 내가 만든 빨대와 비교해 보세요.

> 내가 만든 빨대는 입으로 불지만 집에 있는 빨대는 손으로 눌러 압력을 주게 되어 있습니다.

무슨 원리일까?

분무기는 액체에 압력을 가해 안개 같은 작은 물방울이 구멍을 통해 뿜어져 나오도록 만든 장치입니다. 다림질 할 때 쓰는 스프레이나 미스트, 뿌리는 향수, 물총 모두 분무기의 일종이지요. 분무기는 '베르누이의 정리'로 설명할 수 있습니다. 베르누이의 정리는 유체(기체와 액체)의 압력과 속력의 관계를 나타내는 이론입니다. 베르누이에 따르면 유체가 빠른 속도로 움직이면 그 유체의 내부 압력은 낮아지고, 느리게 움직이면 유체의 내부 압력은 높아집니다. 간단 분무기의 A부분에 입을 대고 세게 불면 바람이(공기) 빨대 속을 빠르게 지나가며 압력이 낮아집니다. 이때 컵에 담긴 물은 상대적으로 높은 주변 공기의 압력(대기압)을 받아 B부분을 타고 올라옵니다. 이렇게 끝까지 올라온 물은 우리가 내뿜는 바람 때문에 흩어지면서 안개처럼 뿌려집니다.

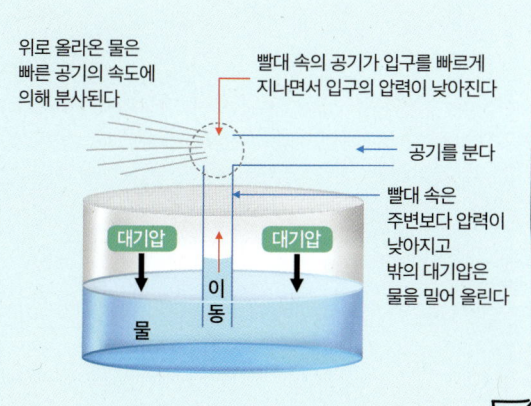

PART 2 여름에 하면 좋은 실험

비눗방울 속 장미

분류	표면장력
연령	7세 이상
교과연계	3학년 2학기 '물질의 성질'

준비물

- 물 1/2컵
- 주방 세제 1/2컵
- 글리세린 1/4컵
- 조화 1개
- 판판한 플라스틱 용기 또는 접시
- 나무젓가락(비눗물 젓기용)
- 빨대 2~3개
- 컵 1개
- 그릇(비눗방울 제조용)

이 실험은요!

이 실험은 비눗방울 놀이를 통해 비눗물의 표면장력을 탐구해 보는 활동이에요.

⚠️
- 가능하면 널찍한 곳에서 실험해 주세요.
- 비눗방울이 눈에 들어가면 따갑고 쓰라립니다. 이때는 맑은 물로 닦아 주세요.

❶ 그릇에 물 1/2컵, 세제 1/2컵, 글리세린 1/4컵을 섞어서 잘 저어 주세요.

물 : 세제 : 글리세린 비율 = 1 : 1 : 0.5

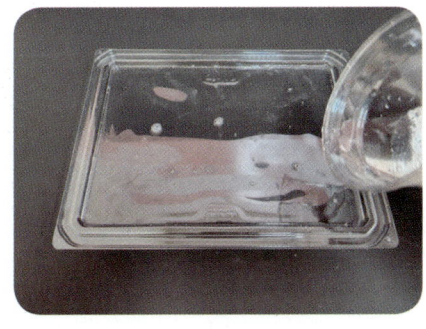
❷ 판판한 플라스틱 용기에 ❶에서 만든 비눗물을 살짝 부어 바닥을 비눗물로 적셔 주세요.

용기 한쪽을 살짝 들어 이리저리 흐르도록 합니다.

❸ 빨대에 비눗물을 묻혀 플라스틱 판에 대고 부드럽게 불어 비눗방울을 만들어 주세요.

원하는 크기가 될 때까지 계속 붑니다.

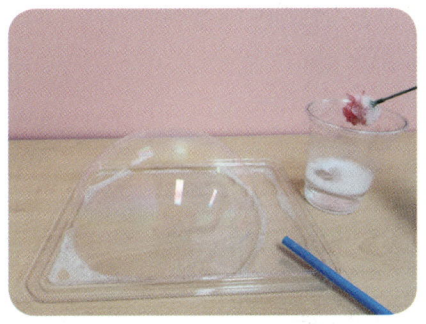
❹ 컵 속 비눗물에 장미를 넣어 충분히 적셔 주세요.

적시지 않은 장미를 비눗방울에 넣어 비눗방울이 터지는 것을 확인한 뒤 장미를 비눗물에 적십니다.

❺ 적신 장미를 비눗방울 캡슐에 넣어 주세요.

장미를 비눗방울에 넣었다 빼도 비눗방울이 터지지 않는 것을 확인할 수 있습니다.

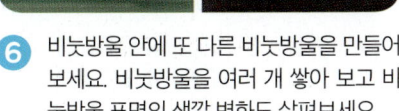
❻ 비눗방울 안에 또 다른 비눗방울을 만들어 보세요. 비눗방울을 여러 개 쌓아 보고 비눗방울 표면의 색깔 변화도 살펴보세요.

비눗방울 안에 비눗방울을 만들려면 빨대에 비눗물을 묻혀야 뚫고 들어가도 터지지 않습니다.

무슨 원리일까?

거품은 일종의 공기방울(기포)입니다. 공기방울은 적은 양의 물로 물의 표면적을 넓게 만들어줍니다. 물분자들은 서로 당기는 힘이 강해 표면적이 넓어지면 약한 부분에서 물의 장력이 끊어져 쉽게 터져 버립니다. 공기방울이 잘 만들어지기 위해서는 표면장력이 약해져야 하는데, 세제가 바로 이 역할을 합니다.

세제의 비눗분자는 기다란 사슬 구조를 가지고 있습니다. 이 사슬의 한쪽 끝은 물을 끌어당기는 성질(친수성)을 가지고 있고, 다른 쪽 끝은 물을 싫어하는 성질(소수성)을 가지고 있습니다. 그래서 세제를 물에 섞으면 친수성을 가진 쪽이 물분자 사이를 비집고 들어가 물분자와 결합하고, 소수성을 가진 쪽은 물분자 밖으로 빠져나옵니다. 이때 표면에 있는 물분자 사이가 멀어지기 때문에 물분자들이 서로 당기는 힘인 표면장력이 약해지게 되어 공기를 불어 넣으면 비눗물막이 부풀어 커지게 됩니다. 글리세린은 표면 막의 물이 증발되는 것을 막아 공기방울 형태를 오랫동안 유지하게 해줍니다. 비눗방울은 속이 비칠 만큼 매우 얇아 물체에 닿으면 표면장력이 끊어져 쉽게 터집니다. 그러나 같은 성질을 가진 비눗물에 접촉하면 표면장력이 그대로 유지되기 때문에 장미나 빨대에 비눗물을 묻히면 원래의 비눗방울을 터트리지 않고 통과할 수 있습니다.

비눗방울 탱탱볼

분 류	표면장력
연 령	7세 이상
교과연계	3학년 2학기 '물질의 성질'

준비물

- 물 1/2컵
- 주방 세제 1/2컵
- 글리세린 1/4컵
- 그릇
- 컵
- 젓기용 막대
- 빨대 1~2개
- 면장갑 또는 면양말

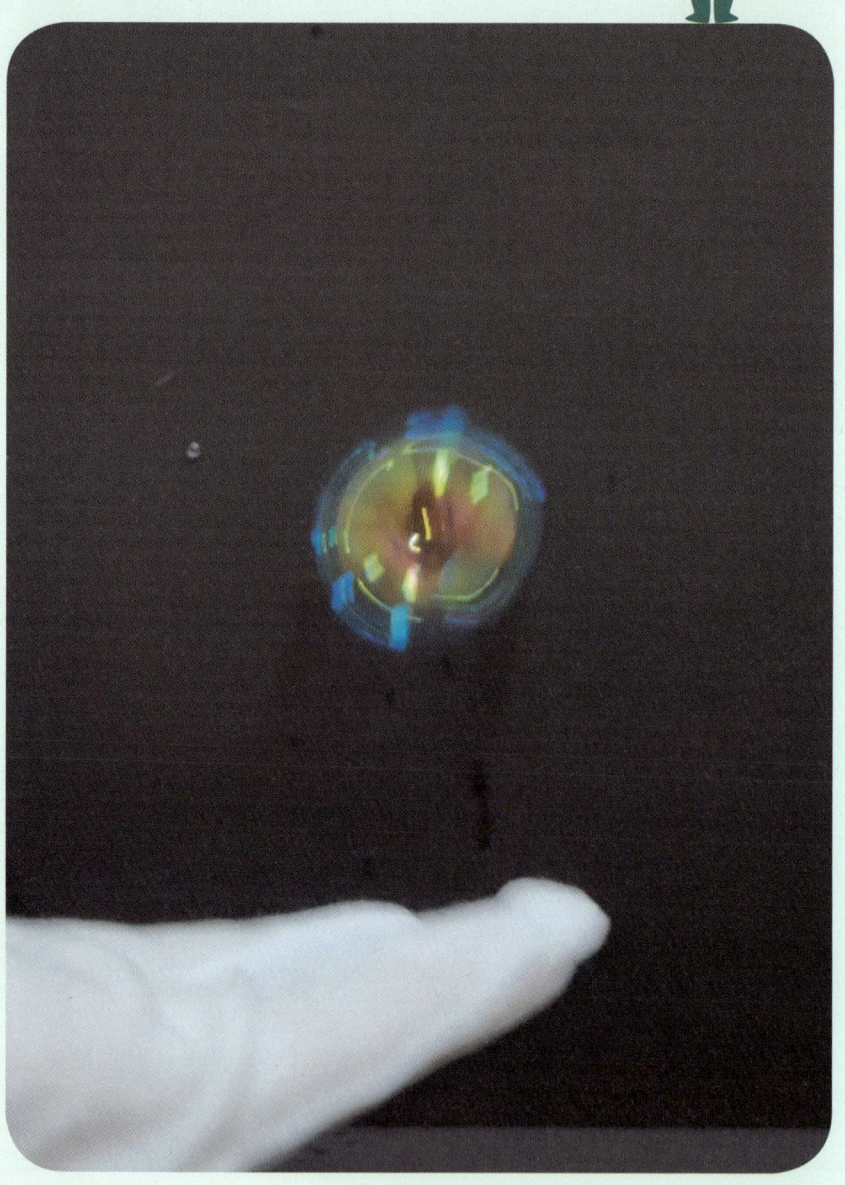

 이 실험은요!

이 실험은 비눗방울을 만들어 튕겨 보며 거품의 성질을 탐구해 보는 활동이에요.

- 비눗방울이 눈에 들어가면 맑은 물로 닦아 주세요
- 이 실험은 습도가 높은 계절에 하는 것이 좋습니다.

❶ 그릇에 물 1/2컵, 세제 1/2컵, 글리세린 1/4컵을 섞어 천천히 잘 저어 주세요.
(물 : 세제 : 글리세린 비율 = 1 : 1 : 0.5)

> 비눗방울은 물이 많으면 쉽게 터지고 세제가 많으면 무거워서 뜨지 못합니다.

❷ 비눗물을 빨대 끝에 묻힌 다음 2회 정도 털어낸 뒤 부드럽게 불어 주세요.

> 세게 불면 비눗방울이 터집니다. 여러 번 불어보며 비눗방울의 크기를 조절해 보세요.

❸ 비눗방울이 달린 빨대를 위아래로 흔들어 방울을 공중에 띄운 다음 떨어지는 비눗방울을 손으로 받아 보세요.

> 장갑을 끼고도 받아 보고 맨손으로도 받아 보며 차이점을 느껴 보세요.

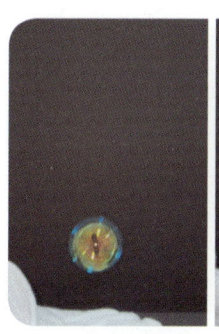 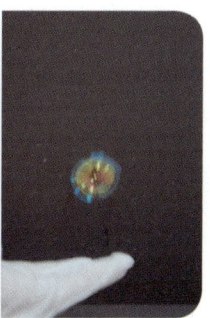

❹ 비눗방울을 불어 공중에 띄운 다음 면장갑을 낀 손으로 비눗방울을 통통 튕기며 바닥에 떨어질 때까지 튕기는 횟수를 세어 보세요.

> 면장갑을 먼저 낀 상태에서 비눗방울을 부는 것이 편합니다.

 무슨 원리일까?

빨대 끝 비누 막을 부드럽게 불면 막이 늘어나면서 안으로 공기가 차오릅니다. 공기가 가득 차면 비눗물 막은 빨대에서 떨어져 나오면서 둥근 모양이 되는데, 이것이 바로 비눗방울입니다. 비눗방울은 안쪽 비누층과 얇은 물층, 바깥 비누층의 3중막이 공기를 둘러싸고 있는 구조입니다.

물은 강력한 표면장력을 가지고 있어 물의 막을 얇게 펴기 어렵습니다. 그러나 세제와 섞으면 표면장력이 감소해 막을 얇게 펴서 늘릴 수 있습니다. 여기에 공기를 불어 넣으면 비눗방울이 생기는데, 비눗방울은 일정 시간이 지나면 결국 터집니다. 비눗방울이 터지는 것은 비눗방울 막의 물이 증발하기 때문인데, 비눗물에 글리세린을 넣으면 글리세린이 비눗방울 표면을 기름으로 둘러싸 수분이 날아가는 것을 방지하여 비눗방울이 바로 터지는 것을 막아 줍니다.

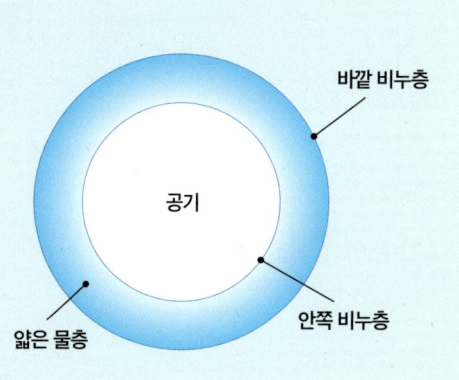

PART 2 여름에 하면 좋은 실험

초간단 슬러시 만들기

분류	물의 상태 변화
연령	5세 이상
교과연계	4학년 2학기 '물의 상태 변화'

준비물

- ✓ 큰 그릇 또는 대형 지퍼백 1개
- ✓ 소형 비닐 팩(음료 종류만큼)
- ✓ 각얼음
- ✓ 굵은 소금
- ✓ 음료(요구르트, 우유, 탄산음료, 이온음료 등)
- ✓ 숟가락
- ✓ 컵(슬러시 담을 그릇)

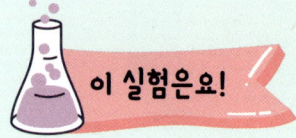 이 실험은 슬러시 만들기를 통해 물의 어는점 내림을 경험해 보는 활동이에요.

⚠ • 소금을 넣은 얼음은 매우 차가워서 피부에 직접 닿으면 아플 수 있습니다.

① 원하는 음료를 작은 비닐 팩에 각각 담은 뒤 내용물이 흘러나오지 않도록 끝을 잘 묶어 주세요.

> 냉장고 없이 슬러시를 만들 수 있는 방법에 대해 아이와 이야기 나눠 보세요.

② 준비한 음료를 큰 그릇에 담은 뒤 얼음을 넣고 소금 2~3스푼을 뿌려 그릇을 흔든 다음 얼음으로 음료를 덮어 줍니다.

> 얼음과 소금의 비율은 3:1 정도가 좋습니다.

③ 음료를 큰 지퍼백에 넣은 다음 얼음을 넣고 소금을 2~3스푼 뿌려 흔들어도 됩니다.

> ②와 ③은 음료수를 냉각하는 과정입니다. 둘 중 편한 방법을 선택하여 실험해 주세요.

④ 10분 뒤 음료가 얼었는지 확인하여 얼지 않았으면 좀 더 얼리고, 딱딱해졌으면 비닐봉지를 열어 숟가락으로 얼음을 살살 저어 주세요.

> 음료의 양과 소금, 얼음의 비율에 따라 어는 시간이 달라집니다.

⑤ 비닐 속 음료가 살얼음 상태가 되었으면 컵이나 그릇에 옮겨 담아 주세요.

> 봉지 속 음료는 얼었지만 소금을 뿌린 얼음은 얼음보다 차가운 물이 된 모습을 확인하세요.

무슨 원리일까?

액체가 냉각되어 고체로 상태 변화가 일어나기 시작하는 온도를 '어는점', 고체에 열을 가해 액체가 되기 시작하는 온도를 '녹는점'이라고 합니다. 상태 변화의 방향은 다르지만 같은 물질에서 어는점과 녹는점은 동일합니다. 어는점(녹는점)은 물질마다 일정한 값을 갖고 있어서 어는점을 알면 그 물질이 무엇인지 알 수 있습니다. 순수한 물의 어는점(녹는점)은 0℃입니다. 그러나 물에 소금이나 다른 불순물이 녹아 있으면 어는점이 0℃ 이하로 내려갑니다. 소금이나 불순물이 어는 것을 방해하기 때문입니다. 이런 현상을 '어는점 내림'이라고 합니다.

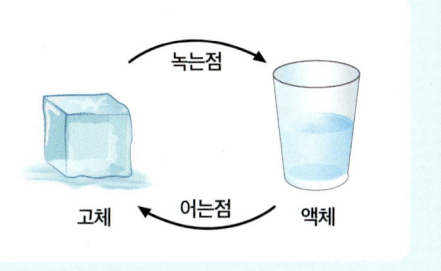

저절로 가는 쪼꼬미 배

분류	표면장력
연령	5세 이상
교과연계	3학년 2학기 '물질의 성질'

준비물

- ✓ 얇은 스티로폼 또는 포장 용기
- ✓ 물그릇(세숫대야, 반찬통 등)
- ✓ 물   ✓ 면봉
- ✓ 가위   ✓ 연필
- ✓ 주방 세제
- ✓ 알코올(소독용 에탄올)
- ✓ 유성 사인펜
- ✓ 스포이트 또는 물약병
- ✓ 송곳 또는 압정

이 실험은요! 이 실험은 표면장력을 이용해 물 위에 뜬 물체를 이동하게 만드는 탐구 활동이에요.

 • 물을 자주 갈아 줘야 하니 물을 사용하기 편한 곳에서 실험해 주세요.

 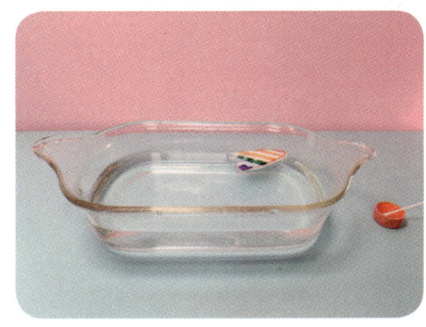 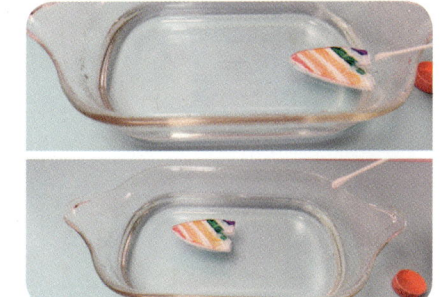

❶ 얇은 스티로폼에 높이 4~5cm, 밑변 3~4cm 정도의 세모를 그린 다음 뒤쪽 가운데에 작은 홈을 그려서 오려 주세요.

> 배 모양으로 그린 뒤 사인펜으로 색칠합니다.

❷ 그릇에 물을 넣은 다음 ❶에서 만든 배를 띄워 주세요.

❸ 세제를 묻힌 면봉을 배 뒤쪽 홈에 살짝 대 보세요.

> 배가 앞으로 잘 나가지 않으면 물을 갈아 주세요.

 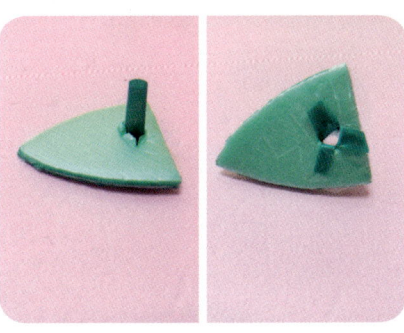 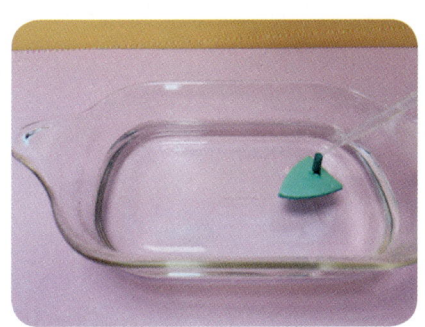

❹ ❶과 같은 방법으로 배 모양을 그려 뒤쪽 1/3 지점에 구멍 자리를 표시해 주세요.

> 잘라놓은 빨대는 끝부분에 가위집을 넣어 3~4갈래로 만듭니다.

❺ 표시한 자리에 구멍을 뚫고 빨대를 꽂은 다음 갈라진 끝부분을 뒤로 젖혀 셀로판 테이프로 배에 고정해 주세요.

> 구멍을 뚫을 때는 뾰족한 것을 사용합니다. 구멍이 작으면 연필을 돌려 넣으면 넓어집니다.

❻ 배를 물에 띄운 다음 스포이트로 빨대에 알코올을 2~3방울 떨어뜨려 보세요. 물도 2~3방울 떨어뜨려 알코올과 비교해 보세요.

> 알코올은 면봉에 묻혀 사용하는 것보다 직접 물에 떨어뜨리면 배가 더 잘 움직입니다.

무슨 원리일까?

표면장력은 액체 속의 분자들이 서로를 끌어당기는 힘인 응집력 때문에 생깁니다. 표면 아래에 있는 액체 분자들과 주변의 모든 분자들은 서로 끌어당깁니다. 그러나 액체 표면에 있는 분자들은 아래와 옆에 있는 분자들에게 끌어당기는 힘을 받습니다. 이렇게 아래와 옆에서 작용하는 분자들의 끌어당기는 힘에 의해 표면에 있는 분자들이 일정한 힘을 받는 것을 '표면장력'이라 합니다. 표면장력은 물질에 따라 다른데 수은>물>비눗물>에탄올의 순서로 표면장력이 큽니다. 표면장력 때문에 액체 방울은 가장 작은 표면적을 갖는 구형을 이룹니다. 어떤 물질을 물에 녹이면 물 표면장력은 일반적으로 작아집니다. 녹아 들어간 물질이 물분자들의 결합을 방해하기 때문입니다. 특히 비누나 샴푸 같은 세제는 물의 표면장력을 줄어들게 해 기름과도 잘 섞이게 합니다.

채소 서커스단

분류	수평 잡기
연령	6세 이상
교과연계	4학년 1학기 '물체의 무게'

준비물

- 5~7cm 길이로 자른 채소 3~4가지(브로콜리, 파, 당근, 오이 등)
- 과일 3~4가지(귤, 방울토마토, 포도 등)
- 이쑤시개 1개
- 꼬치막대 2개
- 페트병 또는 양념통

 **이 실험은요!**

이 실험은 길쭉한 모양의 자투리 채소들을 똑바로 세워 균형을 잡을 수 있는 방법을 탐구해 보는 활동이에요.

- 이쑤시개나 꼬치막대처럼 뾰족한 것을 다룰 때는 찔리지 않게 조심하세요.

104

① 브로콜리 또는 당근 자투리 3~4조각을 준비해 주세요.

> 브로콜리는 꽃봉오리 중 일부, 당근은 뾰족한 뿌리 또는 싹이 나는 윗부분을 사용합니다.

② 채소의 아래쪽 가운데에 이쑤시개를 꽂아 주세요.

> 이쑤시개는 채소를 세우는 받침점이 됩니다. 뾰족한 당근 뿌리는 그냥 사용해도 됩니다.

③ ②의 채소를 손가락 위에 세워 보세요. 채소가 쓰러진다면 양옆에 꼬치막대를 대칭으로 꽂아 주세요.

> 두 꼬치막대 사이가 90도 이상 벌어지지 않게 해주세요.

④ ③의 꼬치막대 양끝에 같은 무게의 브로콜리 줄기(당근 조각이나 방울토마토도 가능)를 끼워 주세요.

> 양쪽에 꽂은 브로콜리 조각의 위치와 무게를 맞춰 주세요.

⑤ ④의 브로콜리를 손가락 위에 올려 보고 페트병에도 올려 균형을 잡고 서는지 확인해 보세요.

> 손가락에 올린 뒤 걸어보거나 페트병에 올린 후 살짝 밀어 보세요.

⑥ 오이나 파 등 집에 있는 다양한 재료를 이용해 나만의 채소 서커스단을 만들어 보세요.

> 채소를 받치는 이쑤시개가 꼬치막대에 달린 물체들의 중심에 오도록 해주세요.

엄마랑 아이랑

파나 당근처럼 길쭉한 물체를 똑바로 서게 할 수 있을까? 끝이 이쑤시개처럼 뾰족한 물체는? 이렇게 똑바로 서기 어려운 물체를 서게 하려면 무게중심을 낮춰 주면 된단다. 무게중심은 말 그대로 물체의 무게들의 중심이기 때문에 이 부분을 받쳐 주면 물체가 균형을 이루게 되지. 그렇다면 무게중심은 어떻게 낮출 수 있을까? 세우려는 물체에 또 다른 물체를 달아 무게중심이 아래에 오도록 만들어주면 돼. 물체의 양쪽에 같은 무게를 달아 이들의 무게중심이 받침점 아래쪽에 있게 하면 된단다.

무게중심이 물체의 윗부분에 있을 때	무게중심이 물체의 아랫부분에 있을 때
무게중심이 위에 있으면 물체가 바로 서지 못하고 넘어집니다.	무게중심이 아래쪽에 있으면 물체가 잘 넘어지지 않습니다.

PART 2 여름에 하면 좋은 실험

우주선 요요 기본 활동

분류	회전 관성, 잔상 착시
연령	6세 이상
교과연계	5학년 2학기 '물체의 운동'

준비물

- ✓ 종이컵 2개
- ✓ 셀로판테이프
- ✓ 이쑤시개 또는 빨대
- ✓ 동전 5개 또는 고무찰흙
- ✓ 가위
- ✓ 송곳 또는 연필
- ✓ 실(무명실·나일론 실)
- ✓ 색종이 또는 사인펜
- ✓ 스티커

 이 실험은요!

이 실험은 물체의 회전 운동과 잔상 착시를 경험해 보는 활동이에요.

- 실을 너무 세게 당기지 말고 천천히 부드럽게 당겨 주세요.

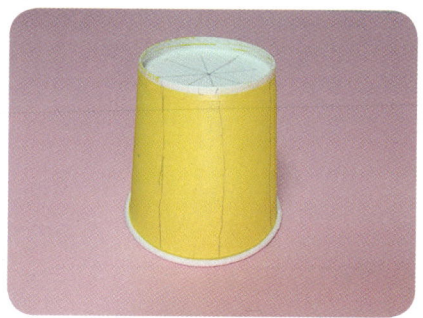

① 종이컵 2개를 각각 8등분해 주세요.

> 종이컵을 눌러 양끝을 자른 다음 가운데에서 양옆으로 자르는 방법도 있습니다.

② 윗부분이 될 종이컵 가운데에 송곳이나 연필로 구멍을 뚫어 주세요.

> 원의 중심을 찾아 구멍을 뚫습니다.

③ 구멍에 실을 한쪽 넣은 후 다시 빼서 고리를 만들고 그 고리에 이쑤시개를 끼워주세요.

> 이쑤시개나 자른 빨대를 끼운 다음 셀로판테이프로 고정하면 더 튼튼합니다.

④ 아랫부분이 될 종이컵 가운데와 가장자리에 동전이나 고무찰흙을 번갈아 붙여주세요.

> 무게를 더하기 위함입니다. 중심을 잡을 수 있도록 균형을 맞춰 붙여 주세요.

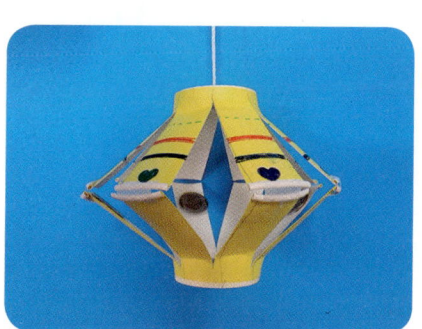

⑤ 컵 바깥 부분에 스티커를 붙이거나 색을 칠한 다음 두 컵을 셀로판테이프로 붙여 주세요.

> 반짝이 스티커를 붙이면 회전할 때 더 예쁩니다.

⑥ 종이컵을 돌려 실을 꼰 뒤 양손으로 실의 윗부분을 잡고 부드럽게 벌리면 실이 풀리며 종이컵이 회전합니다. 실을 꼬았다 풀어 컵이 회전하는 것을 반복해 보세요.

> 실을 양쪽으로 벌려 잡아당길 때는 힘을 살짝 줍니다.

무슨 원리일까?

실을 꼰다는 것은 외부에서 힘을 가해 실의 모양과 운동 상태의 변화를 가져왔다는 것을 뜻합니다. 외부에서 가해지는 힘이 없어지면 실은 원래 상태로 돌아오며 꼬임도 풀립니다. 실의 꼬임이 풀리면서 아래에 매달린 종이컵에도 힘이 전달돼 종이컵도 운동을 하게 되지요. 가볍고 가는 실의 꼬임은 아주 작은 회전에 해당하지만 무게가 있고 밖으로 팔이 길게 펼쳐져 있는 종이컵의 회전 운동은 빠르고 큽니다. 또한 회전을 시작한 종이컵은 외부에서 힘이 가해지지 않는 한 계속해서 회전 운동을 하게 됩니다. 이렇게 회전하는 물체가 계속해서 회전 운동을 유지하려는 성질을 '회전 관성'이라고 합니다. 회전 관성은 물체의 무게가 무겁고 회전하는 물체의 반지름이 클수록 커집니다. 실이 다 풀려도 종이컵은 회전 관성에 의해 계속해서 회전하려고 하는데, 실과 종이컵 사이의 마찰에 의해 회전 속도가 줄고 관성력보다 마찰력이 커지면 종이컵은 다시 반대 방향으로 돌며 실이 꼬입니다. 우리가 자주 가지고 노는 요요의 원리이기도 합니다.

색 혼합 요요 연계 활동

분 류	회전 관성, 가산 혼합
연 령	6세 이상
교과연계	5학년 2학기 '물체의 운동'

준비물

- ✓ 종이컵 2개
- ✓ 셀로판테이프
- ✓ 이쑤시개 또는 빨대
- ✓ 동전 5개 또는 고무찰흙
- ✓ 가위
- ✓ 송곳 또는 연필
- ✓ 실(무명실·나일론 실)
- ✓ 색종이 또는 사인펜
- ✓ 스티커

 이 실험은요!

이 실험은 물체의 회전 운동과 가산 혼합을 경험해 보는 활동이에요.

- 실을 너무 세게 당기지 말고 천천히 부드럽게 당겨 주세요

❶ 종이컵 2개를 각각 8등분해 주세요.

> 종이컵을 눌러 양끝을 자른 다음 가운데에서 양 옆으로 자르는 방법도 있습니다.

❷ 윗부분이 될 종이컵 가운데에 송곳이나 연필로 구멍을 뚫어 주세요.

> 원의 중심을 찾아 구멍을 뚫습니다.

❸ 구멍에 실을 한쪽 넣은 후 다시 빼서 고리를 만들고 그 고리에 이쑤시개를 끼워주세요.

> 이쑤시개나 자른 빨대를 끼운 다음 셀로판테이프로 고정하면 더 튼튼합니다.

❹ 아랫부분이 될 종이컵 가운데와 가장자리에 동전이나 고무찰흙을 번갈아 붙여 주세요.

> 무게를 더하기 위함입니다. 중심을 잡을 수 있도록 균형을 맞춰 붙여 주세요.

❺ 컵 바깥 부분에 색종이 2~3개를 번갈아 붙인 뒤 두 컵을 셀로판테이프로 붙여 주세요.

> 빨강, 초록, 파랑은 빛의 3원색으로, 이를 다양한 비율로 섞으면 여러 색을 얻을 수 있습니다.

❻ 앞의 활동 ❻에서처럼 종이컵을 회전시켜 주세요.

> 빠르게 회전할 때 보이는 색이 원래의 색과 어떻게 다른지, 전체적으로 색이 더 밝게 보이는지 어두워 보이는지를 관찰합니다.

엄마랑 아이랑

종이컵으로 만든 우주선 요요의 각 팔에 스티커를 붙이거나 사인펜으로 선을 그어두면 스티커나 선이 서로 떨어져 있어도 하나로 연결된 것처럼 보이지? 심지어 각각의 종이컵 팔이 서로 연결된 우주선처럼 보였어. 이건 우리 눈이 빠르게 움직이는 물체를 구분하지 못해서 생긴 착각이야. 어떤 물체를 보다가 눈앞에서 사라져도 우리 눈엔 그 물체의 모양이나 색이 얼마 동안 남아 있는데, 이런 걸 '잔상'이라고 해. 특히 물체가 빠르게 회전할 때 더 두드러지지. 예를 들어 빨간색을 본 다음 아주 빠르게 다음에 초록색을 봤다고 가정하자. 그러면 그 두 색이 합쳐져서 노란색으로 보이는 거지. 우리의 비행기 요요로는 분명하게 보기 어려울 수도 있어. 그래도 두 색이 합쳐져 밝고 환해졌다는 느낌이 들지 않니? 이런 걸 '가산 혼합'이라고 해. 물감이나 크레파스를 섞을 때 나오는 색과는 다르지. 아마 빨간 물감에 초록을 섞으면 거의 검은색에 가까워질걸. 이렇게 색을 섞을수록 어두워지는 것을 '감산 혼합'이라고 한단다.

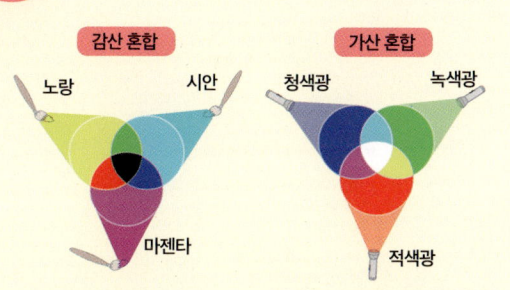

그림물감을 덧칠하거나 색 필터를 포갬으로써 다른 빛깔이 생긴다. 색의 3원색은 마젠타(M), 노랑(Y), 시안(C)이며, 이 3가지 색을 섞으면 검정이 된다.

빛에서 나온 색을 백색 스크린 위에 투광하여 섞으면 평균 명도보다 더 밝아진다. 빛의 3원색은 빨강(R), 초록(G), 파랑(B)이며, 3가지 빛을 섞으면 하양이 된다.

클립 로켓 발사

분 류	자기장
연 령	6세 이상
교과연계	3학년 1학기 '자석의 이용'

준비물
- ✓ 동전자석 3개
- ✓ 클립 3개
- ✓ 20cm짜리 가는 실 3개
- ✓ 셀로판테이프
- ✓ 자
- ✓ 휴지
- ✓ 물병 또는 컵 2개(자 받침용)

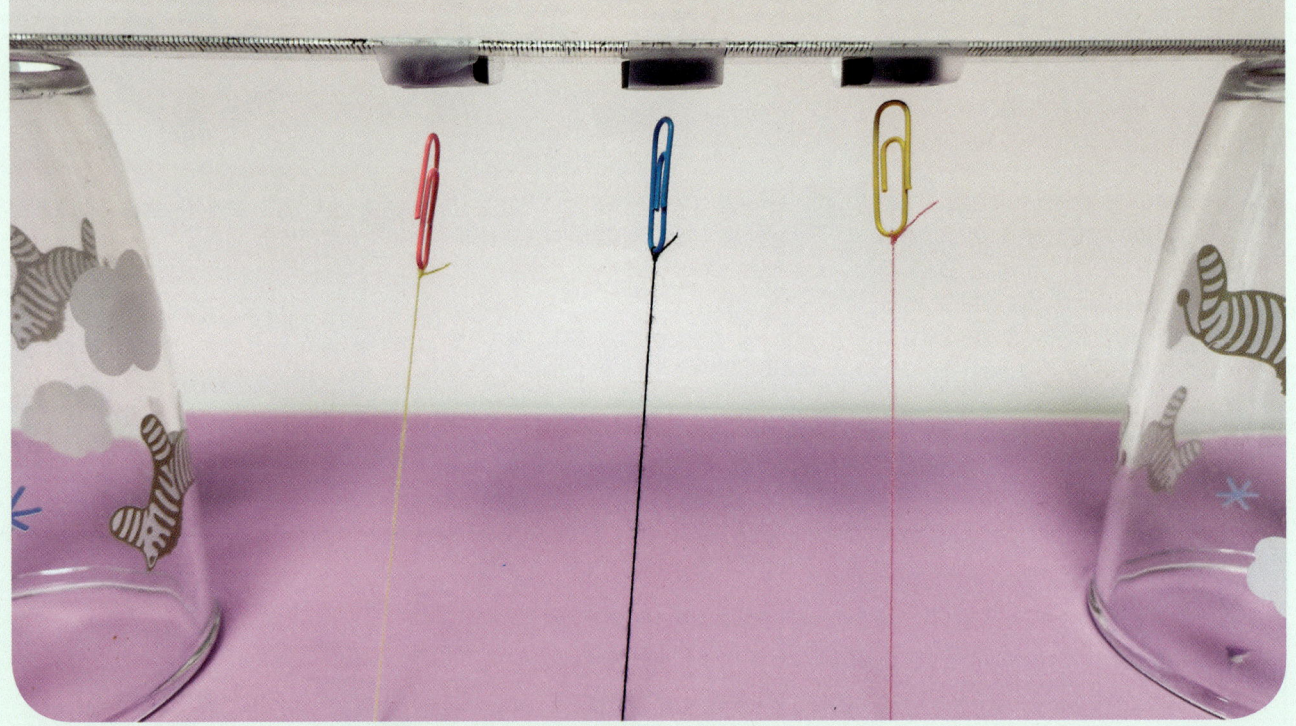

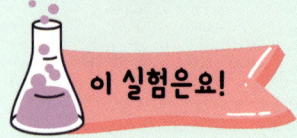 이 실험은 자기장을 경험해 보는 과학 활동이에요.

 • 클립에 실을 묶는 것은 어른이 도와주세요.

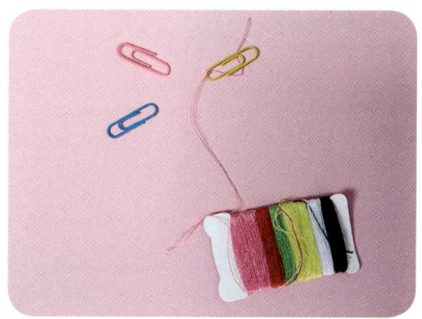

① 클립 3개에 각각 같은 길이로 실을 묶어 주세요.

실을 묶은 뒤에 길이를 맞추면 편합니다.

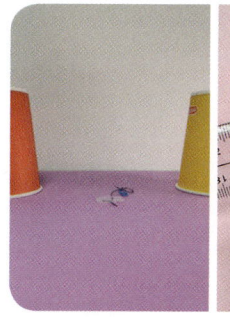

② 두 컵을 엎어 20cm 정도 떨어뜨려 놓고 그 사이에 클립이 달린 실 끝을 테이프로 붙입니다. 자석은 자의 가운데에 붙입니다.

컵이나 페트병 높이에 맞춰 자석에 클립이 살짝 닿을 정도의 높이로 실 길이를 조절합니다.

③ 두 컵 위에 자를 올리고 클립을 자석 가까이 공중에 떠 있도록 만들어 보세요.

클립 끝이 자석에 붙어 실이 팽팽해지면 자와 컵을 뒤로 살짝 밀어 보세요.

④ 클립이 공중에 떠 있다면 살짝 화장지를 씌워 하얀 꼬마 유령을 만들어 보세요.

화장지를 작게 자른 뒤 눈이나 입을 그리고 클립 위에 씌워 보세요.

⑤ 이번에는 3개의 클립을 묶은 실 끝을 바닥에 붙이고 자석 3개가 붙은 자를 컵 위에 올려 클립이 각각 자석에 붙게 해주세요.

자석 간격과 클립 간격은 비슷하게 맞추고, 클립을 붙인 실의 양끝에 컵을 놓고 자를 올립니다.

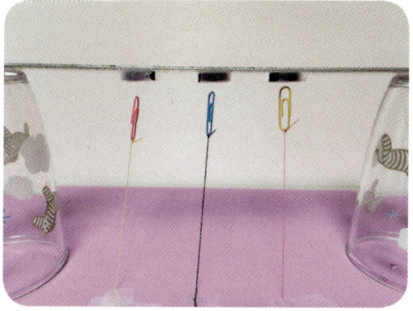

⑥ 자를 살짝 뒤로 밀어 클립 끝이 자석에 닿을 듯 말 듯하면 좀 더 뒤로 밀어 클립만 공중에 떠 있게 합니다.

자기력이 센 자석을 이용하면 클립을 공중에 띄우기 쉽습니다.

무슨 원리일까?

클립이 공중에 떠 있을 수 있는 것은 자석의 힘이 미치는 공간 안에 클립이 있기 때문입니다. 이렇게 자기력이 작용하는 자석 주변 공간을 '자기장'이라고 합니다. 자기장은 우리 눈에는 보이지 않지만 자석 주변에 철가루를 뿌려 보면 자기장의 범위와 성질을 확인할 수 있습니다. 자석 주변에 흩뿌린 철가루는 자석을 중심으로 줄을 이루며 늘어섭니다. 철가루가 만든 자석 줄의 모양을 보면 양극에 많은 선이 집중되어 있고 한 극에서 나와 다른 극으로 그 흐름이 이어지는 형태를 띱니다. 자석 근처에 나침반을 놓아 보면 위치에 따라 나침반 바늘이 가리키는 방향이 달라지는데, 나침반 바늘의 N극이 가리키는 방향을 그 점에서의 자기장의 방향이라고 합니다.

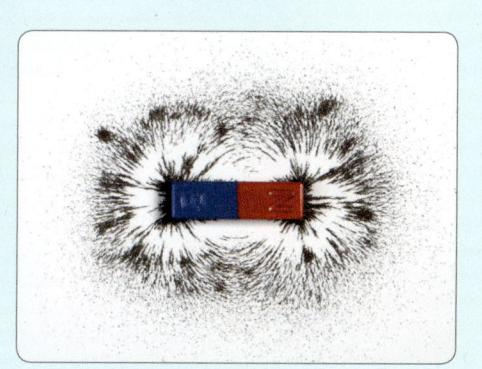

자석 댄서

분 류	자기력의 종류
연 령	6세 이상
교과연계	3학년 1학기 '자석의 이용'

준비물

- 지름 2~3cm짜리 동전자석 2~4개
- 대못 2개
- 지름 1~2cm짜리 스티로폼 공
- 빵 끈 또는 내맘대로 철사
- 털실
- 유성펜
- 스티커
- 빨대 1~2개

이 실험은요!

이 실험은 자기력을 경험해 보는 과학 놀이 활동이에요.

• 자석끼리 달라붙을 때 손이 끼지 않도록 주의하세요.

① 대못의 머리 부분이 아래로 가도록 한 다음 빨대를 끼우고 털실로 감싸 몸통과 드레스를 만들어 주세요. 2명의 댄서를 만드는 중입니다.

> 빨대는 가능하면 못에 딱 맞는 것을 사용합니다.

② 못의 뾰족한 부분에 스티로폼 공을 꽂은 뒤 얼굴을 만들고 빵 끈이나 철사를 이용해 머리와 몸통 사이에 팔을 만들어 주세요.

> 스티로폼 공에 눈, 코, 입을 그리고 털실을 이용해 머리카락을 붙입니다.

③ 못의 머리 부분을 자석에 붙여 댄서를 세워 주세요. (댄서A)

> 못이 자석에 붙기 때문에 댄서가 똑바로 설 수 있습니다.

④ 다른 자석을 댄서A에 가까이 가져가 움직임을 살펴보고 댄서가 빙글빙글 돌게 할 방법을 찾아보세요.

> 같은 극일 때 서로 밀어내며 빙글빙글 돕니다. 댄서 자석이 다른 자석에 달라붙으면 자석을 뒤집어 주세요.

⑤ ④에서 댄서A를 밀어낸 자석 위에 다른 댄서B를 세워 주세요.

> ④에서 댄서A를 밀어낸 자석의 극을 바꾸지 말로 그대로 사용합니다.

⑥ 댄서A에 댄서B를 가까이 가져가 댄서A가 춤출 수 있게 해보세요.

> 댄서B를 댄서A의 둘레를 따라 천천히 움직여 보세요. 반대로도 해보세요.

엄마랑 아이랑

자석에는 못이나 클립 같은 물체들이 끌려와 달라붙어. 자석끼리 가까이 하면 달라붙거나 밀치기도 하고. 이렇게 자석이 클립이나 못처럼 철로 된 물체나 다른 자석에 미치는 힘을 '자기력'이라고 한단다. 자석은 N극과 S극이라는 2개의 극을 가지고 있어. 그래서 자석끼리 가까워지면 서로 당기기도 하고 밀어내기도 하는 거야. 자석의 극을 몰라도 2개의 자석이 서로 당기거나 밀어내는 것을 보고 같은 극인지 다른 극인지를 알 수 있단다. 그런데 신기하게도 막대처럼 생긴 자석을 실에 매달아 놓으면 자석은 움직이다가 북쪽과 남쪽을 가리키며 멈춘단다. 자석이 이렇게 되는 건, 지구가 하나의 커다란 자석이기 때문이야. 북쪽을 가리키는 쪽은 'North'의 N을 따서 N극, 남쪽을 가리키는 쪽은 'South'의 S를 따서 S극이라고 이름 붙인 거란다.

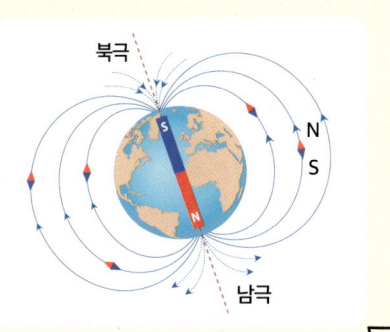

V자 부메랑

분 류	양력과 회전 운동
연 령	7세 이상
교과연계	5학년 2학기 '물체의 운동'

준비물
- A4용지 또는 도화지 1/2장
- 셀로판테이프
- 스티커

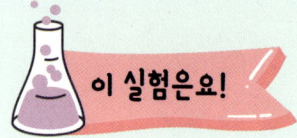 이 실험은 부메랑이 제자리로 돌아오는 원리를 경험해 보는 과학 활동이에요.

⚠️
- 사람을 향해 던지지 마세요.
- 부메랑을 던질 때는 넓은 공간을 활용하세요.

① A4용지의 긴 쪽 반을 반으로 접었다 편 다음 가운데 선에 맞춰 양쪽에서 가운데로 대문처럼 접어 주세요.

> 양쪽에서 가운데 선에 맞춰 접을 때는 딱 맞춰 접기보다는 0.1cm 정도 간격을 두고 접어야 다음번에 접을 때 편리합니다.

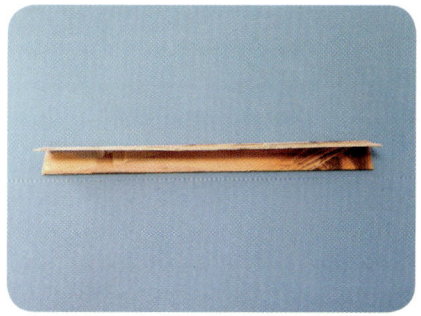

② 대문 접기 한 종이를 접어 올려 하나로 겹쳐 주세요. 양끝이 어긋나지 않도록 잘 맞춥니다.

> 손톱으로 선을 꼭꼭 눌러 줍니다.

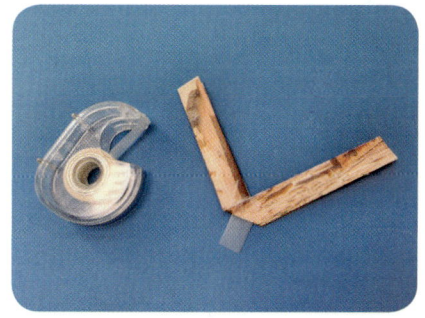

③ ②의 긴 종이를 가운데 부분에서 꺾어 올려 두 종이가 직각을 이루도록 해주세요.

> 두 날개의 길이가 같은지 확인합니다.

④ 가운데 직각으로 접어올린 부분이 벌어지지 않도록 셀로판테이프로 단단히 고정해 주세요.

> 스티커나 사인펜으로 예쁘게 꾸며도 좋습니다.

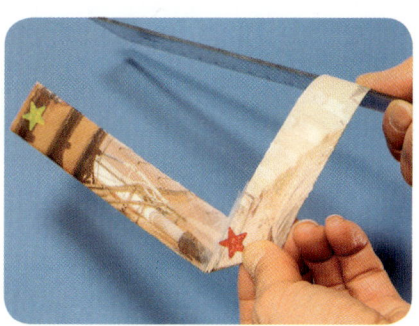

⑤ 책상 모서리나 자에 날개를 대고 비벼 날개를 둥글려 한쪽으로 살짝 휘어지게 해주세요.

> 너무 많이 휘어지면 균형을 잡기 어렵습니다.

⑥ 볼록한 쪽이 안쪽을 향하도록 하고 ㄱ자처럼 수직을 유지한 상태에서 멀리 던져 보세요.

> 아래쪽 날개를 엄지와 검지로 잡고 약간 위쪽을 향하게 한 뒤 앞으로 던집니다.

무슨 원리일까?

비행기가 양력을 받아 하늘을 나는 것처럼 부메랑도 양력(뜨게 하는 힘)을 이용합니다. V자 부메랑의 경우 수직으로 던져진 부메랑이 회전하는 동안 부메랑의 위쪽 날개와 아래 날개가 받는 공기 저항이 다릅니다. 윗날개는 회전 방향과 부메랑의 전진 방향이 같아서 빨리 회전하고, 아랫날개는 반대라 느리게 회전합니다. 빨리 회전하는 윗날개는 공기 저항을 많이 받아 속력이 점점 느려집니다. 그러면서 수직 회전하던 부메랑의 균형이 깨지면서 옆으로 눕기 시작합니다. 부메랑이 기울면서 수평 회전을 하다가 더 기울면 전진하던 방향을 바꾸어 처음에 던졌던 쪽으로 돌아옵니다. 다시 말해, 부메랑이 돌아오는 이유는 부메랑의 회전축이 팽이 축처럼 회전하기 때문입니다.

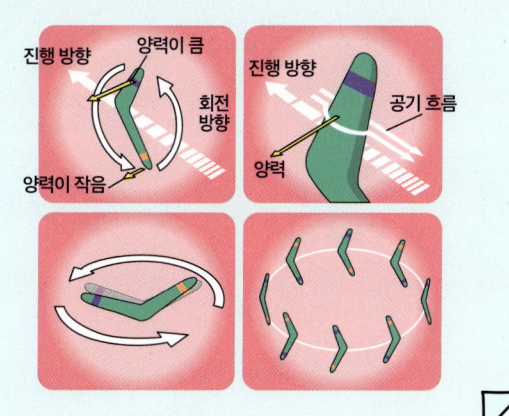

나란히맥 잎과 그물맥 잎

분 류	잎의 분류
연 령	6세 이상
교과연계	4학년 2학기 '식물의 생활'

준비물
- 여러 가지 풀잎 또는 나뭇잎
- A4용지 또는 도화지
- 색연필
- 지점토(확장 활동)

이 실험은요! 이 실험은 생김새에 따라 식물의 잎을 분류해 보는 활동이에요.

⚠️
- 자연을 훼손하지 않도록 필요한 식물만 채취해 주세요.
- 식물을 채취할 때는 되도록 면장갑과 긴소매 옷을 착용해 주세요.

① 나무나 풀잎을 모아 잎의 전체적인 모양, 가장자리 모양, 잎맥 등을 관찰해 보세요.

> 잎은 잎맥과 잎살로 나뉩니다. 선으로 연결되어 있는 단단한 부분은 잎맥, 잎맥을 제외한 조금 두툼하고 부드러운 부분이 잎살입니다.

② 잎맥의 모양에 따라 두 종류로 나누어 보세요.

> 잎맥이 중심맥에 맞춰 나란히 되어 있는 나란히맥과 그물처럼 여러 방향으로 얽혀 있는 그물맥으로 나눌 수 있습니다.

③ 잎맥이 잘 나타난 잎을 골라 잎의 뒷면이 위로 오도록 한 뒤 A4용지를 덮고 색연필로 칠해 주세요.

> 잎의 앞면은 빛을 받아 광합성을 하므로 엽록소가 많아 색이 진합니다. 뒷면은 호흡에 관여하며, 색이 연하고 잎맥이 잘 드러나 있습니다.

④ 나란히맥과 그물맥을 가진 식물들의 뿌리를 살펴보고 차이점을 찾아보세요.

> 나란히맥을 가진 풀의 뿌리나 줄기, 그물맥을 가진 풀의 뿌리나 줄기를 살펴보세요.

⑤ **확장 활동**
찰흙 사이에 잎맥이 잘 나타난 식물을 넣고 하루 정도 무거운 물건으로 눌러 잎맥을 새겨 보세요.

> 잎맥은 풀보다 나뭇잎에서 더 잘 나타납니다.

⑥ **확장 활동**
지점토 이용하기 / 물감으로 찍기

> 지점토를 이용해 찍거나 잎에 물감을 묻혀 찍는 방법으로 다양하게 즐겨 보세요.

무슨 원리일까?

손등에서 핏줄이 보이는 것처럼 잎에서도 가느다란 선을 볼 수 있습니다. 식물 잎에 보이는 이 선을 잎맥이라고 합니다. 잎맥은 줄기와 연결되어 물과 양분을 운반합니다. 잎맥은 퍼져 있는 모양에 따라 그물맥과 나란히맥으로 나뉩니다. 그물맥은 잎맥이 그물처럼 여러 갈래로 갈라져 있는 것을 말하며, 나란히맥은 잎맥이 세로로 길게 나란히 뻗어 있는 것을 말합니다. 플라타너스나 해바라기, 목련, 배추, 깻잎, 상추 등은 그물맥이고, 강아지풀이나 벼, 옥수수, 대나무, 닭의장풀, 비비추 등은 나란히맥입니다. 그물맥을 가진 식물들의 뿌리는 중심이 되는 원뿌리와 그 옆에 곁뿌리가 나 있는 곧은 뿌리를 가지고 있습니다. 나란히맥을 가진 식물의 뿌리는 중심 뿌리 없이 각각의 뿌리가 수염처럼 퍼져 있는 수염뿌리입니다. 또 그물맥을 가진 식물은 처음 싹이 날 때 2장의 떡잎이 나오는 쌍떡잎식물이고, 나란히맥을 가진 식물은 떡잎이 1장인 외떡잎식물입니다.

나의 식물 표본 책

분 류	식물의 구조와 생활
연 령	7세 이상
교과연계	4학년 2학기 '식물의 생활'

준비물

- ✓ 가위
- ✓ 모종삽
- ✓ 지퍼백
- ✓ 신문지 또는 키친타월 3~4장
- ✓ 면장갑
- ✓ 휴대전화
- ✓ 약간 두꺼운 A4용지
- ✓ 목공용 본드
- ✓ 종이테이프
- ✓ 클리어 파일
- ✓ 두꺼운 책

식물 이름	다닥냉이
채집 날짜	
채집 장소	
설 명	

이 실험은요!

이 실험은 식물 표본 만들기를 통해 식물의 구조를 경험해 보는 활동이에요.

- 자연을 훼손하지 않도록 필요한 식물만 채취해 주세요.
- 식물을 채취할 때는 되도록 면장갑과 긴소매 옷을 착용해 주세요.

① 집 또는 공원에서 채집할 식물을 온전한 모습으로 채취해 주세요.

채집 전에 사진을 미리 찍어 두면 채집 장소와 날짜, 생육 환경을 아는 데 도움이 됩니다.

② 채집한 식물은 흙이나 벌레를 털어낸 뒤 지퍼백에 담아 주세요.

식물을 채집하며 식물의 뿌리와 잎, 줄기가 어느 부분인지, 어떻게 다른지 이야기 나눠 보세요.

③ 식물이 시들기 전에 신문지나 키친타월로 잘 감싸 주세요.

신문이나 키친타월에 넣기 전에 흙이나 벌레, 썩은 잎은 제거합니다.

④ ③을 두꺼운 책으로 꾹 눌러 주세요.(약 일주일)

식물의 수분을 제거하고 형태를 보존하기 위함입니다.

⑤ 마른 식물을 목공용 본드나 종이테이프를 이용해 도화지 또는 A4용지에 붙여 주세요.

식물을 붙일 부분에 본드를 드문드문 짠 다음 이쑤시개로 펴서 식물을 붙입니다. 종이테이프는 식물이 들뜬 부분에 활용합니다.

⑥ 식물의 이름, 채집 장소, 채집 날짜, 식물에 대한 정보를 적은 종이를 붙이고, 파일에 넣어 보관해 주세요.

스마트폰 앱을 활용하면 식물 이름을 쉽게 찾을 수 있습니다.

엄마랑 아이랑

식물이나 동물의 몸 전체나 일부를 오랫동안 보존할 수 있게 만든 것을 '표본'이라고 한단다. 식물을 표본으로 만들면 식물 표본, 나비를 표본으로 만들면 나비 표본이 되는 거지. 우리가 만든 건 식물 표본이란다. 우리가 만든 식물 표본은 세상에 단 하나밖에 없는 이 식물에 대한 기록이 된단다. 식물 표본을 만들면 식물이 어떻게 변하는지 기록으로 남길 수 있고, 앞으로 채집하는 식물과 비교할 수도 있지. 사람의 눈은 정확하지 않고 오랫동안 많은 것을 기억하기 힘들어서 글이나 그림으로 남기고 사진으로 찍어 두려고 노력해. 그러나 그것은 진짜 식물은 아니거든. 그래서 진짜 식물을 채취해서 표본을 만드는 거야. 이렇게 표본을 만들어두면 어떤 장소에 어떤 식물이 모여 사는지, 사는 장소에 따라 같은 식물이라도 자라는 모습이나 크기가 어떻게 달라지는지 알 수 있어.

〈식물 표본 라벨지〉

식물 이름	
채집 날짜	
채집 장소	
설 명	

얼음 돛단배

분류	물의 특성
연령	5세 이상
교과연계	4학년 2학기 '물의 상태 변화'

준비물

- 플라스틱 용기 3~4개(컵, 반찬통)
- 주름빨대 3~4개
- 대야 또는 작은 욕조
- 색종이 또는 비닐
- 가위
- 펀치
- 셀로판테이프

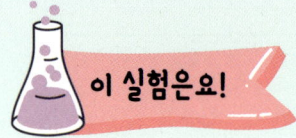 이 실험은 얼음으로 배를 만들어 얼음과 물의 밀도를 경험해 보는 활동이에요.

 • 물이 흐를 수 있으니 젖는 물건들은 미리 치워 주세요.

1 빨대를 직각으로 구부려 짧은 쪽을 플라스틱 그릇 바닥에 테이프로 붙여 주세요.

> 빨대의 꺾어지는 부분이 그릇 가운데에 오게 해 주세요.

2 그릇에 물을 3/4 정도 채워 얼려 주세요.

> 냉장고의 설정과 물의 양에 따라 다르지만 어는 데 약 4시간 정도 소요됩니다.

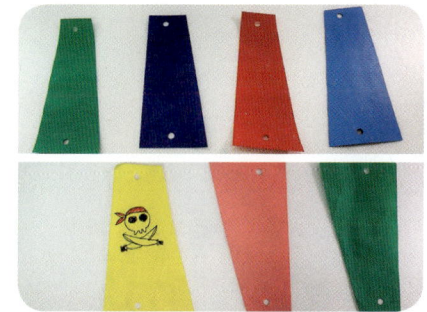

3 색종이를 잘라 긴 마름모 형태의 돛대를 만든 뒤 중심선을 맞춰 위아래에 펀치로 구멍을 뚫어 주세요.

> 돛의 길이는 빨대 길이에 맞춥니다. 색종이를 반으로 접어 한 번에 뚫으면 편리합니다.

4 얼린 그릇을 꺼내어 상온에 5분 정도 두었다가 미지근한 물에 담가 그릇에서 얼음을 빼 주세요.

> 갑자기 뜨거운 물에 담그면 얼음이 깨질 수 있습니다.

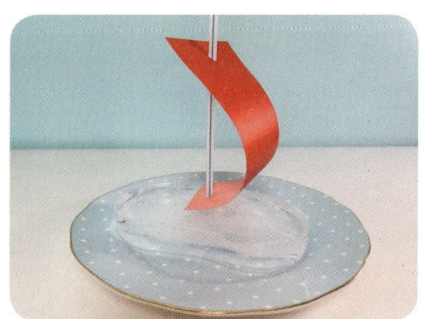

5 준비된 돛대를 빨대에 꽂아 주세요.

> 돛대의 구멍이 빨대 굵기와 잘 맞아야 돛대가 흘러내리지 않습니다. 흘러내리면 테이프로 윗부분을 살짝 고정해 주세요.

6 얼음 돛단배를 물에 띄운 뒤 입으로 바람을 불어 원하는 곳으로 보내 보세요.

> 얼음이 어떻게 물에 뜨는지 아이와 이야기 나눠 보세요. 얼음 모양을 다양하게 하여 즐기면 더 재밌습니다.

엄마랑 아이랑

나무는 물에 뜨고 쇠구슬은 물에 가라앉지? 왜 그럴까? 바로 밀도의 차이 때문이란다. 나무나 쇠구슬을 쪼개고 쪼개면 나무나 쇠구슬의 성질을 갖는 가장 작은 알갱이가 남지. 이 작은 알갱이들이 빽빽하게 모여 있는 정도를 '밀도'라고 해. 물에 뜨는 것은 물보다 밀도가 작고 물에 가라앉는 것은 물보다 밀도가 크다고 생각하면 되지. 그럼 얼음물이나 얼음 돛단배가 물에 뜨는 건 어떻게 설명할 수 있을까? 맞아, 얼음이 물보다 밀도가 작다고 보면 돼. 보통 다른 물질들은 딱딱한 고체가 되면 액체일 때보다 밀도가 커지지만 물은 고체인 얼음 상태일 때 밀도가 더 작아진단다. 신기하지?

PART 2 여름에 하면 좋은 실험

물 뿜는 풍선

분 류	기체의 압력과 부피
연 령	6세 이상
교과연계	3학년 1학기 '물질의 성질'

준비물

- ✓ 500~1500㎖짜리 페트병 1개
- ✓ 풍선 1개
- ✓ 송곳
- ✓ 물

이 실험은요!

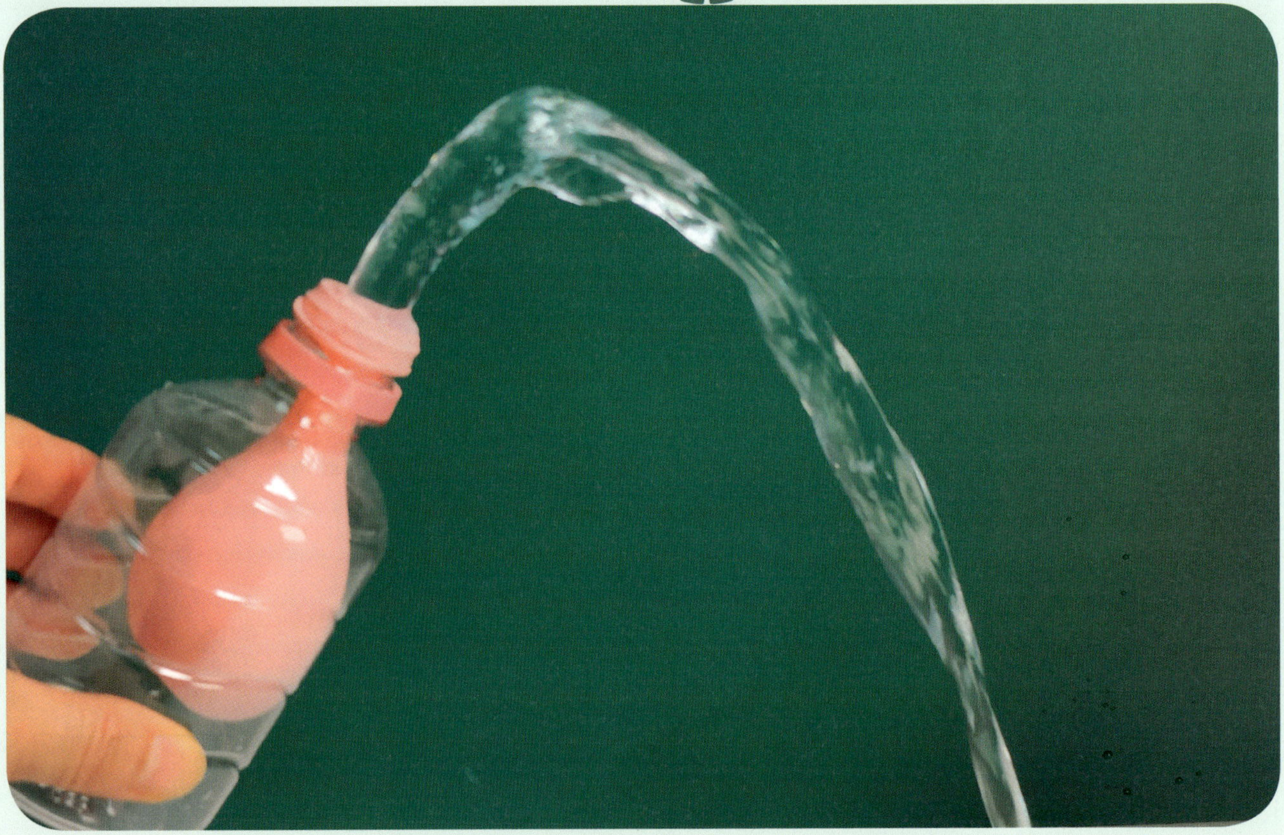

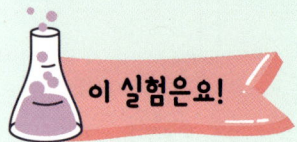

이 실험은 공기가 일정한 부피와 압력을 가지고 있다는 사실을 경험해 보는 활동이에요.

- 송곳으로 구멍을 뚫는 작업은 위험하니 반드시 어른이 도와주세요.
- 주변에 젖거나 물이 들어가 위험한 기구는 치워 주세요.

① 풍선을 페트병에 넣은 뒤 풍선 입구를 벌려 페트병에 끼우고 풍선을 불어 보세요.

풍선이 아예 부풀어 오르지 않을 수도 있고, 조금 부풀어 오르다 멈출 수도 있습니다.

② 풍선을 부풀게 하는 방법을 아이와 함께 고민하고 시도해 보세요. 그런 다음 송곳을 이용해 페트병 아래쪽 옆면에 구멍을 뚫어 주세요.

아이가 다소 엉뚱한 이야기를 해도 잘 들어주세요. 정답보다 아이디어가 중요합니다.

③ 구멍 뚫은 ②의 페트병 풍선을 불어 풍선이 페트병에 가득 차게 해보세요.

구멍을 열었다 막았다 하면서 반복해서 풍선을 불어 보며 풍선을 관찰하세요.

④ 풍선이 페트병 벽에 닿을 때까지 분 다음 손가락으로 병의 구멍을 막아 주세요.

테이프보다는 손가락으로 막았다 열었다 하는 것이 편리합니다.

⑤ ④번의 풍선에 물을 2/3 정도 부어 주세요.

물이 들어가는 동안 구멍을 계속 막아 줍니다.

⑥ 병을 살짝 기울여 구멍에서 손을 뗀 다음 풍선에서 물이 나오는 모습을 관찰하세요.

물의 양이나 압력에 따라 솟구치는 정도가 다릅니다.

무슨 원리일까?

페트병의 구멍을 막은 상태에서 풍선을 불면 풍선이 부풀지 않습니다. 병 속이 공기로 가득 차 있어 풍선이 부풀 공간이 없기 때문입니다. 구멍에서 손을 뗀 다음 구멍을 열고 풍선을 불면 풍선이 부풀어 오릅니다. 구멍을 통해 공기가 빠져나가면서 공간이 생겼기 때문입니다. 페트병 구멍을 열고 풍선을 분 다음 다시 구멍을 막으면 병 속은 풍선의 공기와 페트병의 나머지 공간의 공기로 채워집니다. 이때 풍선에 물을 붓고 구멍을 막고 있던 손을 떼면 풍선의 물이 솟구칩니다. 병 속으로 들어온 공기에 의해 풍선이 눌리기 때문입니다. 이를 통해 공기는 일정한 부피와 압력을 가지고 있다는 사실을 알 수 있습니다.

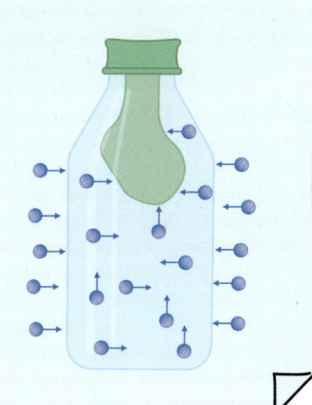

갈매기 글라이더

분 류	비행기의 원리
연 령	7세 이상
교과연계	5학년 2학기 '물체의 운동'

준비물
- A4 또는 A5용지 1장
- 자
- 클립 1개

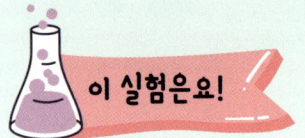 이 실험은 종이 글라이더를 만들어 비행의 원리를 탐구해 보는 활동이에요.

 • 바람이 없는 넓은 실내에서 날려 주세요.

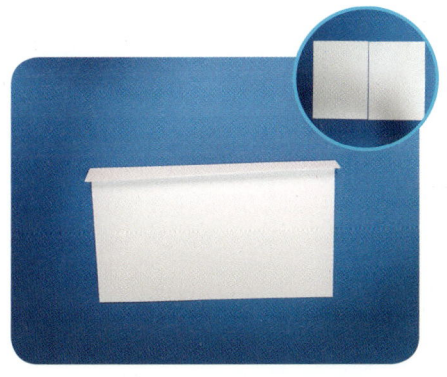 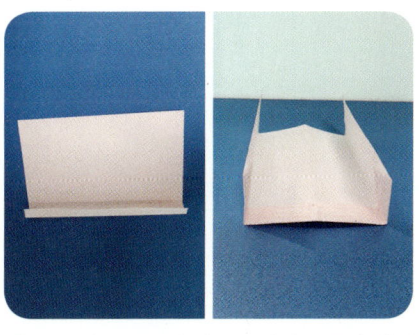 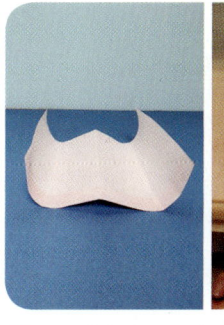 

1 A4용지를 반으로 잘라 긴 쪽이 위로 가게 한 다음 윗부분을 두 번 접어(1.5cm 정도) 조금 두껍게 만들어 주세요.

> A5용지는 그대로 사용하면 됩니다.

2 두꺼운 부분이 밖으로 나와 볼록한 산이 되도록 ❶을 반으로 접었다 펴서 중심선을 만들고, 중심선을 가운데에 둔 상태로 양쪽에서 대문 접기를 한 뒤 다시 펼쳐 주세요.

> 대문 접기로 만들어진 선은 골짜기가 됩니다.

3 ❷에서 만든 골짜기 선을 책상에 대고 한쪽씩 번갈아 오목하게 둥글려 산과 골짜기가 부드럽게 이어지도록 만들어 주세요.

> ❷에서 접었다 편 선을 책상 모서리에 대고 좌우로 문지르면 부드럽고 둥근 곡선이 됩니다.

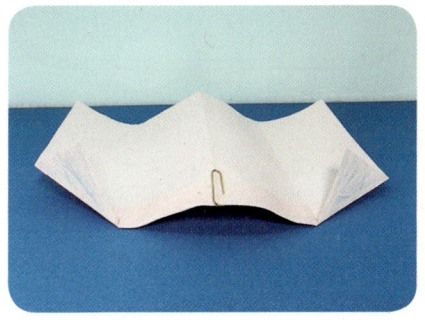  

4 글라이더 앞(두꺼운 쪽) 양쪽 끝을 비스듬히 접어 올린 다음 중심선 앞머리에 클립을 꽂아 주세요.

> 글라이더를 4등분했던 골짜기 선에서부터 각각 접어 올려 양쪽이 대칭이 되도록 합니다.

5 글라이더를 세게 밀지 말고 뒷부분 가운데를 잡은 뒤 가볍게 밀 듯이 날립니다.

> 뒷부분 중심선에 가운데 손가락을 끼우고 양옆을 다른 손가락으로 받친 뒤 높은 곳에서 밀어주듯 놓습니다.

6 글라이더가 바람을 타듯 부드럽게 활공하는 모습을 관찰해 보세요.

> 글라이더가 돌거나 금방 떨어진다면 앞부분에 클립을 1개 더 꽂거나 앞부분 양옆을 조금 더 접어 보세요.

무슨 원리일까?

비행기가 하늘을 나는 것은 근본적으로 베르누이의 원리로 설명합니다. 비행기의 날개 모양에 의해 윗부분은 공기가 빠르게 이동하여 공기의 압력이 작아지고, 아랫부분은 공기가 느리게 이동해 압력이 높아져 비행기가 뜨게 된다는 설명입니다. 그러나 실제로 비행기가 뜨는 데는 '코안다 효과'가 큰 작용을 합니다. 공기라는 유체의 흐름은 날개와 공기가 흘러가는 방향 사이의 각에 따라 달라지는데(받음각), 이로 인해 유체는 물체의 면을 따라 휘어져 흐르게 됩니다. 즉 비행기가 날 때 공기는 날개를 따라 아래쪽으로 흘러내리며 아래에서 당기는 힘을 받습니다. 날개가 공기를 아래로 내려보내는 힘이 만들어지면 이에 대한 반작용으로 공기는 날개를 위로 밀어올리는 힘을 발생시켜 비행기를 뜨게 만듭니다.

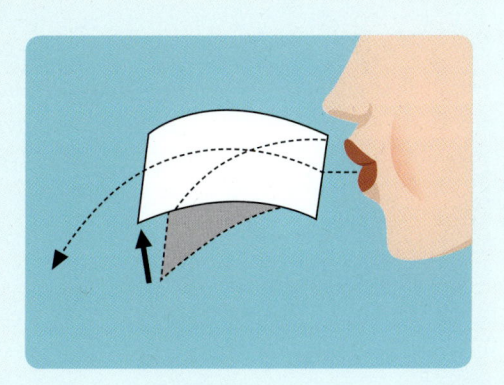

PART 2 여름에 하면 좋은 실험

단풍씨 헬리콥터

분 류	공기의 저항
연 령	6세 이상
교과연계	5학년 2학기 '물체의 운동'

준비물
- ✓ 단풍씨 1~2개
- ✓ A4용지 1장
- ✓ 클립 1~2개
- ✓ 가위

이 실험은요!

이 실험은 단풍씨의 움직임을 모사해 공기 저항을 탐구해 보는 과학 활동이에요.

- 높은 곳에서 물체를 던지거나 낙하시킬 때 넘어지거나 떨어지지 않도록 주의하세요.
- 단풍꽃은 5월에 피고 열매는 여름부터 늦가을까지 관찰할 수 있습니다.

1 단풍나무 씨앗을 관찰해 보세요.

V자 형태로 된 두 날개 안쪽에 각각 씨앗이 박혀 있습니다.

2 씨앗을 떨어뜨려 보세요. 한쪽 날개만 떼어 떨어뜨려도 보고, 씨앗을 손가락 위에 올려놓고 다른 손가락으로 날개의 한쪽을 쳐서 날려보기도 하세요.

씨앗이 헬리콥터처럼 빙글빙글 돌면서 날아가거나 아래로 떨어지는 것을 살펴보세요.

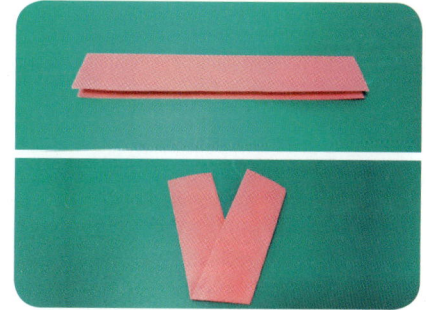

3 반으로 자른 A4용지를 다시 반으로 접어 길쭉한 네모기둥을 만든 다음 기둥 중심에서 접어 올려 주세요.

V자 형태의 종이가 만들어집니다.

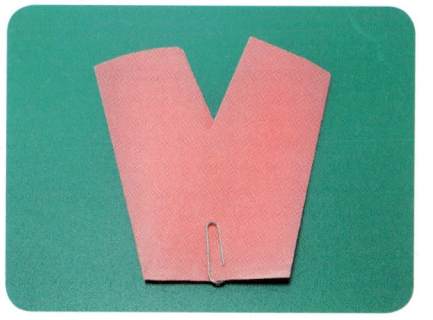

4 ❸의 가운데 아래 중심 부분에 클립을 끼워 무게중심을 잡아 주세요.

클립은 단풍나무 씨앗에 해당합니다. 고무찰흙을 뭉쳐서 붙여도 좋습니다.

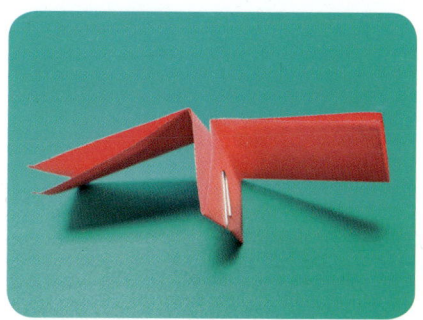

5 V자 날개가 클립을 꽂은 면에 닿을 때까지 각각 뒤로 접어내렸다가 다시 펼쳐 클립을 꽂은 몸통에 직각이 되도록 펼쳐 주세요.

두 날개의 방향은 어긋나고, 위쪽 날개 면은 동일한 평면이 되게 합니다.

6 종이로 만든 단풍씨 헬리콥터를 떨어뜨려 회전하며 떨어지는 모습을 관찰해보세요.

날개에 스티커를 붙이면 더 예쁜 모습으로 회전하는 헬리콥터를 관찰할 수 있습니다.

엄마랑 아이랑

단풍나무 씨앗은 날개와 씨앗 부분으로 되어 있는데, 날개의 바깥쪽은 두껍고 안쪽은 얇단다. 씨앗에 날개가 달린 건 씨앗을 멀리까지 퍼뜨리기 위함이지. 날개의 두꺼운 쪽이 공기에 밀리면서 빙글빙글 회전하며 위로 떠올랐다가 천천히 다시 아래로 떨어지면서 멀리까지 가는 거란다. 이런 단풍씨의 움직임을 흉내 내서 만든 게 바로 헬리콥터야. 우리 주변의 모든 물체는 위에서 아래로 떨어져. 지구가 잡아당기고 있기 때문이야. 그럼 만약 깃털과 쇠구슬을 동시에 떨어뜨리면 어떻게 될까? 공기가 없다면 두 물체는 동시에 떨어진단다. 그런데 공기가 있으면 달라져. 이 경우엔 쇠구슬이 먼저 떨어지고 깃털이 나중에 떨어지지. 쇠구슬과 깃털이 땅으로 떨어질 때 공기와 부딪히기 때문이야. 깃털은 넓다 보니 공기랑 많이 부딪혀 천천히 떨어지고, 쇠구슬은 작게 뭉쳐져 있다 보니 깃털보다 빨리 떨어지는 거지. 종이로 만든 헬리콥터 역시 떨어질 때는 넓게 펼쳐진 종이 날개가 공기랑 부딪히는데, 날개가 어긋나 있다 보니 빙글빙글 도는 거지. 그런데 클립이 중심을 잡아주니 그곳을 중심으로 돌며 떨어지는 거야.

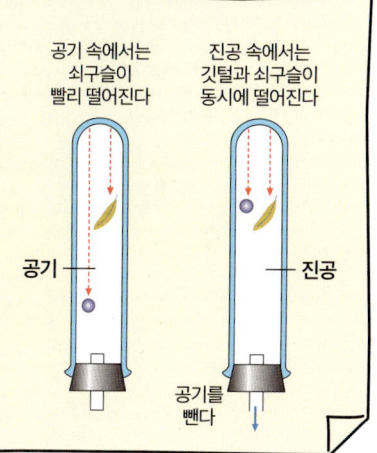

물 옮기는 자동 빨대

기본 활동

분류	대기압
연령	6세 이상
교과연계	3학년 1학기 '지구의 모습'

준비물

- ✓ 물컵 2개
- ✓ 물
- ✓ 주름빨대 1개
- ✓ 가위

이 실험은요!

이 실험은 사이펀의 원리를 체험해 보는 과학 놀이 활동이에요.

- 물을 흘릴 수 있으니 걸레나 마른 수건을 미리 준비해 주세요.

① 물을 4/5 정도 채운 컵과 빈 컵을 준비하여 주름 빨대로 물 컵에서 빈 컵으로 물을 옮기는 방법을 고민해 보세요.

구부러진 빨대는 구부려서 양쪽 길이가 비슷하게 잘라 주세요.

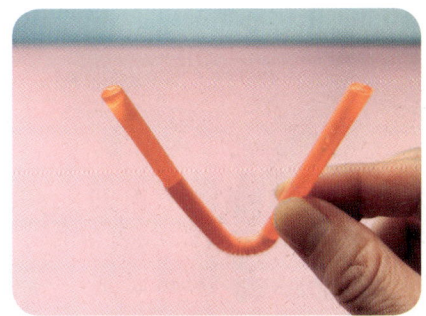

② 구부러진 빨대에 물을 가득 채워 주세요

수돗물을 틀어 빨대에 물을 받거나 물이 담긴 컵에 빨대를 집어넣어 물을 가득 채웁니다.

③ 빨대의 한쪽 끝을 막은 후 컵으로 가져가 주세요.

한쪽만 막아도 다른 쪽 빨대 구멍에서 물이 쏟아지지 않아요.

④ 빨대 한쪽 끝이 수면에 닿으면 빨대를 두 컵에 걸친 후 손가락을 떼어 주세요.

빨대 입구 막은 쪽을 어느 컵에 넣어도 상관 없지만 한쪽 입구가 수면에 닿은 뒤에 손을 떼어야 합니다.

⑤ 빨대를 타고 빈 컵으로 물이 이동하는 것을 관찰해 보세요.

물이 세차게 흘러내릴 때 빨대가 컵 벽에 가까이 붙는 것도 살펴보세요.

⑥ 물의 이동이 언제쯤 멈출지 이야기해 보세요.

양쪽 컵의 수면이 같아지면 물은 더 이상 이동하지 않습니다.

엄마랑 아이랑

컵에서 컵으로 물을 옮기려면 보통 컵을 기울여서 물을 따르잖아. 그런데 우린 주름빨대 하나만 있으면 저절로 물이 컵에서 컵으로 옮겨가게 할 수 있단다. 이렇게 주름빨대처럼 생긴 관을 타고 물이 한 컵에서 다른 컵으로 이동하는 것을 '사이펀 작용'이라고 한단다. 사실 사이펀은 거꾸로 된 U자 모양의 관(파이프 또는 튜브)을 말해. 그러니까 여기서는 주름빨대가 사이펀이 되는 거지. 다만 조건이 있는데 물의 높이가 달라야 해. 물이 가득 찬 컵과 빈 컵 사이에 주름빨대를 놓으면, 물의 높이가 높은 곳에 잠긴 빨대로 물이 들어가 빈 컵으로 쏟아지게 되지. 공기 기둥이 물을 누르는 힘이 빨대 안으로 물을 들어가게 한단다. 그러고 나면 물알갱이들끼리 잡아당기는 힘에 의해 높은 곳을 넘어가 다시 중력 때문에 물은 아래로 흘러내리게 되지. 사이펀은 수족관의 물을 갈아 줄 때, 주유소에서 기름을 옮길 때, 그리고 변기에서 물을 내리거나 냄새가 올라오지 않게 하는 데도 사용된단다.

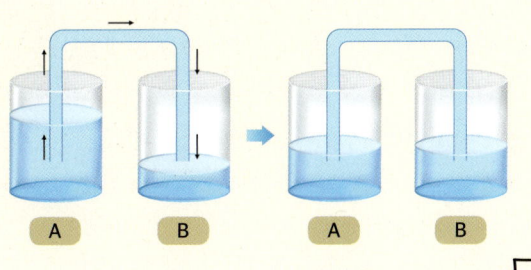

물 옮기는 3단 자동 빨대 확장 활동

- **분 류** 대기압
- **연 령** 7세 이상
- **교과연계** 3학년 1학기 '지구의 모습'

준비물

- ✓ 물컵 3개
- ✓ 물
- ✓ 주름빨대 3개
- ✓ 가위
- ✓ 쟁반 또는 접시
- ✓ 종이컵 또는 빈 그릇 2개
- ✓ 가위

이 실험은요!

이 실험은 사이펀의 원리를 응용해 보는 과학 활동이에요.

⚠
- 물을 사용하므로 싱크대나 세면대, 욕조에서 실험해 주세요.

① 물을 가득 채운 컵과 빈 컵을 준비하여 주름빨대를 물로 채운 다음 양쪽 컵에 걸칩니다. 빨대의 길이는 비슷하거나 한쪽이 2cm 정도 더 길어도 됩니다.

> 살짝 솟아올 정도로 빨대에 물을 채우고 짧은 쪽을 손가락으로 막아 긴 쪽이 물에 잠기면 손가락을 떼어 주세요.

② 물이 가득 들어 있는 컵에 그릇을 받친 뒤 ①과 같은 방법으로 주름빨대를 두 컵에 걸쳐 주세요.

> 물이 빨대를 타고 이동해 옆의 컵에서 흘러나오는 것을 확인해 보세요.

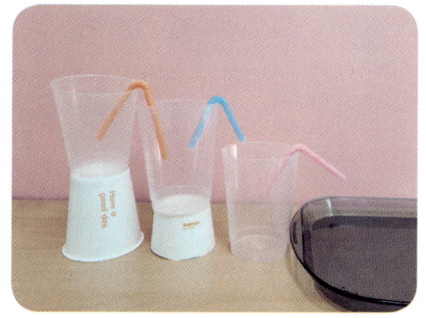

③ 종이컵이나 빈 그릇을 이용해 컵 3개의 높이를 각각 다르게 한 다음 마지막에 쟁반이나 물그릇을 받쳐 주세요.

> 싱크대나 욕조처럼 물을 계속 넣을 수 있고 흘려보낼 수 있는 곳이 실험하기에 편합니다.

④ 가장 높은 컵에 물을 가득 넣고 ①과 같은 방법으로 주름빨대에 물을 채운 다음 두 컵에 걸칩니다. 두 번째 컵에 빨대가 잠길 정도로 물이 차면 앞의 방법처럼 물을 채운 빨대를 두 번째 컵에 걸쳐 주세요.

> 첫 번째 컵에 계속해서 물을 부어 물의 높이가 일정하게 유지되도록 해주세요.

⑤ 세 번째 컵에 물이 차올라 빨대가 잠길 정도가 되면 앞의 방법처럼 물을 채운 빨대를 세 번째 컵에 걸쳐 주세요.

> 물이 잘 이동하지 않는다면 수면이 높은 쪽 빨대가 물에 잠겨 있는지, 빨대에 물을 가득 채웠는지 확인해 보세요.

⑥ 첫 번째 컵에 공급하던 물을 끊어 물의 이동이 멈추는 과정을 살펴보세요.

> 더 이상 물이 공급되지 않으면 첫 번째, 두 번째, 세 번째 컵의 순서로 물의 이동이 멈춥니다.

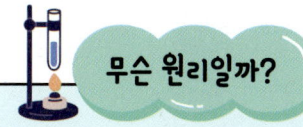

무슨 원리일까?

그릇의 높이를 달리하면 같은 양의 물을 채워도 수면의 높이가 달라집니다. 3개의 그릇을 높은 것부터 차츰 낮아지도록 높이가 차이 나게 만들어 그릇 사이에 거꾸로 된 U자 모양의 관을 설치하면 첫 번째 그릇에만 물을 부어도 이 물이 관을 타고 다음 그릇으로 이동합니다. 이때 높은 곳의 물높이(수면)가 유지되도록 물은 계속해서 공급해야 합니다. 이런 현상은 '사이펀의 원리'로 설명할 수 있습니다. 물이 높은 곳에서 낮은 곳으로 이동하는 것은 자연스럽지만 거꾸로 된 U자 모양의 관을 타고 물이 거꾸로 올라갔다가 다시 내려오는 과정은 간단하지 않습니다. 높은 수면을 가진 그릇의 물은 대기압에 눌려 압력이 낮아진 빨대로 (U자관 꼭대기가 비어 있어) 밀려 올라가고, 물의 응집력은 물을 연속적으로 이동하게 합니다. 물이 가장 높은 U자 관을 통과하고 나면 중력에 의해 흘러내립니다. 3단 사이펀은 물의 높이 차를 이용해 이 과정을 반복합니다.

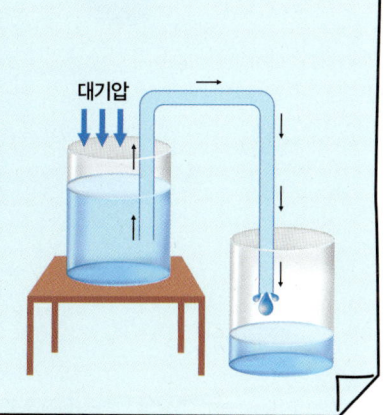

아슬아슬 잠자리

분 류	수평 잡기
연 령	6세 이상
교과연계	4학년 1학기 '물체의 무게'

준비물

- 두꺼운 도화지 1장
- A4용지 1장
- 색연필 또는 사인펜
- 가위
- 동전자석 4개 또는 지점토
- 셀로판테이프 또는 양면테이프

이 실험은요!

이 실험은 잠자리가 볼록 튀어나온 작은 입으로 아슬아슬 균형을 잡게 해보는 무게중심 활동이에요.

1 종이를 반으로 접어 잠자리의 반만 그려 주세요. 앞날개가 부리보다 2cm 정도 앞으로 나와야 합니다.

펼친 잠자리가 좌우 대칭이 되도록 반으로 접은 상태로 오려 주세요.

2 잠자리를 예쁘게 색칠하고 꾸며 주세요.

A4용지에 먼저 그린 다음 두꺼운 도화지에 붙여서 오리면 편리합니다.

3 잠자리의 부리를 손가락이나 볼펜 위에 올려 보세요. 동전자석이나 지점토를 잠자리에 붙여 다시 손가락에 올려 보세요.

뒷날개, 몸통, 꼬리 등 아이가 붙이고 싶어 하는 곳에 붙여 보세요.

4 잠자리 앞날개 끝에 동전자석이나 지점토를 붙인 뒤 볼펜이나 나뭇가지 위에 잠자리의 뾰족한 부리를 올려 보세요.

잠자리가 볼펜 위에 균형을 잡고 앉아 있다면 후~ 하고 바람을 불어 회전하게 해보세요.

무슨 원리일까?

잠자리를 그냥 볼펜 위에 올리면 미끄러져 아래로 떨어집니다. 하지만 잠자리 앞날개 양쪽에 같은 무게의 동전을 붙인 뒤 다시 볼펜 위에 올리면 잠자리는 부리로 균형을 잡고 공중에 떠 있게 됩니다. 앞날개 양쪽에 붙인 동전의 무게로 인해 잠자리의 무게중심이 부리 아래쪽으로 이동하여 균형을 잡을 수 있게 된 것입니다.

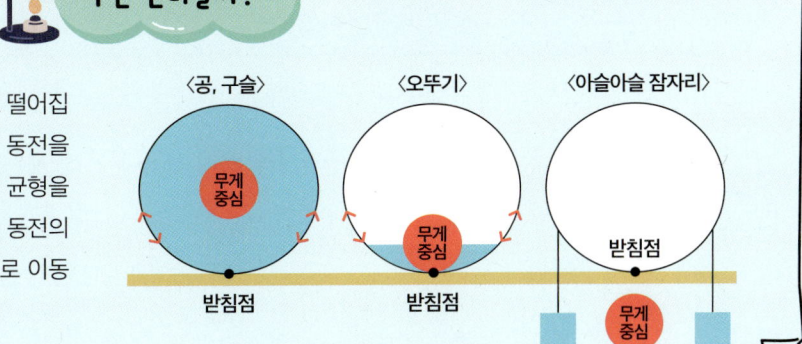

PART 2 여름에 하면 좋은 실험

통꽃 요정과 갈래꽃 나비

분 류	꽃의 분류
연 령	7세 이상
교과연계	4학년 2학기 '식물의 생활'

준비물

- 가위
- 도화지
- 색연필
- 여러 가지 모양의 꽃(꽃잎이 붙어 있는 것과 떨어져 있는 것)
- 셀로판테이프 또는 글루건
- 목공용 본드
- 작은 나무막대 또는 꼬치막대
- 고무찰흙

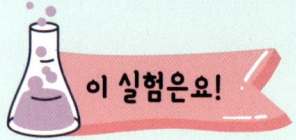 이 실험은 생김새에 따라 꽃을 분류해 보는 활동이에요.

 • 자연을 훼손하지 않도록 필요한 식물만 채취해 주세요.

134

① 주변의 꽃들을 보며 기준을 세워 분류해 보세요.(색깔, 크기, 꽃잎이 붙어 있는 모양 등)

관찰만 해도 좋고, 메모하거나 사진을 찍어도 됩니다.

② 꽃잎이 하나로 붙어 있는 꽃과 갈래갈래 나눠져 있는 꽃 1~2가지를 채집해 보세요.

꽃잎이 붙어 있는 꽃을 통꽃, 나눠져 있는 꽃을 갈래꽃이라고 합니다.

③ 도화지에 얼굴 또는 상반신을 그린 뒤 오려 주세요.

나뭇가지는 꼬치막대 정도의 굵기로 얼굴이나 상반신에 맞춰 길이를 맞춥니다.

④ 통꽃을 나뭇가지에 끼워 주세요. 꽃잎이 아래를 향하도록 하여 막대의 가는 부분에 끼웁니다.

통꽃 입구를 조금 잘라 막대에 끼우되 통꽃이 빠져나가지 않도록 합니다.

⑤ 셀로판테이프를 이용해 꽃막대를 오려 놓은 상반신에 붙인 뒤 고무찰흙으로 신발을 만들어 세워 주세요.

장식물로 이용해도 되고, 아이와 역할극을 해도 좋습니다. 꽃이 시들면 새 꽃으로 바꿔 줍니다.

⑥ 갈래꽃은 꽃잎을 하나씩 떼어 나비 날개 모양을 만든 후 목공용 본드로 붙여 주세요. 나비의 몸통은 직접 그리거나 나뭇잎을, 더듬이는 꽃의 수술을 이용해 주세요.

갈래꽃은 꽃잎이 나눠져 있어 1장씩 떼어서 붙일 수 있습니다.

엄마랑 아이랑

세상에는 아주 많은 식물과 동물들이 있단다. 너무너무 많기 때문에 과학자들은 이것을 잘 정리해 놓기로 했어. 그래야 기억하기도 쉽고 다시 찾아내기도 편리하거든. 그래서 '분류'라는 방법을 썼단다. 분류는 어떤 기준을 정해 비슷한 것끼리는 묶고 다른 것끼리는 나누어 놓는 거지. 네모난 블록끼리 모으고 세모난 블록끼리 모으는 것처럼.

생물 분류는 내 마음대로 하는 것은 아니고 번식 방법이나 모양처럼 생물의 특징을 기준으로 나눈단다. 우리 주변에 아름답게 피어 있는 꽃은 보통 통꽃과 갈래꽃으로 나뉘. 이건 꽃의 모양, 특히 꽃의 꽃부리를 기준으로 나눈 거란다. 꽃부리는 꽃잎 부위 전체를 말해. 나팔꽃, 호박꽃, 도라지꽃, 백합, 철쭉처럼 꽃잎이 모두 붙어 있거나 꽃잎의 밑동 부분이 붙어 있는 꽃을 통꽃이라고 해. 반대로 목련, 벚꽃, 장미꽃, 유채꽃, 냉이꽃, 무꽃, 백일홍, 코스모스처럼 꽃잎이 각각 떨어져 있는 꽃은 갈래꽃이라고 하지.

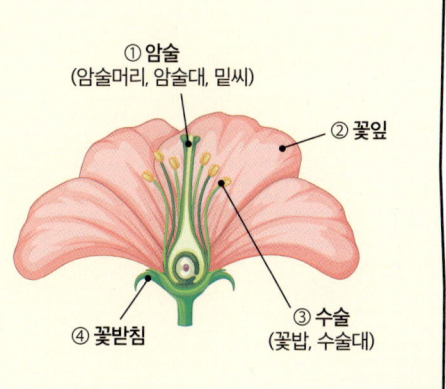

PART 3
가을에 하면 좋은 실험

자석 자동차 기본 활동

분 류	자기력의 종류
연 령	6세 이상
교과연계	3학년 1학기 '자석의 이용'

준비물
- 지름 2~2.5cm짜리 동전자석 2개
- 장난감 자동차
- 셀로판테이프 또는 글루건
- A3 사이즈 도화지 1장
- 스티커 2색
- 수수깡 또는 나무젓가락 1개

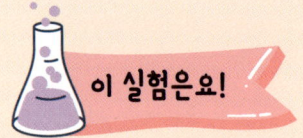 이 실험은 자기력을 이용한 과학 놀이 활동이에요.

 • 장난감 자동차의 무게가 있으므로 조금 힘이 센 자석을 사용하세요

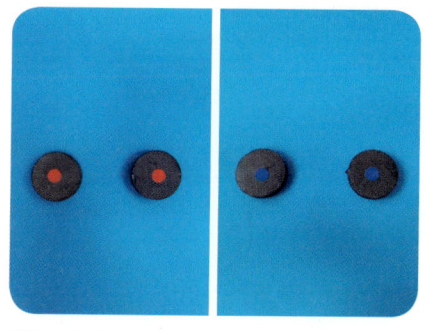

① 자석 하나를 놓고 다른 자석을 가까이 가져가 서로 밀어내면 두 자석 윗면에는 빨간색 스티커를, 뒷면에는 파란색 스티커를 붙여 주세요.

> 같은 극끼리는 척력이 작용해 서로 밀어냅니다. 같은 색 스티커를 붙인 쪽은 같은 극입니다.

② 빨간색과 파란색 스티커를 붙인 자석을 가까이 가져가 서로 달라붙는지 확인해 보세요.

> 서로 다른 극끼리는 인력이 작용해 달라붙습니다.

③ 나무나 플라스틱 장난감 뒷면에 테이프나 글루건으로 자석을 붙여 주세요.

> 자석이 무거워 장난감 자동차의 앞부분이 살짝 들리면 앞에 같은 크기의 자석이나 비슷한 무게의 물체를 붙여 균형을 잡아 줍니다.

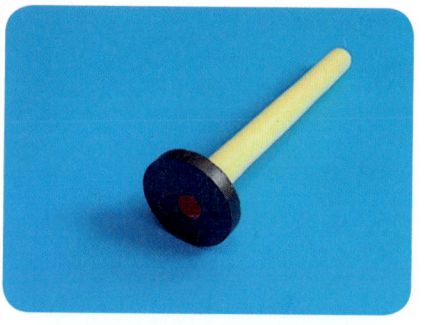

④ 수수깡 끝에 테이프나 글루건으로 자석을 붙여 주세요. 이때 자동차에 붙인 자석과 서로 같은 극이 마주 보도록 합니다.

> 자동차 뒷면에 붙인 빨간 스티커가 바깥쪽을 향하고 있으면 수수깡에 붙이는 자석도 빨강색이 바깥쪽을 향하도록 붙입니다.

⑤ 자동차 뒷면에 수수깡 자석 리모컨을 가까이 가져가 자동차가 앞으로 가도록 해 보세요.

> 가능하다면 자동차의 속력과 방향도 조절해 보세요.

⑥ A3용지나 도화지에 도로를 그리고 마을이나 신호등을 꾸민 뒤 자석 자동차를 이용해 달려 보세요.

> 미로를 그리거나 다양한 모양의 길을 그려 넣어도 좋습니다.

무슨 원리일까?

자석이 다른 자석을 밀거나 당기는 힘을 '자기력'이라고 합니다. 자기력은 보통 자석의 양 극 사이에 작용하는데, 자석은 N극과 S극이라는 성질이 다른 2개의 극을 가지고 있습니다. N극과 S극을 가까이하면 두 극 사이에는 서로 잡아당기는 힘인 인력이 작용합니다. 이와 반대로 서로 같은 극인 N극과 N극, S극과 S극을 가까이 하면 두 극 사이에는 밀어내는 힘인 척력이 작용합니다. 중력이 잡아당기는 힘인 인력만 가지고 있는 것에 비해 전기와 자기는 인력과 척력 두 종류의 힘이 작용합니다.

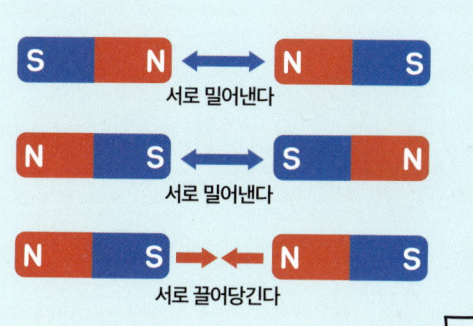

페트병 자동차 확장 활동

분 류	자기력의 종류
연 령	5세 이상
교과연계	3학년 1학기 '자석의 이용'

준비물

- ✓ 동전자석 2개
- ✓ 같은 크기의 플라스틱 병뚜껑 4개
- ✓ 200~500㎖짜리 페트병 1개
- ✓ 꼬치막대 2개
- ✓ 지름 4~5mm 짜리 빨대 2개
- ✓ 송곳
- ✓ 연필
- ✓ 수수깡 1개
- ✓ 양면테이프 또는 글루건
- ✓ A3 사이즈 도화지 1장
- ✓ 스티커 또는 유성 사인펜

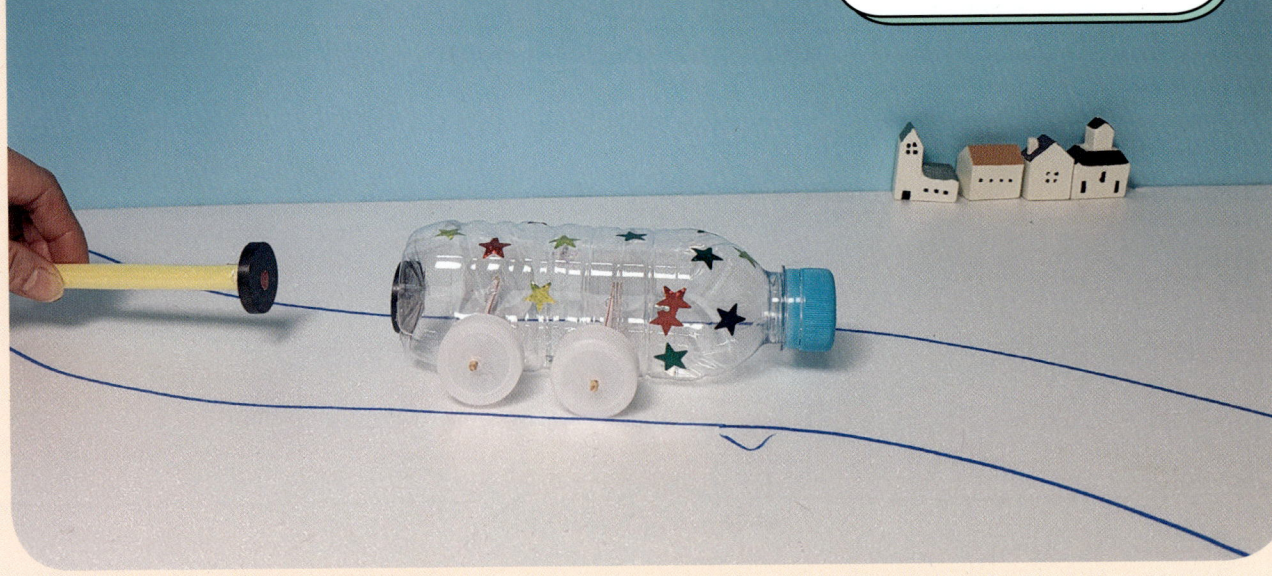

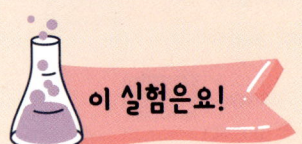 이 실험은 자기력을 경험해 보는 과학 활동이에요.

- 힘이 너무 약한 자석보다는 어느 정도 힘이 있는 자석을 사용하세요
- 자석끼리 붙을 때 손이 끼지 않도록 주의하세요.

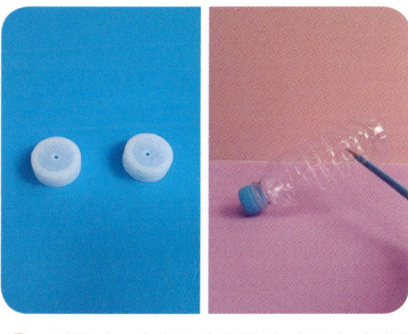  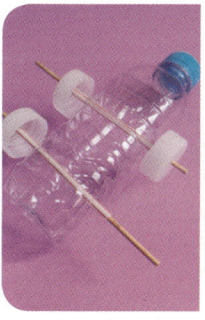 

1 병뚜껑 4개에 구멍을 뚫어 자동차 바퀴를 만들어 주세요. 페트병은 바퀴 축을 끼울 수 있도록 앞뒤에 각 2개씩 구멍을 뚫어 주세요.

> 뚜껑이 바닥에 닿을 수 있게 페트병 아래쪽에 구멍을 뚫습니다. 또 빨대를 꽂아야 하므로 연필을 꽂아서 돌려 구멍을 벌려 주세요.

2 페트병 앞뒤 구멍에 빨대 2개를 각각 가로질러 꽂아 바퀴 축을 끼울 수 있게 해주세요.

> 빨대는 페트병을 가로지른 길이보다 여분을 남기고 자릅니다.(양쪽 각 1~1.5㎝ 정도)

3 ❷의 빨대에 꼬치막대를 끼운 뒤 그 끝에 바퀴를 꽂아 주세요. 바퀴가 헐렁하면 글루건으로 고정합니다.

> 바퀴가 일정한 간격이 되도록 배치하고 뾰족한 꼬치막대 끝은 다듬어 줍니다.

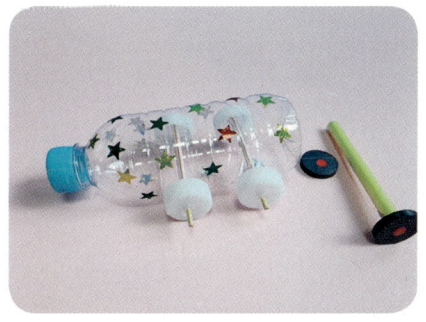 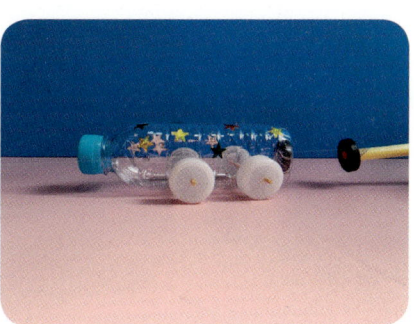 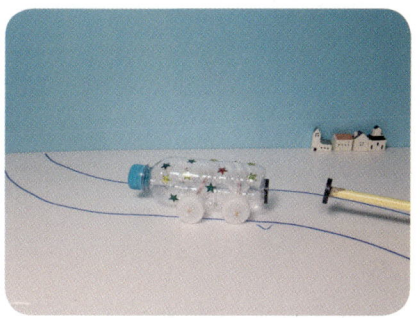

4 수수깡 끝에 자석을 붙이고 서로 같은 극이 마주 보도록 자동차 뒤에도 자석을 붙여 주세요.

> 척력이 작용하도록 리모콘 수수깡과 자동차 뒷부분 자석의 극을 맞춥니다.

5 페트병 자석 자동차 뒤에 수수깡 리모콘을 가까이 가져가 자동차가 앞으로 움직이는지 확인해 보세요.

> 페트병이 끌려온다면 페트병이나 수수깡 둘 중 하나의 자석만 뒤집어 붙이면 됩니다.

6 도화지에 도로나 도시를 그려 자동차 여행을 떠나 보세요.

> 도로를 아이와 함께 설계하고 꾸미면 더 재밌습니다.

무슨 원리일까?

자석에는 N극과 S극이 있습니다. 자석의 N극과 S극 사이에는 인력이, N극과 N극, S극과 S극 사이에는 척력이 작용합니다. 자석 주변에 작은 자석을 늘어놓아 이 자석의 N극이 가리키는 방향을 연결한 선을 '자기력선'이라고 합니다. 이 자기력선의 밀도와 방향을 보면 자기력의 크기와 방향을 알 수 있습니다. 자기력선은 N극과 S극에 밀집되어 있으며 N극에서 나와 S극으로 들어갑니다. N극과 N극, S극과 S극 사이에서는 자기력선이 서로 밀어내며 비켜가는 모양을, N극과 S극 사이에서는 자기력선이 서로 끈처럼 연결되어 있는 모양을 볼 수 있습니다. 이를 통해 양극이 자기력이 가장 강하고, 양극 사이에는 인력과 척력이 작용하는 것을 확인할 수 있습니다.

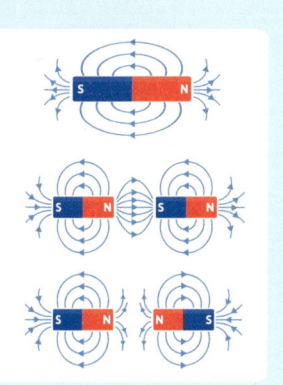

쌩~ 나뭇잎 배

분 류	표면장력
연 령	5세 이상
교과연계	3학년 2학기 '물질의 성질'

준비물
- 작고 가는 나뭇잎 1~2개
- 꽃잎 또는 토끼풀
- 면봉 또는 빨대
- 접시 또는 스티로폼 용기
- 물
- 주방 세제 또는 잉크

이 실험은요! 이 실험은 표면장력을 이용해 물 위에 뜬 물체를 이동하게 만드는 활동이에요.

⚠ • 세제를 사용할 경우 물을 자주 갈아 줘야 하니 물을 사용하기 편한 곳에서 실험해 주세요.

❶ 물그릇에 물을 1/2~2/3 정도 채워 그 위에 나뭇잎을 띄워 주세요.

> 나뭇잎의 크기는 3cm 이내가 적당합니다.

❷ 면봉을 이용해 나뭇잎 한쪽 끝에 잉크나 세제 1방울을 묻혀 주세요.

> 잎을 물에 띄운 상태에서 떨어뜨려도 되고, 잎에 잉크를 묻혀 물에 넣어도 됩니다.

❸ 나뭇잎이 쌩~ 하고 앞으로 나가는 것을 관찰해 보세요.

> 나뭇잎이 움직이지 않으면 물을 갈아 줍니다.

❹ 여러 장의 꽃잎 위에 세제를 묻힌 면봉이나 빨대를 갖다 대보세요.

> 꽃이나 잎 대신 후춧가루를 이용해도 됩니다.

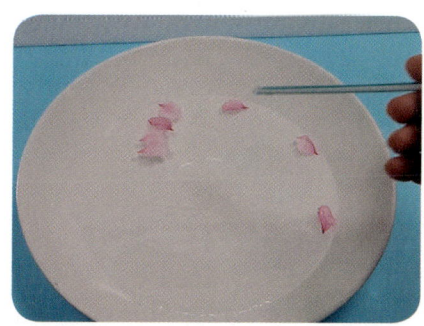
❺ 꽃잎이 순식간에 주변으로 확 퍼져 나가는 것을 관찰해 보세요.

> 꽃잎이 퍼져 나가지 않으면 물을 갈아 줍니다.

❻ 토끼풀이나 작은 나뭇잎을 여러 장 물 위에 띄워 보세요.

> 어떤 힘이 나뭇잎을 움직이게 했을까요?

무슨 원리일까?

액체를 이루는 알갱이들(분자)은 서로 잡아당기는 힘이 있는데, 특히 표면에 작용하는 힘을 '표면장력'이라고 합니다. 액체의 표면은 한쪽은 공기에 닿아 있고 한쪽은 액체에 닿아 있어 액체 안쪽으로 당기는 힘만 받습니다. 이렇게 표면에서 안쪽으로 잡아당기는 힘 때문에 물의 표면은 안쪽으로 휘어지며 공기와 접촉하는 표면적은 줄어듭니다. 이슬 같은 물방울이 동그란 것도 이러한 표면장력 때문입니다. 물은 표면장력이 매우 큰 물질 중 하나입니다. 세제(또는 잉크)를 물에 녹이면 물의 표면장력을 감소시켜 물 알갱이들끼리 잡아당기는 힘이 약해집니다. 따라서 세제가 닿은 쪽은 표면장력이 급격히 줄어들고 반대편은 물알갱이들 간의 표면장력이 그대로 작용하여 나뭇잎을 전진시키는 것입니다.

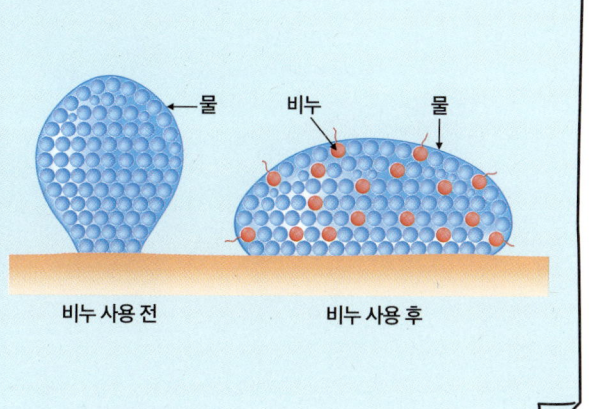

PART 3 가을에 하면 좋은 실험

물을 빨아올리는 컵

분류	연소, 대기압
연령	6세 이상
교과연계	6학년 1학기 '여러 가지 기체'

준비물

- ✓ 양초(짧고 굵은 것)
- ✓ 유리컵 또는 유리병
- ✓ 바닥이 오목한 접시
- ✓ 물
- ✓ 캔들라이터 또는 성냥

 **이 실험은요!**

이 실험은 기압차로 물을 끌어올리는 과학 놀이입니다.

- 물이 흐를 수 있으니 수건이나 걸레 등을 미리 준비해 주세요

❶ 오목 접시에 짧고 굵은 양초를 세워 주세요.

가늘고 긴 초는 넘어질 수 있으니 촛농을 떨어뜨려 접시에 고정해 주세요.

❷ 오목 접시에 물을 반 정도 부은 뒤 초에 불을 붙여 주세요.

넘어지지 않으면 양초가 물에 떠도 괜찮습니다.

❸ 초에 컵을 덮은 뒤 컵 안을 관찰해 보세요.

컵 속 산소가 연소되면서 불이 점점 희미해지고 컵 안쪽이 뿌옇게 흐려지는 것을 확인합니다.

❹ 불이 꺼진 뒤 컵 속에 생긴 변화를 관찰해 보세요.

불이 꺼진 뒤 컵 밖의 물이 안으로 빨려 들어가 올라 차는 것을 확인합니다.

❺ 물이 더 이상 올라오지 않으면 컵을 들어 보세요.

컵을 들면 아주 잠깐 동안 컵 안의 물이 그대로 있다가 공기가 들어가는 소리와 함께 쏟아져 내립니다.

❻ 양초 개수를 달리하여 실험해 보세요. 어떤 경우에 물이 많이 빨려 올라가는지 비교해 보세요.

초를 1개 사용했을 때와 2개 사용했을 때 물이 빨려 올라가는 높이를 비교해 보세요.

무슨 원리일까?

어떤 물질이 연소될 때는 탈 것과 산소가 필요합니다. 연소 중에 빛과 열이 발생하고 수증기와 이산화탄소가 만들어집니다. 컵을 씌운 양초는 컵 속의 산소를 사용합니다. 컵에 막혀 더 이상 산소가 공급되지 않으면 촛불은 꺼집니다. 이때 촛불이 타면서 열이 발생하기 때문에 컵 속 온도는 컵 밖보다 높습니다. 컵 안과 밖의 온도차가 발생하면 이에 따른 기압차도 발생합니다. 컵 안은 밖보다 온도가 높아 공기 분자들이 활발하게 움직이며 위로 올라가고, 컵 밖은 상대적으로 온도가 낮아 공기 분자들이 물 표면을 누릅니다. 컵 밖의 공기 압력(기압)이 컵 안쪽보다 높으니 컵 밖의 물이 컵 안으로 들어옵니다.

컵 안으로 더 이상 물이 들어오지 않게 되었을 때 컵을 똑바로 들어올리면 컵 안의 물은 잠시 머물러 있다가 한꺼번에 쏟아집니다. 이것은 컵 밖의 공기 압력이 컵 안보다 커서 잠시 중력을 이기고 물을 밀어올리고 있었기 때문입니다.

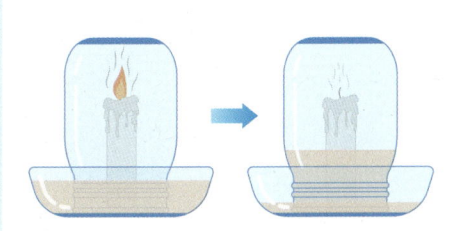

거미집 채집하기

분류	거미의 생활
연령	6세 이상
교과연계	3학년 2학기 '동물의 생활'

준비물

✓ 검은 도화지 2~3장
✓ 헤어스프레이 또는 스프레이 접착제
✓ 휴대전화 카메라

 이 실험은요!

이 실험은 우리 주변의 거미와 거미집에 대해 알아보고 관찰하는 생태 활동이에요.

- 거미를 직접 만지지 않습니다.
- 거미줄을 망가트리지 않도록 주의하면서 거미줄 채집은 최소한으로 합니다.

① 공원이나 집 주변, 학교 운동장, 산책로 등에서 거미줄을 찾아보세요.

> 낮은 나무나 덤불을 주의 깊게 살펴보세요.

② 거미줄 뒤에 검은 도화지를 댄 다음 거미줄과 거미를 관찰하거나 사진을 찍습니다.

> 검은 도화지를 대면 거미줄의 모양과 패턴을 더 선명하게 볼 수 있습니다.

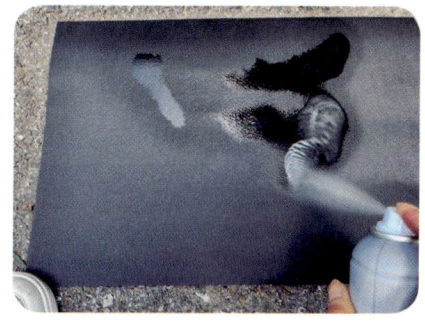

③ 채집할 거미줄을 정했으면 검은 도화지에 헤어스프레이를 골고루 뿌려 줍니다.

> 거미는 사냥을 위해 매일 새로운 거미줄을 만들기 때문에 거미줄 채집이 거미에게 해가 되지는 않지만 가능하면 빈 거미줄을 채집합니다.

④ 스프레이를 뿌린 도화지를 거미줄 뒤에 댄 다음 앞쪽으로 살짝 당겨 거미줄 모양 그대로 도화지에 붙게 해주세요.

> 두 사람이 양끝에서 도화지를 잡고 동시에 앞으로 당기면 됩니다.

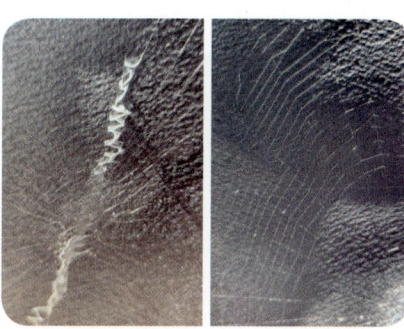

⑤ 채집한 거미줄을 자세히 살펴보세요.

- 거미줄을 보며 거미의 종류를 유추해 보세요.
- 거미줄의 너비와 높이를 측정해 보세요.
- 거미줄을 만든 거미와 거미줄의 크기를 비교해 보세요.
- 얼마나 많은 실이 거미줄의 중심을 통과하는지, 중심을 통과하는 실을 둥글게 둘러싸고 있는 실은 얼마나 많은지 등을 살펴보세요.

들풀거미

무당거미

호랑거미

⑥ 우리 주변에서 흔하게 볼 수 있는 거미와 거미집입니다.

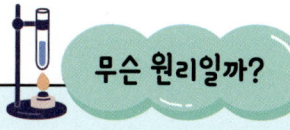

무슨 원리일까?

거미는 집을 지을 때 3종류의 줄을 사용합니다. 먼저 가장 굵고 탄력이 좋으며 잘 달라붙는 발판 줄을 서너 가닥 엮은 뒤 발판 줄보다 조금 가늘지만 잘 달라붙지 않는 줄로 세로줄을 칩니다. 마지막으로 나선형으로 된 가장 가늘고 잘 끊어지는 가로줄을 엮어 거미줄을 완성합니다. 거미 뱃속에 있는 액체가 방적돌기를 통해 밖으로 나오는 순간 공기에 닿으면서 굳어 실이 되는데, 거미는 이 실로 다양한 패턴의 그물을 만듭니다.

거미의 종류에 따라 그물 모양도 다릅니다. 호랑거미와 무당거미는 실이 둥글게 바퀴모양으로 감긴 둥근 그물을 만듭니다. 둥근 거미줄이어도 호랑거미의 그물은 가운데 실을 엮어 놓은 것 같은 흰 띠가 있고, 무당거미는 삼중망의 거미줄에 칭칭 감아 놓은 먹이 같은 것이 붙어 있어 복잡하고 지저분해 보입니다. 풀거미는 불규칙한 선반 모양으로 담장이나 사철나무 같은 잔가지 위에 여러 겹으로 하얗게 그물을 칩니다. 이 외에도 조각그물, 부채그물, 접시그물, 천막그물 등 다양한 모양의 거미줄이 있습니다.

물과 기름 사이

분류	밀도
연령	5세 이상
교과연계	4학년 1학기 '혼합물의 분리'

준비물

- ✓ 플라스틱 컵 1개
- ✓ 젓가락 또는 긴 티스푼(젓기용)
- ✓ 식용유
- ✓ 종이컵(식용유 담는 용도)
- ✓ 물
- ✓ 물약병 또는 스포이트

 이 실험은요!

이 실험은 기름과 물을 이용해 액체의 밀도 차이를 경험해 보는 활동이에요.

- 물이나 기름을 쏟지 않도록 주의하세요.

1. 물이 2/3 정도 들어 있는 컵에 식용유를 1~2방울 떨어뜨립니다.

   종이컵에 기름을 담아 사용하면 편합니다.

2. 기름이 물 위에 둥글게 퍼지는 모습을 관찰해 보세요.

3. 젓가락이나 긴 티스푼으로 물과 기름을 섞어 주세요.

   한 손으로는 젓고 다른 손으로는 컵을 꼭 잡아 컵이 엎어지지 않게 합니다.

4. 젓기를 멈춘 뒤 기름을 관찰하세요.

   물 한가운데에 깔때기 모양의 기름 소용돌이가 생기는 것을 살펴보세요.

5. 소용돌이 후 기름방울이 다시 위로 떠오르는 것을 살펴보세요. 기름방울이 처음 물에 넣었을 때와 달리 잘게 부서져 있을 것입니다.

엄마랑 아이랑

물에 물방울을 떨어뜨리면 물끼리는 잘 섞이지만 기름을 떨어뜨리면 섞이지 않아. 마치 나무토막이 물에 뜨는 것처럼 동동 떠 있지. 서로 섞이게 하려고 저어도 회오리만 만들어지고 나중에는 이 방울들이 다시 물 위로 떠올라. 이렇게 물과 기름이 섞이지 않는 것은 둘의 성질이 다르기 때문이야. 같은 양의 식용유와 물의 무게를 비교해 보면 식용유가 물보다 가벼워. 그래서 식용유가 물에 뜨는 거란다.

기름 + 물 = 기름 + 물

알록달록 물보석

기본 활동

분류	밀도
연령	5세 이상
교과연계	4학년 1학기 '혼합물의 분리'

준비물

- 투명 컵 2개
- 식용유
- 물
- 약병 또는 스포이트
- 식용 색소 또는 수성 물감

 **이 실험은요!**

이 실험은 기름 속에 가라앉은 물방울을 통해 액체의 밀도 차이를 탐구해 보는 활동이에요.

- 식용유는 적정량만 사용하세요. 일반 컵(300ml)은 1/2, 작은컵(70ml)은 2/3 정도가 적당합니다.

① 식용유가 담긴 투명한 컵에 물방울을 떨어뜨려 보세요.

크고 작은 물방울 3~4개를 떨어뜨립니다.

② 물감 또는 색소를 물에 풀어 약병에 담습니다.

색소 물을 방울방울 떨어뜨리기 위함입니다. 스포이트나 빨대를 사용해도 됩니다.

③ 식용유가 담긴 투명 컵에 색소 물을 떨어뜨려 주세요.

식용유에 떨어진 물방울이 어떻게 되는지 살펴보세요.

④ 물방울의 색과 모양, 크기를 살펴보세요.

색깔 물방울이 단단한 유리구슬처럼 바닥에 가라앉아 있는 모습을 관찰해 보세요

⑤ 시간이 지남에 따라 물방울이 어떻게 변하는지 살펴보세요.

물방울이 커지기도 하고 색이 변하기도 합니다.

무슨 원리일까?

식용유에 물방울을 떨어뜨리면 물방울은 바닥으로 가라앉습니다. 이것은 물이 식용유보다 밀도가 크기 때문입니다. 밀도란 그 물질을 이루는 알갱이들의 조밀한 정도(빽빽함)를 말합니다. 밀도는 물질이 가지는 고유한 성질로, 물질을 구분하는 데 사용됩니다. 물질을 이루는 알갱이를 볼 수 없기 때문에 1㎤의 부피가 갖는 질량을 비교해 밀도를 알아냅니다. 물 1㎤의 질량은 1g(1g/㎤)이고, 식용유 1㎤의 질량은 0.9g(0.9g/㎤)로 물이 식용유보다 밀도가 큽니다.

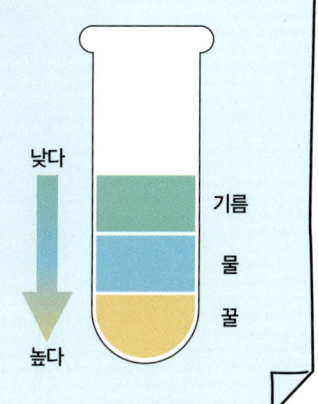

PART 3 가을에 하면 좋은 실험 **151**

알록달록 물아지랑이 연계 활동

분 류	확산
연 령	6세 이상
교과연계	5학년 1학기 '용해와 용액'

준비물

- ✓ 투명 컵 2개
- ✓ 식용유
- ✓ 물
- ✓ 막대 또는 숟가락
- ✓ 약병 또는 스포이트
- ✓ 식용 색소 또는 수성 물감

 이 실험은요!

이 실험은 물속에서 색소가 퍼져 나가는 확산을 경험해 보는 활동이에요.

- 물보석을 막대로 저을 때 너무 세게 저으면 물방울이 부서지면서 탁해집니다.

① 식용유 70㎖에 색소를 탄 물방울을 떨어뜨려 물보석을 만듭니다.

물보석 만들기 활동을 참고하세요.(150쪽)

② 물보석을 막대로 저어 알갱이가 식용유와 섞이게 합니다.

알갱이가 같이 남아 있도록 살살 저어 주세요.

③ 물을 2/3 정도 채운 투명 컵에 ②의 물보석을 부어 주세요.

물보석 혼합액이 아래로 내려갔다 다시 위로 올라오는 것을 관찰해 보세요.

④ 컵 속에서 무슨 일이 일어나는지 살펴보세요.

물보석 알갱이에서 아지랑이가 퍼져 나오는 모습을 관찰해 보세요.

⑤ 컵에 색소 물 3~4방울을 더 떨어뜨려 보세요.

물방울을 더하면 기름에 막혀 잠시 떠 있다가 둥근 도넛 또는 불꽃놀이 형태로 가라앉습니다. 물은 점점 탁해집니다.

무슨 원리일까?

물이 담긴 컵에 잉크나 물감을 떨어뜨리면 점점 퍼져나가면서 물이 균일한 색을 띠게 됩니다. 이렇게 물질을 이루는 알갱이들이 액체나 기체 속으로 퍼져나가는 현상을 '확산'이라고 합니다. 식용유와 물이 섞인 혼합액을 물이 든 컵에 부으면 식용유에 둘러싸인 색깔 물방울들은 기름으로 인해 잠시 물 위에 떠 있게 됩니다. 그러나 기름보다 밀도가 큰 색깔 물방울들은 점점 아래로 내려가면서 물속으로 퍼져 나갑니다. 이때 기름을 뚫고 나온 물방울 알갱이들이 물속 알갱이들 사이로 퍼지는 모습이 마치 아지랑이 같습니다. 처음에 진했던 물방울의 색은 확산하면서 점점 옅어집니다.

세 날개 헬리콥터

분류	공기의 저항
연령	7세 이상
교과연계	5학년 2학기 '물체의 운동'

준비물
- A4용지 또는 얇은 도화지 1장
- 가위
- 셀로판테이프

이 실험은요!

이 실험은 삼각 종이 팽이를 만들어 공기 저항과 물체의 회전 운동을 탐구해 보는 과학 활동이에요.

➊ A4용지를 긴 쪽에 맞춰 8등분해 주세요.

반으로 접은 종이를 다시 반으로 접어 또 한 번 접으면 1/8이 됩니다.

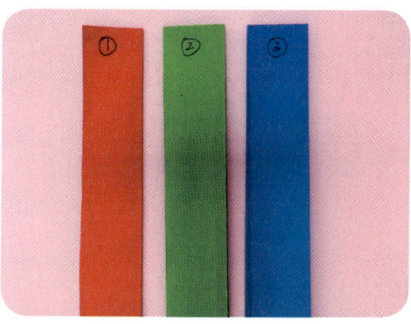
➋ ➊의 긴 직사각형을 반으로 접어 내려 주세요.(3개)

종이마다 번호를 써두면 편리합니다.

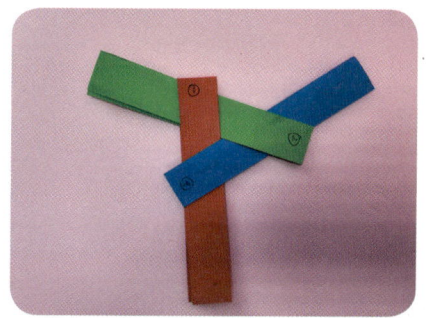
➌ ➊번 사이에 ➋를 끼우고 ➌번 사이에 ➊을 끼웁니다. ➌을 ➋ 사이에 끼워 삼각형을 만들어 주세요.

종이 하나가 한 번은 밖에서 다른 종이를 감싸고 다른 한 번은 다른 종이 안을 통과합니다.

➍ 3개의 날개를 중심으로 당겨 가운데가 오목하게 들어간 입체가 되게 해주세요.

➎ 중심에서 3개의 날개가 서로 직각을 이루도록 접힌 부분을 눌러 모양을 다듬고, 뒷면에 테이프를 붙여 고정해 주세요.

➏ 위로 던지거나 아래로 떨어뜨려 회전하며 낙하하는 모습을 관찰해 보세요.

무슨 원리일까?

헬리콥터에는 로터(헬리콥터의 회전하는 부분 전체)가 달려 있어 일반 비행기로는 할 수 없는 호버링(공중 정지), 전후진 비행, 수직 착륙, 저속 비행 등이 가능합니다. 헬리콥터가 뜰 수 있는 양력과 추진력은 모두 로터에서 나옵니다. 로터에는 일반적으로 2~4개의 날개가 달려 있는데, 헬리콥터는 로터가 회전하면서 공기를 아래로 보내 가속시켜 그 반작용으로 양력이 발생해 뜹니다.
종이로 만든 세 날개 헬리콥터는 아래로 볼록한 꼭짓점이 무게중심이 됩니다. 종이 헬리콥터의 세 날개는 대칭이 아니기 때문에 공기와 부딪히며 공중에서 팽이처럼 회전하며 낙하합니다.

자석 디스코 팡팡

분 류	자석의 이용
연 령	6세 이상
교과연계	3학년 1학기 '자석의 이용'

준비물

- ✓ 동전자석 2개
- ✓ 긴 못 1개
- ✓ 종이컵 2개(이 중 하나는 자석 받침대용, 머핀컵이나 즉석밥 용기로 대체 가능)
- ✓ 클립 8~10개
- ✓ 셀로판테이프
- ✓ 가위
- ✓ 빨대

 이 실험은요!

이 실험은 자화된 물체와 자석 사이에 작용하는 자기력을 경험해 보는 과학 놀이 활동이에요.

- 자석끼리 붙을 때 손의 살이 끼지 않도록 주의하세요.

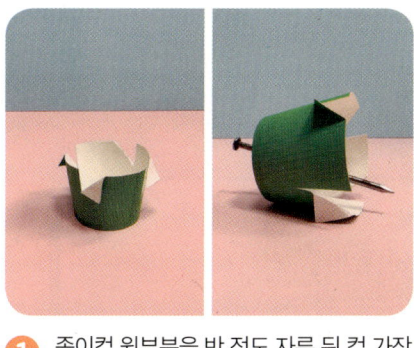

1 종이컵 윗부분을 반 정도 자른 뒤 컵 가장자리에 1~1.5cm 정도 가위집을 넣어 바람개비처럼 일정한 방향으로 접어 뒤로 젖히고 가운데에는 못을 꽂아 주세요.

즉석밥 용기나 머핀컵은 그대로 사용합니다.

2 또 다른 컵을 준비해 엎은 뒤 그 위에 자석을 올려 주세요.

필요한 경우 자석을 셀로판테이프로 고정합니다.

3 ❶의 컵을 통과한 못의 뾰족한 부분이 위로 오도록 한 다음 자석에 붙여 주세요.

❷의 자석과 못에 붙이는 자석은 같은 극끼리 마주보게 합니다.

4 자석에 달린 ❸의 컵을 ❷의 자석 위에 가까이 가져가 컵의 움직임을 관찰해 보세요.

컵이 움직이지 않으면 컵을 약간 기울이거나 자석 가장자리로 옮겨 보세요.

5 컵이 조금씩 움직이다가 점점 더 큰 원을 그리며 돌고 자기 스스로도 빙글빙글 도는 모습을 관찰해 보세요.

가벼운 컵일수록 움직임이 큽니다. 못에 빨대를 끼우고 컵에는 스티커를 붙여 꾸며도 좋습니다.

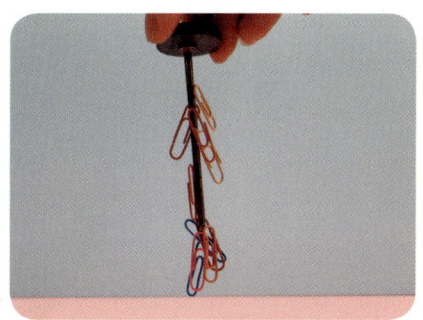

6 자석에 붙어 있는 못에 클립을 가까이 가져가 못이 자석처럼 된 것을 확인해 보세요.

못에 붙은 클립에 클립이 또 붙는지도 확인하세요.

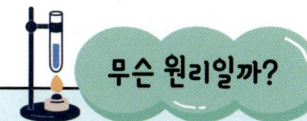

무슨 원리일까?

자석에 닿은 못은 자석에 의해 자화됩니다. 못이 붙어 있는 쪽의 자석이 S극이라면 못은 자석에 붙은 쪽이 N극이 되고 자석에서 먼 쪽은 S극이 됩니다. 이때 못 끝부분에 자석의 S극을 가까이 가져가면 못과 자석 사이에는 척력이 작용합니다. 못이 공중에 매달려 있고 자석이 바닥에 고정되어 있으면 이들 사이에 척력이 작용해 공중에 달려 있는 못이 빙글빙글 돕니다. 못에 컵이나 그릇을 달아 놓으면 아래 있는 자석에 밀려 그 주변을 빙글빙글 도는 모습을 보여줍니다. 일단 회전을 시작한 못에 달린 컵은 시간이 지나면서 관성에 의해 점점 더 바깥쪽으로, 그리고 멀리까지 회전 운동을 합니다. 이렇게 자기력과 자화를 활용해 원 운동을 하는 장치를 만들어낼 수 있습니다.

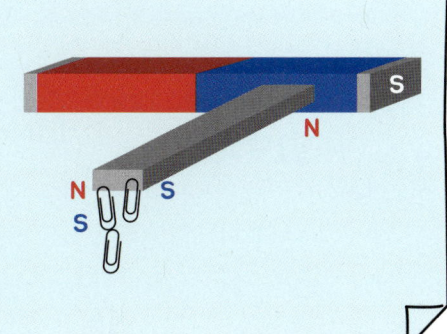

꽃무지개 고슴도치

분류	공기의 압력
연령	5세 이상
교과연계	3학년 1학기 '물질의 성질'

준비물

- 사과 1/2개 또는 1개 (키위나 오렌지)
- 굵은 빨대 2~3개
- 가는 빨대 2~3개
- 이쑤시개 1~2개
- 가위
- 접시
- 인형 눈알 또는 꽃(장식용)

이 실험은요! 이 실험은 공기의 압력을 이용해 빨대로 고슴도치 가시를 만들어 보는 과학 놀이 활동이에요.

⚠ • 과일 즙이 튈 수 있으니 접시를 받치고 실험해 주세요

① 이쑤시개와 빨대 중 어느 것이 사과에 더 잘 꽂힐지를 예측해 보고 직접 꽂습니다.

이쑤시개와 빨대 끝을 비교해서 보여주세요.

② 다양한 색깔의 가시를 가진 고슴도치를 만들기 위해 빨대를 사과에 꽂습니다.

아이가 원하는 대로 시도하게 해주세요.

③ 빨대 끝을 막은 뒤 사과에 빨대를 꽂아 주세요.

빨대 끝을 막은 뒤 빠른 속도로 사과에 빨대를 꽂습니다.

④ 빨대 끝을 막고 사과에 꽂았을 때와 연 상태로 꽂았을 때 언제 더 잘 꽂히는지 확인하고 더 잘 꽂히는 방법으로 꽂아 보세요.

다양한 굵기의 빨대로 시도해 보세요.

⑤ 빨대 끝에 꽃이나 색종이를 꽂아 무지개 고슴도치를 만들어 주세요.

이 과정을 통해 빨대 속이 비어 있다는 것을 확인합니다.

⑥ 키위나 오렌지, 수박 등 집에 있는 과일을 이용해 다양한 색을 가진 고슴도치를 만들어 보세요.

수박이나 오렌지에 빨대를 꽂아 빨면 천연 과즙을 즐길 수 있습니다.

무슨 원리일까?

단위면적(1㎠)당 물체에 가해지는 힘을 '압력'이라고 합니다. 압력을 가하는 물체가 공기면 기압, 물이면 수압이라고 합니다. 공기나 물이 압력을 갖는 것은 중력에 의해 무게를 갖기 때문입니다. 그러나 같은 무게가 가해져도 가해지는 곳의 면적에 따라 압력은 달라질 수 있습니다. 힘이 가해지는 곳의 면적이 넓으면 무게가 분산되면서 압력은 작아지고, 면적이 좁은 곳에 가해지면 압력은 커집니다. 이쑤시개는 끝이 뾰족해서 같은 힘으로 눌러도 압력이 크게 작용합니다. 빨대는 이쑤시개보다 면적이 넓어 압력이 작게 작용합니다. 사과를 뚫고 들어가려면 압력이 커져야 하는데 빨대 끝을 뾰족하게 만들지 않고 평평한 상태에서 압력을 크게 하려면 빨대 속에 공기를 가둬 공기의 압력이 작용하도록 해야 합니다. 빨대 끝을 열면 빨대 속 공기가 빠져나가므로 빨대 끝을 막아 공기를 가둬야 공기의 압력을 이용할 수 있습니다. 압력은 힘이 가해지는 면적에 따라 달라지므로 면적을 1㎠로 일정하게 만들어 그 힘을 비교합니다.

돌멩이 시소 놀이

분 류	수평 잡기
연 령	6세 이상
교과연계	4학년 1학기 '물체의 무게'

준비물
- 주먹만 한 돌멩이 1개(널빤지 받침용)
- 작은 돌멩이 3~4개
- 30X5cm 사이즈 널빤지
- 솔방울 3~4개
- 조개껍질 3~4개

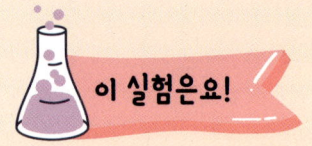

이 실험은 놀이터나 산, 바닷가에서 돌멩이나 조개껍질, 솔방울 등을 주워 시소 놀이를 해 보는 활동이에요. 큰 돌멩이 위에 길쭉한 널빤지를 올리고 널빤지 양쪽에 돌멩이나 조개껍질을 놓아가며 균형 잡기에 도전합니다.

 • 계곡이나 산, 바닷가에서 재료를 구할 때는 반드시 어른이 동행해야 합니다.

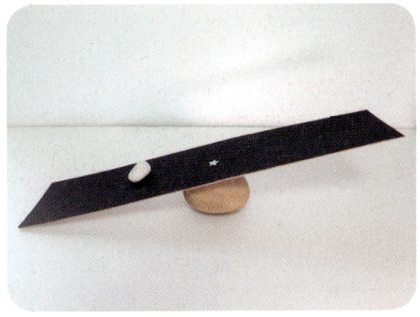
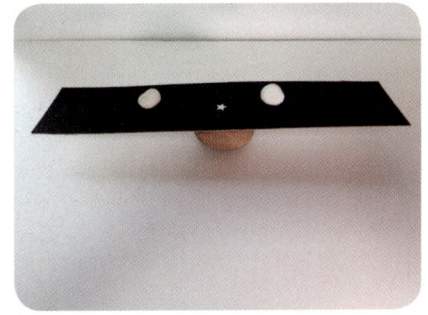

① 돌멩이 위에 길쭉하고 평평한 널빤지를 올려 주세요.

> 널빤지가 받침점만 접촉하고 나머지 부분은 떠 있도록 둥그스름한 돌멩이를 이용하세요.

② 널빤지 한쪽에 작은 돌멩이나 조개껍질을 올려 주세요.

> 널빤지의 중심을 표시해 두면 편합니다.

③ ②번의 널빤지가 균형을 이룰 수 있도록 반대편에 비슷한 크기의 돌멩이를 올려 보세요.

> 중심에서의 거리와 돌멩이의 무게를 가늠해서 올려야 수월합니다.

④ 널빤지 위에 솔방울, 조개껍질 등 다양한 재료를 올려 보세요.

> 무거운 것은 중심에서 가깝게, 가벼운 것은 중심에서 먼 곳에 놓아야 균형이 잡힙니다.

엄마랑 아이랑

엄마랑 시소 놀이 할까? 시소 한쪽에 사람이 타면 그쪽으로 시소가 기울고 반대편에 비슷한 무게의 사람이 타서 발을 굴러 주면 아래 위로 왔다 갔다 하지? 그런데 한쪽에 너무 무거운 사람이 타면 시소가 꿈쩍도 하지 않아. 이때 무거운 사람이 가운데 쪽으로 와서 앉으면 서로 균형을 이루어 다시 오르락내리락 하지. 이렇게 작은 힘(무게)으로 무거운 물체를 들어올릴 수 있게 하는 것을 '지레의 원리'라고 한단다.

PART 3 가을에 하면 좋은 실험

달토끼 시소

분류	수평 잡기
연령	6세 이상
교과연계	4학년 1학기 '물체의 무게'

준비물
- ✓ 컬러 종이 접시 1~2개
- ✓ 색종이
- ✓ 두꺼운 도화지 1장 또는 우드락
- ✓ 인형 눈알
- ✓ 스티커
- ✓ 자
- ✓ 셀로판테이프
- ✓ 양면테이프 또는 글루건

이 실험은요! 이 실험은 아래가 불룩한 반달 모양 접시 시소로 물체의 균형을 탐구해 보는 활동이에요.

⚠ • 양면테이프와 글루건을 사용할 때는 어른이 도와주세요.

162

① 종이 접시를 반으로 접어 주세요.

접시를 반으로 접어 반달 모양이 되게 해주세요.

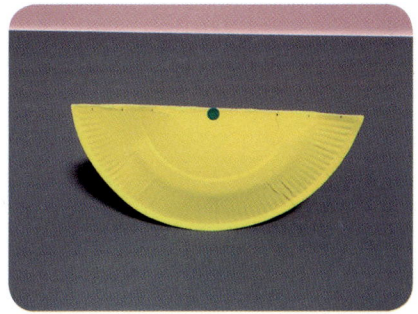

② 종이 접시의 둥근 부분이 아래로 가도록 세운 다음 접시 위쪽에 중심을 표시하고 중심에서 오른쪽으로 2cm, 4cm 되는 곳에 가위집을 넣어 주세요. 왼쪽도 똑같이 해주세요.

중심에서의 거리는 접시 크기에 따라 조절하세요.

③ 토끼의 눈과 입, 귀를 붙이거나 그려 주세요.

가운데를 중심으로 대칭이 되도록 붙여 주세요.

④ 두꺼운 도화지 또는 우드락으로 2×3cm 또는 3×3cm 사이즈의 사각형 4~6개를 만들어 주세요.

지금 만든 사각형은 시소에 앉는 사람과 같아요. 이름을 쓰거나 그림을 그려도 좋아요.

⑤ 완성된 달토끼 시소의 끝을 살짝 눌러 시소가 같은 높이만큼 움직이는지 확인한 다음 같은 거리에 같은 크기의 사각 판을 꽂아 보세요.

중심에서 같은 거리에 같은 무게의 사각 판을 꽂으면 시소가 왔다 갔다 하며 균형을 잡습니다.

⑥ 시소 한쪽에 사각 판을 꽂아 무겁게 한 뒤 다른 쪽에 사각 판을 꽂아 균형을 이루는 방법을 찾아보세요.

시소의 한쪽에는 중심에서 두 번째 끝에 사각 판 1개를 꽂고, 다른 쪽은 중심에서 첫 번째 칸에 사각 판 2개를 꽂아 보세요.

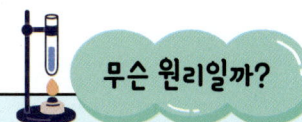

무슨 원리일까?

시소에서 반달 모양의 둥근 부분이 바닥과 닿는데, 이 부분이 받침점입니다. 시소 양쪽에 물체를 올리면 물체의 무게에 따라 무게중심이 바뀌면서 바닥에 닿는 지점도 달라지고, 무거운 쪽으로 기울어집니다. 이때 양쪽에서 같은 거리에 같은 무게의 물체를 올리면 시소는 균형을 이루게 됩니다. 만약 같은 무게의 물체를 한쪽에는 2개, 다른 한쪽에는 1개만 올려 균형을 이루게 하고 싶다면 2개는 중심에서 첫 번째 칸에, 1개는 두 번째 칸에 올리면 됩니다.

〈물체 A의 무게 X 중심으로부터의 거리 A = 물체 B의 무게 X 중심으로부터의 거리 B〉

오르락내리락 젤리

분류	기체의 용해도
연령	5세 이상
교과연계	5학년 1학기 '용해와 용액'

준비물

- ✓ 투명 컵 2개
- ✓ 탄산음료(300~500㎖짜리 2병, 어린이 탄산음료 2병)
- ✓ 벌레 모양 긴 젤리 1봉
- ✓ 물
- ✓ 가위

 **이 실험은요!**

이 실험은 탄산음료를 이용해 기체의 용해와 부력을 탐구해 보는 활동이에요.

- 젤리를 0.5cm 이하로 자르거나 세로로 가늘게 잘라 사용하세요.
- 음료 2개 중 하나는 냉장고에, 하나는 상온에 보관해 주세요.

1 길쭉한 젤리 7~8개와 잘게 자른 젤리 여러 조각을 준비해 주세요.

젤리를 0.5~1cm 길이로 잘라 준비합니다.

2 컵에 물을 채운 뒤 잘게 자른 젤리 여러 개와 길쭉한 젤리 3~4개를 넣어 보세요.

젤리는 물에 뜰까요? 가라앉을까요?

3 상온에 두었던 사이다를 컵에 채운 뒤 **2**에서 사용했던 젤리를 조금씩 넣으며 움직임을 살펴보세요.

젤리를 사이다에 넣으면 어떤 일이 벌어질까요? 꿈틀대지만 떠오르지 않을 수 있어요.

4 시원한 사이다를 컵에 채운 뒤 잘게 자른 젤리 여러 개와 길쭉한 젤리 3~4개를 컵에 조금씩 넣으며 움직임을 살펴보세요.

상온에 두었던 사이다에 넣었을 때와 어떻게 다른지 비교해 보세요.

5 상온에 두었던 어린이용 탄산음료를 컵에 채운 뒤 잘게 자른 젤리 여러 개와 길쭉한 젤리 3~4개를 넣고 젤리의 움직임을 살펴보세요.

젤리는 앞에서 사용했던 것을 헹구어 다시 사용해도 됩니다.

6 냉장고에 두었던 어린이용 탄산음료를 컵에 채운 뒤 잘게 자른 젤리 여러 개와 길쭉한 젤리 3~4개를 넣고 젤리의 움직임을 살펴보세요.

식초와 사이다를 이용해도 됩니다. 비율은 식초 1컵에 소다 2큰술이 적당합니다.

엄마랑 아이랑

후~ 하고 숨을 내쉬어 볼래? 이렇게 숨을 내쉬면 이산화탄소라는 기체가 나온단다. 이산화탄소는 물에 잘 녹는 기체란다. 그래서 물에 이산화탄소를 녹여 설탕을 넣어 우리가 먹는 음료로 만들기도 하지. 사이다나 콜라처럼 말이야. 이런 탄산음료를 보관할 때는 보통 뚜껑을 닫아서 냉장고에 넣지? 왜일까? 이산화탄소 기체가 더 잘 녹아 있게 하기 위함이야. 이산화탄소를 더 많이 녹이려면 이산화탄소 기체가 빠져나오지 못하도록 눌러줘야 하고(뚜껑), 그리고 이산화탄소 기체가 움직이지 않도록 차갑게 해줘야(냉장고) 하거든. 그렇다면 탄산음료 속에서 무거운 젤리를 뜨게 하려면 어떻게 해야 할까? 작게 자른 가벼운 젤리를 이산화탄소가 많이 녹아 있는 탄산음료에 넣으면 되겠지. 그러면 이산화탄소 기포가 젤리에 달라붙으면서 젤리가 오르락내리락 하겠지.

탄산음료는 높은 압력으로 이산화탄소가 액체에 녹아 있는 상태예요

물 돋보기

분 류	빛의 굴절
연 령	6세 이상
교과연계	6학년 1학기 '빛과 렌즈'

준비물

- ✓ 투명 페트병 또는 컵 1개
- ✓ 투명 원통 물병
- ✓ 스포이트 또는 물약병
- ✓ 장난감
- ✓ 병뚜껑 또는 휴지심
- ✓ 투명한 판
- ✓ 물
- ✓ 가위
- ✓ 유성펜
- ✓ 납작 구슬(확장 활동)

 이 실험은요!

이 실험은 빛의 굴절을 이용해 돋보기를 만들어 보는 과학 활동이에요.

• 물을 흘릴 수 있으니 걸레나 휴지를 미리 준비하세요.

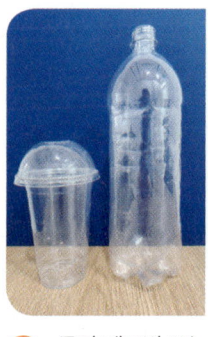 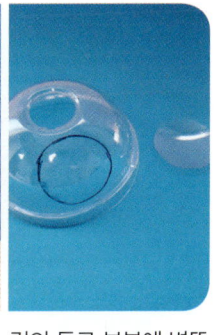  

1 투명 페트병 또는 컵의 둥근 부분에 병뚜껑이나 휴지심을 대고 지름 4cm짜리 동그라미를 그려 오려 주세요.

> 물이 쏟아지지 않게 하려면 휴지심 정도 크기가 적당합니다.

2 ①에서 오려낸 플라스틱에 물을 약간 넣은 뒤 전등 아래로 가져가 보세요.

> 빛이 한 곳으로 모이는 것을 관찰하세요.

3 물 돋보기를 글씨나 그림 위로 가져가 가까이 대보기도 하고 멀리 대보기도 하세요.

> 돋보기는 가운데가 두껍고 가장자리가 얇은 볼록렌즈로, 물을 이용해 볼록렌즈 형태를 만듭니다.

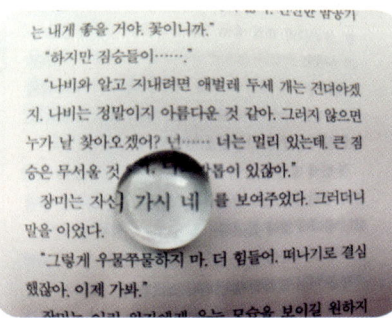    

4 투명한 비닐이나 판판한 플라스틱 판에 물을 한 방울 떨어뜨린 뒤 작은 글씨 위에 올려 보세요.

> 동그란 모양의 물방울을 투명한 판에 떨어뜨리면 작은 물 돋보기가 됩니다.

5 장난감이나 작은 글씨가 있는 제품을 물을 채운 둥근 병 뒤에 세워 크기를 살펴보세요.

> 인형이나 물건을 물병 뒤에 세워 주세요.

6 확장 활동
납작 구슬처럼 가운데가 볼록한 모양을 가진 투명한 물체를 글씨 위에 올린 뒤 글씨의 크기를 관찰해 보세요.

> 물 돋보기와 비슷한 모양을 가진 물건이나 도구를 주변에서 찾아보세요.

엄마랑 아이랑

돋보기는 물체를 크게 볼 수 있게 만든 도구란다. 그래서 가까운 데 있는 글씨를 크게 보고 싶으면 돋보기나 돋보기 렌즈가 들어간 안경을 쓰지. 돋보기는 사실 가운데가 볼록하고 가장자리가 얇은 모양으로 만들어진 유리야. 가운데가 볼록해서 볼록렌즈라 부르지. 빛은 공기에서 물, 공기에서 렌즈로 다른 물질을 통과할 때 원래 가던 방향과는 다른 쪽으로 꺾인단다. 이를 '굴절'이라고 하지. 빛이 공기를 지나 볼록렌즈를 통과할 때 굴절이 일어나 한 곳에 모이는 것처럼 빛이 물방울을 통과할 때도 굴절이 일어나 한 곳에 모이면서 물체를 크게 보이게 만든단다. 이게 바로 물 돋보기의 원리란다.

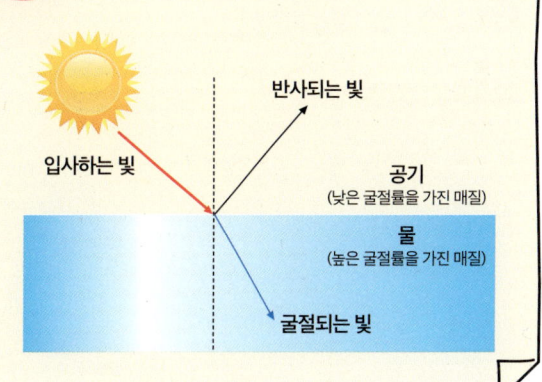

PART 3 가을에 하면 좋은 실험

매니큐어 마블링

분 류	밀도차
연 령	6세 이상
교과연계	4학년 1학기 '혼합물의 분리'

준비물

- 매니큐어(여러 가지 색)
- 병 또는 컵, 접시(유리나 플라스틱, 도자기 등으로 된 것)
- 일회용 플라스틱 용기(물그릇)
- 물
- 이쑤시개
- 아세톤
- 면장갑 또는 비닐장갑

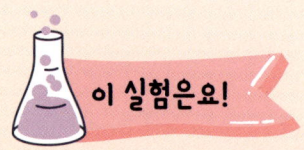 이 실험은요!

이 실험은 두 물질의 밀도차를 이용한 과학 예술 탐구 활동이에요.

- 매니큐어가 옷에 묻지 않도록 앞치마를 둘러 주세요.
- 환기에 신경 써 주세요.

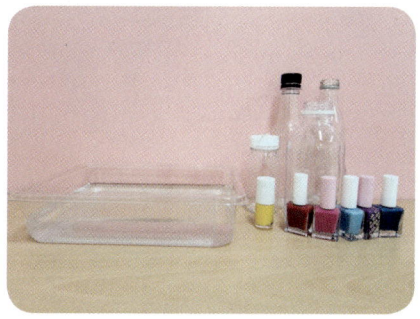

1 넓적한 일회용 플라스틱 그릇에 물을 2/3 정도 채워 주세요.

> 스티로폼은 아세톤에 녹으므로 플라스틱 그릇을 사용하는 것이 좋습니다.

2 병을 기울인 뒤 원하는 색깔의 매니큐어를 떨어뜨리거나 흘려 주세요.

> 매니큐어가 잘 흐르지 않으면 매니큐어에 아세톤 1~2방울을 떨어뜨려 사용하면 됩니다.

3 매니큐어를 다양한 방법으로 떨어뜨려 새로운 패턴이나 문양을 만들어 보세요.

> 1방울씩 떨어뜨리기, 방울방울 여러 색 떨어뜨리기, 죽 부어 소용돌이 만들기, 지그재그로 흘리기 등 다양한 방법으로 표현해 보세요.

4 이쑤시개로 매니큐어 위에 선을 그어 무늬를 만들어 보세요.

> 매니큐어 위에 이쑤시개를 대고 선을 그으면 매니큐어가 거죽처럼 딸려오니 천천히 1~2개씩 선을 그어 무늬를 만들어 보세요.

5 ❹의 표면에 병을 대고 천천히 돌려가며 매니큐어가 병에 잘 붙도록 해주세요.

> 면장갑이나 비닐장갑을 끼면 손에 묻는 것을 막을 수 있습니다.

6 ❺의 병을 꺼내 30분 정도 말려 주세요.

> 물에서 꺼낸 뒤에는 병 밑에 플라스틱 그릇이나 판을 대주세요. 매니큐어가 묻을 수 있어요.

엄마랑 아이랑

대리석은 영어로 마블(marble)이라고 하는데, 하얀 띠 모양의 무늬를 가지고 있는 큰 바윗돌이란다. 이 띠 모양의 무늬를 '마블링'이라고 하지. 물 위에 유성 물감을 떨어뜨렸을 때도 이런 띠 모양이 나타난단다. 유성 물감은 기름 성분이 들어 있는 물감을 말해. 물 위에 뜬 유성 물감을 가늘고 긴 바늘이나 이쑤시개로 저어 무늬를 만든 다음 종이로 찍어내면 멋진 미술 작품이 되는데, 이것도 마블링이라고 한단다. 매니큐어를 물에 떨어뜨렸을 때도 이런 마블링 무늬가 나타나지. 매니큐어로 이런 멋진 마블링 무늬를 만들어낼 수 있는 건 매니큐어와 물의 밀도 차이 때문이야. 밀도는 그 물질을 이루는 알갱이의 빽빽한 정도를 나타낸다고 했지? 매니큐어는 일종의 유성 물감이야. 기름 성분이 들어 있는 유성 물감은 밀도가 작아서 물 위에 뜨지. 매니큐어는 물 위에 떠서 기다란 띠 모양으로 늘어지며 우리가 예상하지 못한 여러 무늬를 만들어내지. 이건 물 알갱이들이 불규칙적으로 계속 움직이기 때문이야. 이렇게 공기나 물을 이루는 작은 알갱이들이 불규칙적으로 움직이는 것을 '브라운 운동'이라고 한단다. 물 알갱이의 이런 자유로운 움직임 때문에 우리가 생각하지도 못했던 뜻밖의 무늬와 색깔들의 흐름이 표현된단다.

빨대 고리 글라이더

준비물

- 5mm 또는 7mm 짜리 빨대 4개
- A4용지 또는 도화지
- 가위
- 자
- 연필
- 스티커
- 셀로판테이프
- 클립 1~2개

분류	비행기의 원리
연령	7세 이상
교과연계	5학년 2학기 '물체의 운동'

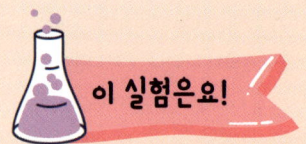 **이 실험은요!** 이 실험은 빨대 고리 글라이더를 통해 비행기의 원리를 경험해 보는 활동이에요.

- 공간이 트인 곳에서 실험하세요.
- 사람을 향해 던지지 마세요.

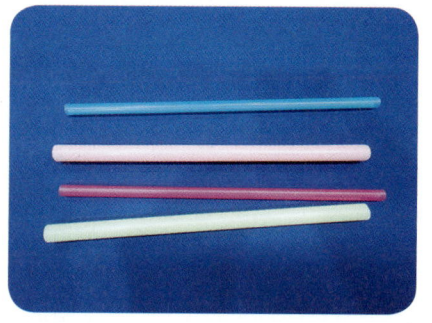

❶ 빨대를 날려서 잘 날아가는지 확인해 보세요.

여러 종류의 빨대를 던지거나 날려 보세요.

❷ A4 색지를 가로로 놓은 뒤 두께 2.5cm짜리 선을 그은 다음 오려서 종이 띠를 만듭니다.

2.5×28cm의 띠가 됩니다.

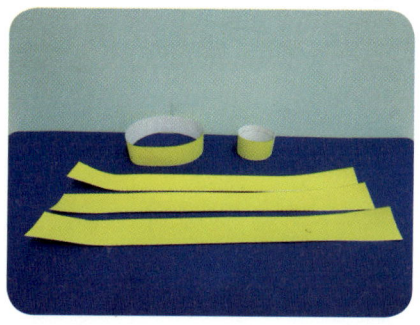

❸ ❷의 종이 띠를 둥글게 말아 고리를 만들어 주세요. 겹치는 부분은 1cm 정도면 됩니다.

띠를 반으로 잘라 작은 고리 2개를 만들어 주세요.

❹ 빨대 양끝에 종이 고리 2개를 셀로판테이프로 붙여 주세요.

아이가 원하는 대로 만들어 보세요. 고리의 방향이 일치해도 좋고, 어긋나도 좋습니다.

❺ ❹에서 만든 고리 글라이더의 가운데를 잡고 비스듬히 위쪽으로 밀어 날려 보세요.

고리의 방향이 일치하면 붕 뜨는 동시에 똑바로 날아가고, 어긋나 있으면 빙글빙글 돌며 날아갑니다.

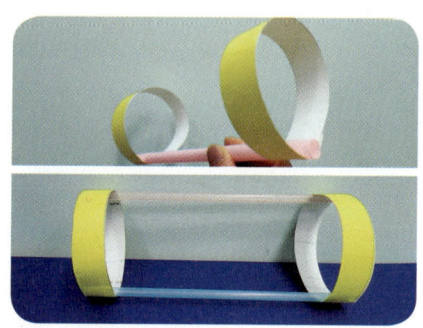

❻ 빨대 양끝 한쪽에는 큰 고리, 한쪽에는 작은 고리를 연결해 날려 보세요. 같은 크기의 고리를 빨대 2개로 연결해서 날려 보세요.

작은 고리가 앞에 있을 때 더 잘 날아갑니다. 작은 고리와 큰 고리의 순서를 바꿔 아이 스스로 발견할 수 있게 해주세요. 빨대 2개로 연결된 고리는 앞에 클립을 꽂아 날려 보세요.

무슨 원리일까?

빨대 고리 글라이더가 하늘을 나는 원리는 비행기가 나는 원리와 같습니다. 비행기와 마찬가지로 고리 글라이더의 위아래를 지나는 공기의 압력차로 인해 발생한 양력을 이용해 하늘을 나는 것이지요. 빨대 고리 글라이더에는 비행기와 마찬가지로 4가지 힘이 작용합니다.

- 중력: 비행기를 아래로 끌어당깁니다.
- 양력: 비행기를 위로 뜨게 합니다.
- 추력: 특정한 방향으로 비행기를 나가게 합니다.
- 항력: 비행기가 앞으로 나가는 것을 방해합니다.

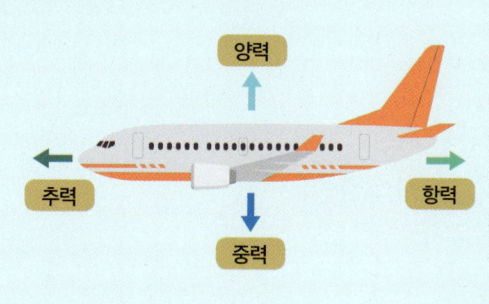

빨대 고리 글라이더가 이륙하기 위해서는 추력이 항력보다 크고 양력이 중력보다 커야 합니다(추력>항력, 양력>중력). 직선으로 활공하기 위해서는 추력과 항력, 양력과 중력이 같아야 합니다(추력=항력, 양력=중력)

PART 3 가을에 하면 좋은 실험

삼각 고리 비행기

- 지름 5mm, 7mm 빨대 각 1개
- 도화지 1장
- 가위
- 자
- 연필
- 셀로판테이프

분 류	비행기의 원리
연 령	7세 이상
교과연계	5학년 2학기 '물체의 운동'

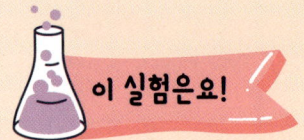 이 실험은 빨대 고리 글라이더를 통해 비행기의 원리를 경험해 보는 활동이에요.

- 트인 공간에서 실험하세요
- 사람을 향해 던지지 마세요

❶ 도화지나 색지에 두께 2.5cm짜리 선을 그은 다음 오려서 종이 띠를 만들어 주세요.

2.5×25cm 또는 2.5×28cm짜리 띠를 만듭니다.

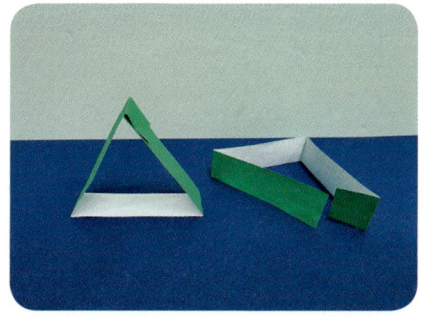

❷ 여분 1cm를 남기고 ❶의 종이 띠를 3등분하여 접어서 삼각형 고리 2개를 만들어 주세요.

25cm 종이 띠는 8cm씩 3등분, 28cm 종이 띠는 9cm씩 3등분하고, 여분 1cm를 겹쳐 테이프로 붙입니다.

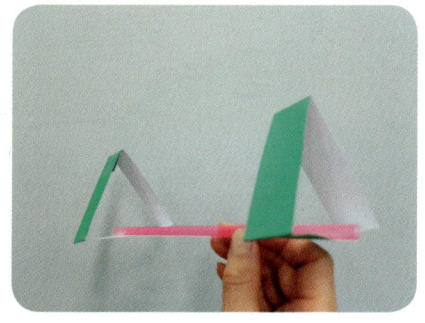

❸ ❷의 삼각형 고리를 빨대 양끝에 하나씩 붙여 주세요.

빨대는 삼각형 가운뎃부분에 중심을 잘 맞춰 테이프로 고정합니다.

❹ 빨대를 잡고 앞으로 미는 듯 날려 보세요.

비행기를 똑바로도 날려 보고 위아래를 뒤집어서도 날려 보세요.

❺ 삼각 고리 비행기가 날아가는 모습을 잘 관찰해 보세요.

공기 속을 미끄러지듯 우아하게 날아갑니다.

❻ 다른 모양의 비행기도 만들어 비교해 보세요.

하트, 사각형, 별 등 좋아하는 모양의 고리 비행기를 만들어 날려 보세요.

무슨 원리일까?

삼각 고리 비행기는 빨대 고리 글라이더가 하늘을 나는 원리와 같습니다. 즉 빨대 비행기를 공중으로 던진 힘에 의해 비행기를 밀어주는 힘인 추력이 생기고, 추력에 의해 공중에 뜬 고리 비행기 위아래로 다른 속도의 공기 흐름이 생깁니다. 다른 속도의 공기 흐름은 기압차를 만들어내 비행기를 위로 뜨게 하는 양력을 만들어냅니다. 양력은 아래에서 잡아당기는 중력을 이기고 비행기를 위로 뜰 수 있게 합니다. 비행기가 날아가며 공기와 부딪히면 항력이 발생해 앞으로 날아가는 것을 방해합니다. 삼각 고리 비행기는 위는 뾰족한데 아래는 평평한 안정된 구조를 가지고 있어 비행 중에 뒤집어지거나 흔들리지 않고 지속적으로 형태를 유지하며 멀리 날아갑니다.

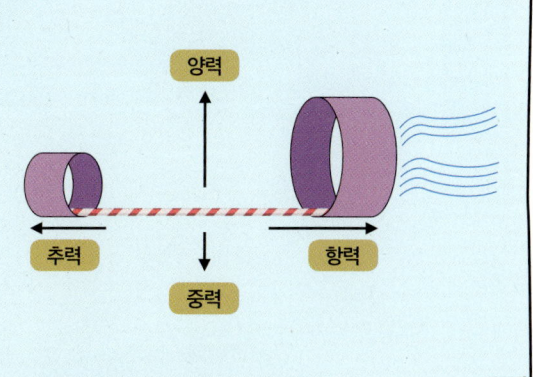

회전 부풀이

분 류	회전 관성, 잔상 착시
연 령	7세 이상
교과연계	5학년 2학기 '물체의 운동'

 **준비물**

- ✓ 별 접기용 띠지 8장
- ✓ 지름 7~8mm 빨대 1개
- ✓ 양면테이프
- ✓ 풀
- ✓ 가위
- ✓ 도화지
- ✓ 100원짜리 동전 1개
- ✓ 펀치

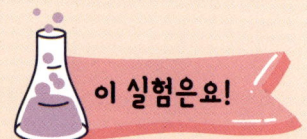 **이 실험은요!**

이 실험은 물체의 회전 운동과 잔상 착시를 경험해 보는 활동이에요

- 띠지가 꼬이거나 끊어지지 않게 주의하세요

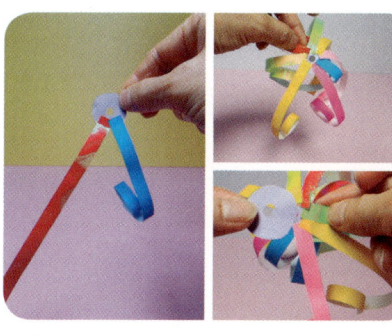

① 도화지에 동전을 대고 원 4개를 그려 오린 뒤 가운데에 펀치로 구멍을 뚫어 줍니다.

> 중심을 표시한 뒤 펀치로 원 가운데를 뚫습니다.

② ①의 원에 풀을 칠한 뒤 띠지 8개를 촘촘하게 돌려가며 붙이고 그 위에 중심을 맞춰 종이 원 하나를 더 붙여 마감해 주세요.

> 붙이는 부분이 조금 겹쳐도 괜찮습니다.

③ 아래쪽에도 ②와 같이 둘레에 띠지를 붙인 뒤 다른 원 하나를 더해 마감해 주세요.

> 띠지끼리 꼬이지 않도록 위아래를 잘 맞춥니다.

④ ③의 가운데 구멍에 빨대를 넣고 맨 윗부분을 양면테이프로 감은 뒤 아래로 빼서 윗부분을 고정해 주세요.

> 빨대 굵기에 맞는 구슬을 끼워도 됩니다.

⑤ ④를 손바닥에 넣고 살살 비비듯 돌려 보세요.

> 서두르지 말고 천천히 연습해 보세요.

⑥ ④를 빠르게 회전시켜 길이가 짧아지면서 부푼 항아리 모양이 되는 것을 관찰해 보세요.

> 더 빨리 돌리면 중간에 꼬임이 발생하면서 꼭지 달린 꼬마 호박 모양이 되기도 합니다.

엄마랑 아이랑

우리가 만든 부풀이를 보면 처음에는 끈들이 축 늘어져 있다가 회전하기 시작하면서 공이나 호박처럼 둥글게 보였어. 이건 늘어진 줄이 위로 당겨지면서 밖으로 둥글게 부풀려져서 그렇게 된 거야. 원을 그리며 빠르게 회전하기 때문에 나타나는 현상이지. 우리가 줄에 공을 달아 빙빙 돌릴 때와 같은 일이 일어나고 있는 거야. 그리고 회전 부풀이를 빠르게 돌렸더니 떨어져 있는 여러 개의 끈이 마치 하나로 연결된 공처럼 보였지? 이건 우리 눈이 빠르게 움직이고 있는 끈을 구분하지 못해서 그런 거야. 아직 앞의 끈이 머릿속에 남아 있는데 다음 끈이 오고 또 다음 끈이 오니까 마치 하나로 연결된 것처럼 보인 거지. 이런 걸 잔상이라고 하는데, 뇌가 착각했다고 생각하면 쉬워.

쌍둥이 착시

분류	크기 착시
연령	5세 이상
교과연계	6학년 2학기 '우리 몸의 구조와 기능'

준비물

- 바나나 2개 (비슷한 크기)
- 일회용 컵 홀더 2~3개
- 크기가 다른 병뚜껑 (원 그리기)
- 색종이
- 가위
- 자
- 동그라미 스티커 (크기 다른 것)
- 빨대 1개
- 스티커 (표시용)

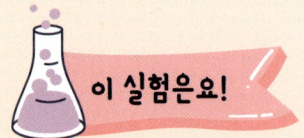 이 실험은요!

이 실험은 우리 생활에서 크기 착시를 경험해 보는 과학 놀이 활동이에요.

⚠
- 본 활동에 있는 것 중 하기 쉽거나 아이가 흥미로워할 만한 것 몇 가지만 골라서 해보세요.

크기 착시 발견하기

① 길이가 비슷한 바나나 2개를 테이블에 올려놓고 어느 쪽이 더 커 보이는지 이야기해 보세요. 바나나에 스티커를 붙인 뒤 앞뒤 순서를 바꾸어 비교해 보세요.

> 어느 쪽이 더 커보이는지 이야기 나눈 뒤 바나나를 겹쳐 보세요.

크기 착시 발견하기

② 일회용 컵 홀더 2개 중 어느 쪽이 더 커 보이는지 이야기해 보세요. 홀더에 각각 스티커를 붙인 뒤 앞뒤 순서를 바꿔 다시 확인해 보세요.

> 두 홀더를 비교해 본 뒤 홀더를 겹쳐 크기를 확인해 주세요.

크기 착시 만들기

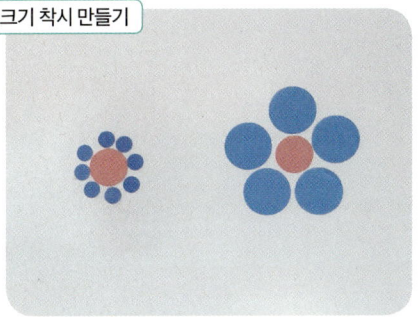

③ 원 스티커(A)를 붙인 다음 이 스티커를 중심으로 작은 원 스티커(B)를 빙 둘러 붙여 주세요. 앞의 원과 같은 스티커(A)를 중심에 붙이고 이것보다 큰 원 스티커(C)를 빙 둘러 붙여 주세요.

> 색종이를 오려 사용하거나 크기가 다른 동전, 병뚜껑 등을 사용해도 좋습니다.

크기 착시 만들기

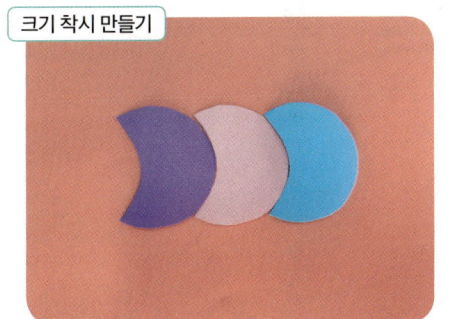

④ 색이 다른 색종이 3장을 겹쳐 병뚜껑을 대고 원을 그린 뒤 원 앞쪽에 다시 병뚜껑을 대고 곡선을 그려 달 모양으로 오려 주세요.

> 파인 부분을 중심으로 3개의 초승달 크기를 비교합니다. 순서를 바꿔서도 비교해 보세요

크기 착시 만들기

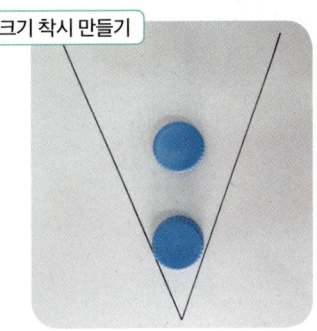

⑤ V자를 그린 뒤 병뚜껑 하나는 V 안쪽에 꼭 맞게 놓고, 다른 하나는 조금 떨어진 곳에 놓아 보세요. 어느 병뚜껑이 더 커 보이나요?

> 좁은 곳의 병뚜껑이 더 커 보입니다.

크기 착시 만들기

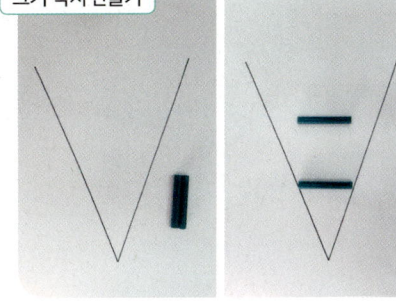

⑥ V자를 그린 뒤 같은 길이로 빨대 2개를 잘라 하나는 선에 꼭 맞게 놓고, 하나는 조금 떨어진 곳에 놓아 보세요. 어느 빨대가 더 길어 보이나요?

> 좁은 곳에 놓인 빨대가 더 길어 보입니다.

엄마랑 아이랑

본다는 것은 눈으로 들어온 빛을 뇌가 판단한 결과야. 뇌는 주변에 어떤 물체와 함께 있는지, 어떤 각도에서 물체를 보고 있는지, 어떤 방향에서 보았는지 등 주변 상황과 통합해서 물체의 크기나 모양, 색 등을 결정하거든. 그 물체에 비치는 빛이나 주변 환경을 무시하고 그 물체만 따로 떼어내 보는 것은 아니라는 거지. 이처럼 우리가 본 어떤 물체가 실제와 다를 수 있는데, 우린 이것을 '착시'라고 한단다. 우리는 이미 일상에서 착시를 잘 이용하고 있어. 같은 사람이어도 옷을 어떻게 입느냐에 따라 날씬하거나 뚱뚱해 보이는 것도 착시의 일종이야. 그래서 미술이나 패션에서 많이 사용하고 있지.

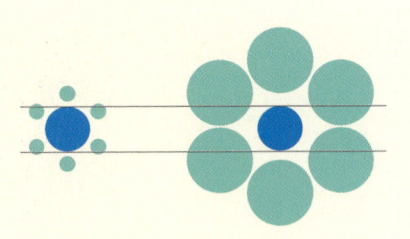

계절 모빌

기본 활동

분류	수평 잡기
연령	6세 이상
교과연계	4학년 1학기 '물체의 무게'

준비물
- 30~50cm짜리 나뭇가지 또는 막대 1개
- 자연물 5~6가지 (잎이 큰 낙엽이나 열매, 들꽃)
- 면실이나 털실 또는 낚싯줄 40cm
- 셀로판테이프
- 가위

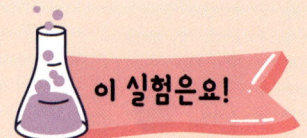 이 실험은 플라타너스나 떡갈나무 같은 큼직한 잎을 중심 소재로 사용해 수평 잡기의 원리를 경험해 보는 활동이에요.

- 자연을 훼손하지 않아요.
- 실에 묶기 어려운 나뭇잎은 셀로판테이프를 이용해 붙여 주세요.

① 긴 막대나 나뭇가지를 손가락 위에 올려 막대가 수평을 이루는 지점을 찾아 주세요.

양손 두 번째 손가락 위에 막대를 올린 다음 천천히 가운데로 모읍니다. 한쪽 손가락 위에 막대가 균형을 이루는 부분을 표시해 두세요.

② 막대가 균형을 이루는 지점에 실을 단단히 묶어 주세요.

실을 묶은 다음 못이나 문고리에 걸어 균형이 잡히는지 확인해 주세요. 한쪽으로 기울면 실의 위치를 바꿔 균형을 맞춰 주세요.

③ 재료들을 하나씩 실에 묶은 다음 무거운 것부터 막대에 달아 주세요.

한쪽 편에 큰 잎을 매달아 보세요. 막대가 잎을 매단 쪽으로 기우는 것은 그 쪽이 무겁기 때문입니다.

④ 위로 올라간 쪽에 잎을 달아 보세요.

가벼운 쪽에 잎을 달아 균형을 맞춰 주세요. 매단 잎의 반대편에 먼저 매단 잎과 비슷한 무게로 비슷한 거리만큼 떨어진 곳에 새로운 잎을 달아 주세요.

⑤ 양쪽의 균형을 맞추며 물체를 달아 주세요.

막대 가운데에도 나뭇잎을 달아 보세요.

⑥ 막대가 조금 기울어져 있다면 작은 잎을 달아 균형을 맞춰 주세요.

막대의 균형이 조금 어긋나 있다면 작은 잎이나 열매를 달아 수평을 조절해 보세요.

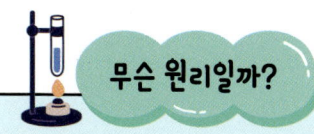

무슨 원리일까?

수평 잡기의 원리가 적용됩니다. 막대를 매단 중심점에서 먼 곳에는 가벼운 물체를, 중심점에서 가까운 곳에는 무거운 물체를 달면 막대가 균형을 이루지요. 시소가 작동하는 원리와 같습니다. 어른과 시소를 탈 때 무거운 어른은 시소 받침대에서 가까운 곳에, 가벼운 어린이는 받침대에서 먼 곳에 앉아야 오르락내리락 균형이 맞춰지는 이치입니다.

받침점

PART 3 가을에 하면 좋은 실험

가을이 듬뿍 모빌 확장 활동

준비물
- 30~50cm짜리 나뭇가지 또는 막대 1개
- 자연물 10~15개(짧은 나뭇가지나 낙엽, 열매, 들꽃 등)
- 약간 굵은 실 40cm
- 셀로판테이프
- 가위

분류	수평 잡기
연령	7세 이상
교과연계	4학년 1학기 '물체의 무게'

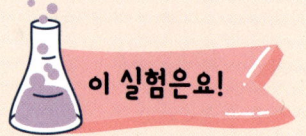

이 실험은 들꽃이나 풀잎, 나뭇잎, 열매 등 자연의 소재를 이용해 수평 잡기의 원리를 탐구해 보는 활동이에요. 공중에서 물체가 균형을 유지한 채 공기의 흐름에 따라 움직이도록 만들어진 모빌은 우연한 효과에 의한 자유로운 형태로 공간에 생동감을 주기도 합니다.

- 자연을 훼손하지 않아요.
- 모빌 재료들을 실에 묶거나 셀로판테이프에 붙여 미리 준비해 두면 만들기 편합니다.

❶ 나뭇가지의 가운데서 약간 떨어진 지점(양쪽)에 실을 묶은 뒤 실을 문고리나 못에 매달아 주세요.

> 실에 매달린 나뭇가지가 한쪽으로 기울지 않도록 중심을 맞춰 주세요.

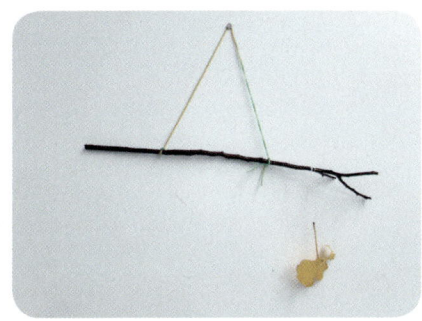

❷ 나뭇가지 한쪽에 나뭇잎을 하나 달아 주세요.

> 무거운 재료를 먼저 달아 균형을 잡은 뒤 가벼운 재료를 달아 균형을 맞춥니다.

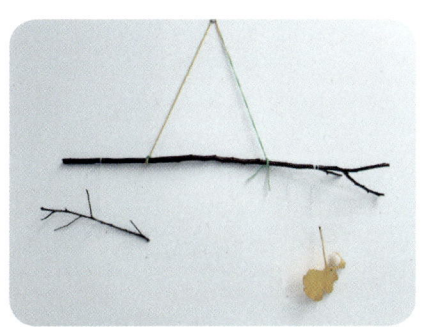

❸ 비슷한 무게의 것을 반대편 비슷한 거리에 달아 균형을 이루게 해주세요.

> 작은 나뭇가지를 달고 그 나뭇가지에 다시 다른 재료를 달아 모빌 속 모빌을 만들 수도 있습니다.

❹ 양쪽의 균형을 맞춰 주세요

> 자연물을 더하거나 빼는 방법으로 정교하게 균형을 조절해 보세요.

❺ 균형이 깨지고 다시 맞춰지는 과정을 반복합니다.

> 거리와 무게, 크기와 색, 모양을 고려하며 만들면 더 예쁜 작품이 됩니다.

❻ 완성된 모빌은 창문이나 천장에 매달아 자연스럽게 움직이게 해주세요.

> 균형을 유지하며 공기의 흐름을 타고 창가에서 흔들리는 모빌을 감상해 보세요.

무슨 원리일까?

모빌과 시소는 긴 막대에 물건을 올리거나 매달아 균형을 잡는 장치입니다. 이런 장치들을 '지레'라고 하며, 무거운 물건을 들어올리는 긴 막대를 의미하지요. 지레에는 막대를 받치는 받침점, 들어올릴 물체가 놓인 작용점, 힘을 가하는 힘점이 있습니다. 받침점에서 물체가 있는 지점까지의 거리와 물체의 무게에 의해 수평이 결정됩니다.

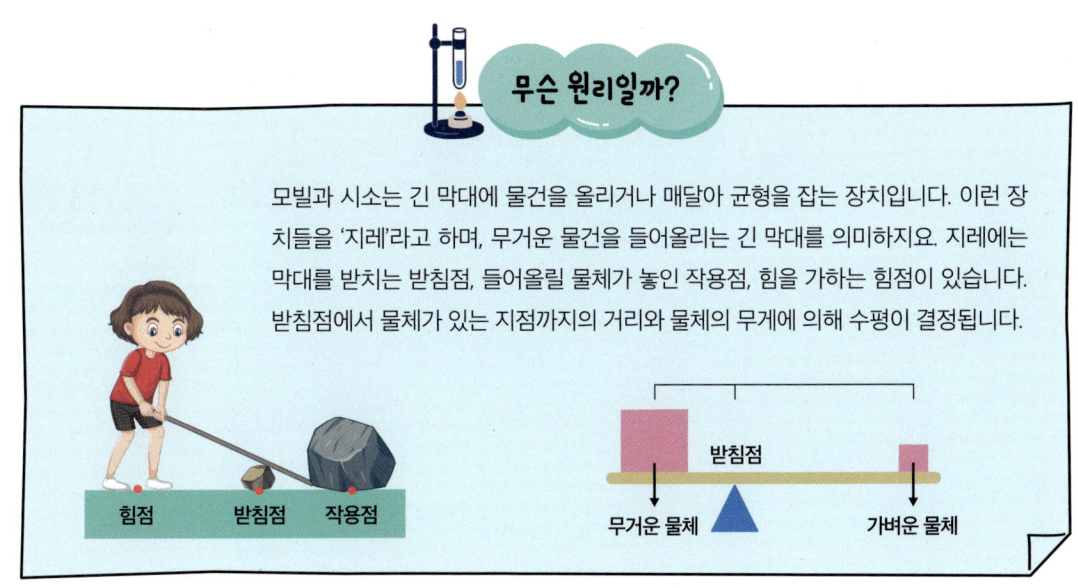

PART 3 가을에 하면 좋은 실험

뒤집히는 하트 팽이

분류	무게중심
연령	7세 이상
교과연계	4학년 1학기 '물체의 무게'

준비물

- 내맘대로 철사 30cm(중간 굵기)
- 음료수 캔 또는 병
- 절연테이프
- 가위

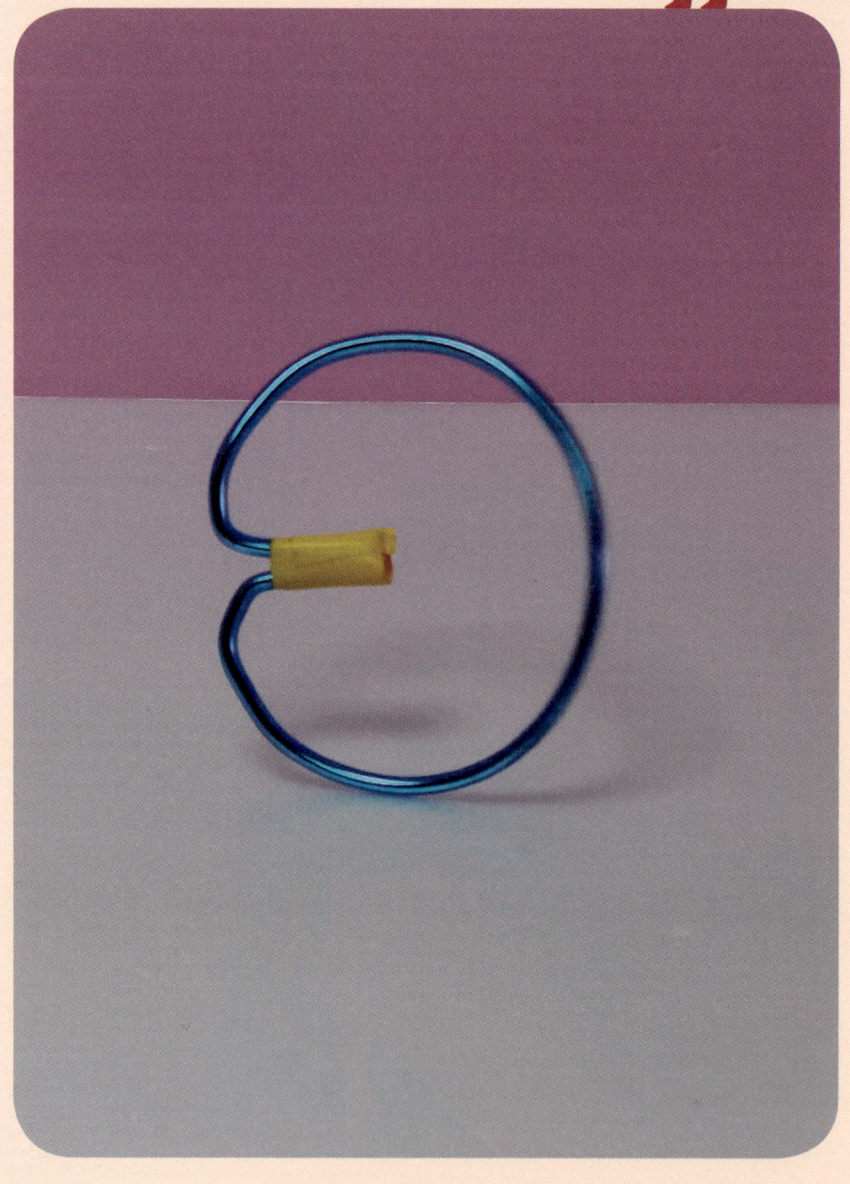

 **이 실험은요!**

이 실험은 거꾸로 뒤집어지는 팽이의 운동을 통해 무게중심의 이동을 경험해 보는 활동이에요.

- 철사에 찔리지 않도록 주의하세요

1 철사를 캔이나 절연테이프에 감아 둥글게 만들어 주세요.

> 지름은 13~15cm 정도가 좋습니다.

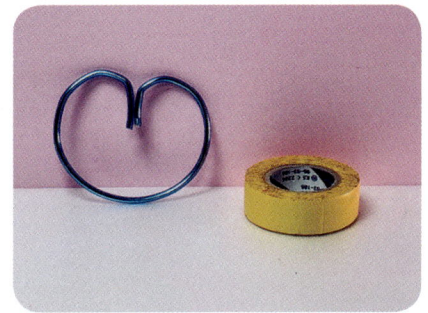

2 철사의 여분은 안쪽으로 접어 넣습니다. 양쪽 길이는 같게, 원의 중심을 넘지 않아야 합니다.

> 원 안으로 접어 넣은 철사를 축으로 좌우 대칭이 되게 해주세요.

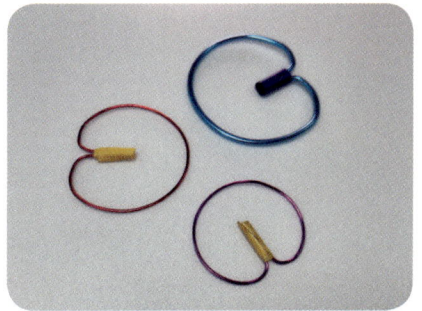

3 원 안에 접어 넣은 철사는 ll자 모양으로 모아 절연테이프로 3~4회 정도 감아 주세요.

> 테이프를 감은 이 부분을 연장한 선이 팽이의 대칭축이 됩니다.

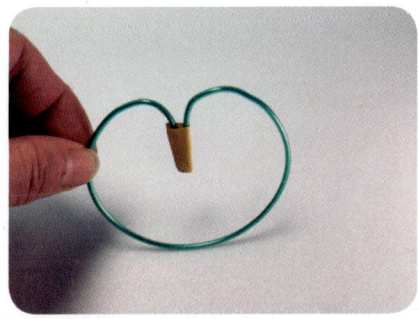

4 하트 팽이가 혼자 설 수 있게 해보세요. 어떻게 하면 될까요?

> 팽이에서 손을 떼면 가는 철사로 만든 둥근 하트 팽이는 쓰러집니다. 팽이는 회전을 해야만 설 수 있습니다.

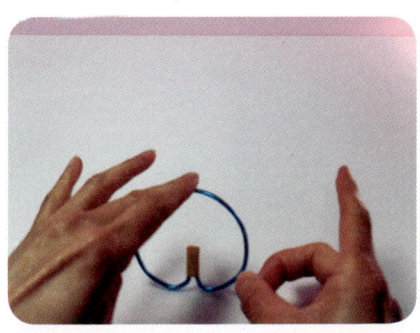

5 팽이의 오목한 부분이 아래로 가도록 한 뒤 윗부분을 한 손으로 살짝 눌러 중심을 잡고 다른 한 손으로 아래쪽 옆면을 튕겨 팽이를 돌려 주세요.

> 팽이가 빠른 속도로 회전하다가 점차 뒤집어져 거꾸로 돌아갑니다.

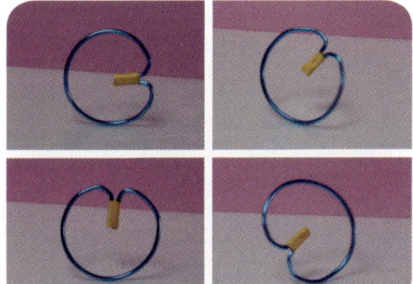

6 하트팽이가 어떻게 거꾸로 돌아가는지 잘 살펴보세요.

> 회전하면서 오목한 부분이 옆으로 올라가고 다시 위로 갔다가 하트 모양이 되어 회전하고 속도가 느려지면서 다시 반대편으로 기울었다 원래 방향으로 돌아와 쓰러지는 과정을 확인하세요.

무슨 원리일까?

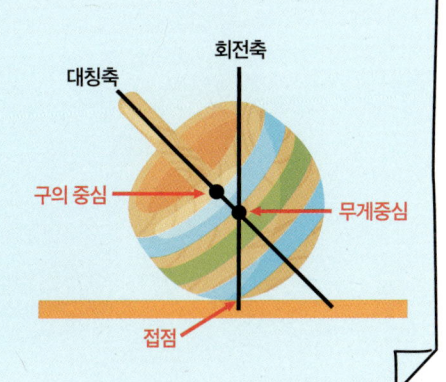

팽이는 축을 중심으로 회전하는 장난감으로, 팽이의 손잡이를 연장한 선이 대칭축이 됩니다. 이 대칭축을 중심으로 팽이는 서로 같은 모양과 질량을 갖습니다. 뒤집힌 팽이는 회전만 하는 게 아니라 아래위가 바뀝니다. 즉 뒤집히면서 무게중심의 위치가 달라집니다. 뒤집힌 팽이가 회전을 시작하면 처음엔 똑바로 돌기 때문에 대칭축과 회전축이 일치합니다. 그러나 바닥과의 마찰과 공기 저항에 의해 회전 속도가 느려지면 서서히 옆으로 기웁니다. 이때 팽이가 어느 정도 기울어지면 구의 중심보다 무게중심의 위치가 위로 올라가고 팽이는 무게중심을 따라 뒤집혀 회전하게 됩니다.

PART 3 가을에 하면 좋은 실험

넘칠 듯 넘치지 않는 컵

분　류	대기압
연　령	6세 이상
교과연계	3학년 1학기 '지구의 모습'

준비물

- 플라스틱 컵 2개
- 구멍 있는 플라스틱 컵 뚜껑 1개
- 물
- 지름 0.5cm짜리 주름빨대 1개
- 가위
- 글루건 또는 고무찰흙
- 송곳
- 연필
- 셀로판테이프

이 실험은요!

이 실험은 사이펀의 원리를 실생활에 응용하는 과학 활동이에요.

⚠️
- 싱크대에서 물을 틀어놓고 실험할 때는 아래에 별도의 컵을 받치지 않아도 됩니다.
- 컵 바닥에 구멍을 뚫거나 글루건으로 빈틈을 메우는 작업은 반드시 어른이 도와주세요.

1 컵을 엎어 윗부분을 송곳으로 뚫은 뒤 연필을 넣어 구멍의 크기를 늘려 빨대를 꽂을 수 있도록 해주세요.

구멍을 뚫을 때는 빨대 굵기를 고려하세요.

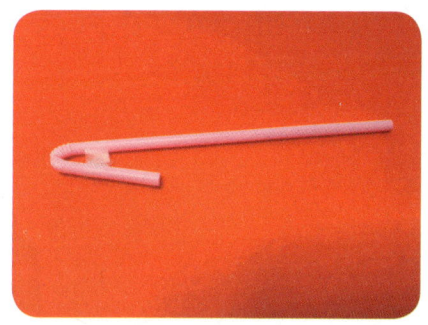

2 빨대의 주름 부분을 구부려 U자 모양이 되도록 셀로판테이프로 고정해 주세요.

많이 벌어지면 짧은 쪽 빨대를 조금 잘라 U자 형태로 고정해도 됩니다.

3 ❷의 빨대를 ❶의 컵에 꽂은 뒤 컵을 뒤집어 컵과 빨대 사이를 글루건이나 고무찰흙으로 메워 주세요. 밖으로 나온 빨대는 1cm 정도만 남기고 잘라 주세요.

컵과 빨대 사이로 물이 새지 않도록 해주세요.

4 물컵에 구멍 뚫린 컵 뚜껑을 올리고 그 위에 ❸에서 만든 컵을 올린 뒤 빨대의 구부러진 부분 위까지 천천히 물을 부어 보세요.

물을 계속 부으면 계속 물이 빠져나갑니다.

5 물 붓는 것을 멈춘 다음 물이 빠져나가는 것을 관찰해 보세요.

물이 언제쯤 멈추는지 살펴보세요.

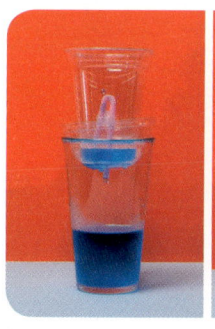

6 빨대의 구부러진 부분보다 높은 곳까지 물을 채웠을 때와 그 아래쪽까지 채웠을 때 물이 흘러나오다 멈추는 지점이 어떻게 다른지 살펴보세요.

빨대의 구부러진 부분이 잠길 정도로 물을 부으면 물은 계속 빠져나가 빨대 입구 부근에서 멈춥니다. 하지만 잠기지 않을 정도로 물을 부으면 물은 빠져나가지 않고 그 높이를 유지합니다.

무슨 원리일까?

우리가 만든 컵은 빨대의 구부러진 부분(가장 높은 부분)이 잠길 정도로 물을 부으면 대부분의 물이 컵 아래로 새어 나오게 되어 있습니다. 빨대의 입구까지 물이 새기 때문에 빨대 입구가 바닥에 가까우면 물이 거의 새어 나옵니다. 그러나 빨대의 구부러진 부분이 잠기지 않을 정도로 물을 부으면 물은 새어 나오지 않고 그 높이를 그대로 유지합니다. 여기에는 '사이펀의 원리'가 숨어 있습니다. 컵 안에 거꾸로 된 U자 관(사이펀) 빨대가 박혀 있고, 이 빨대는 공기로 채워져 있습니다. 물이 빨대의 가장 높은 곳이 잠길 만큼 차오르면 빨대 속 공기압보다 수압이 세지면서 빨대의 짧은 쪽으로 차오르다가 긴 빨대 쪽으로 넘어갑니다. 빨대의 긴 쪽으로 넘어간 물은 중력 때문에 컵 밑의 구멍을 통해 아래로 쏟아집니다. 물이 꼭대기를 타고 넘어가 흘러내리기 시작하면 응집력에 의해 물은 짧은 빨대를 통해 계속해서 들어오고 물이 빨대 입구와 높이가 같아져 더 이상 들어올 수 없을 때까지 흘러내립니다. U자 관의 꼭대기 부분이 물에 잠기지 않으면 물은 빨대의 가장 높은 곳을 타고 넘지 못해 흘러내리지 않습니다. 변기도 같은 원리입니다.

낙엽콥터

준비물
- 낙엽(은행잎, 느티나무 잎 등 주변의 잎들)
- 셀로판테이프

분 류	공기의 저항
연 령	5세 이상
교과연계	5학년 2학기 '물체의 운동'

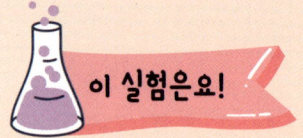 이 실험은 낙하하는 물체의 운동과 공기의 저항을 경험해 보는 과학 놀이 활동이에요.

 • 책상이나 의자 등 높은 곳에서 물체를 떨어뜨릴 때 균형을 잃지 않도록 조심하세요.

① 나뭇잎을 종류별로 1~2개씩 주워 보세요.

> 다양한 크기와 모양, 색의 나뭇잎을 주워 크기나 색깔에 따라 나눕니다.

② 나뭇잎을 여러 장 또는 1장씩 떨어뜨리며 잎이 떨어질 때의 모습을 관찰해 보세요.

> 잎이 뒤집어지며 떨어지는지 지그재그로 움직이며 떨어지는지 관찰합니다.

③ 셀로판테이프를 이용해 2장의 잎을 다양한 방법으로 붙인 다음 떨어뜨려 보세요.

> 잎자루 부분을 나란히 또는 어긋나게, 잎의 크기를 비슷하게 또는 다르게 해봅니다.

  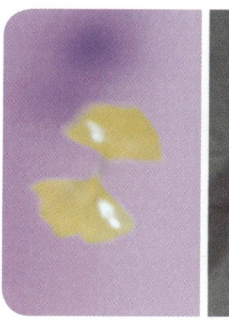

④ 폭 2.5cm 이하인 갸름한 나뭇잎(느티나무잎 등)을 골라 잎자루를 어긋나게 붙여 낙하하는 모습을 관찰해 보세요.

> 잎이 살짝 어긋나 균형이 맞지 않게 붙입니다.

⑤ 은행잎 2장을 붙여서 낙하하는 모습을 관찰해 보세요.

> 잎이 살짝 어긋나게 하여 균형이 맞지 않게 붙입니다.

⑥ 어떤 나뭇잎이 헬리콥터 날개처럼 빙글빙글 잘 회전하는지 비교 관찰해 보세요.

> 마주 보는 두 잎은 낙하하며 공기와 부딪혀 무게 중심을 중심으로 회전합니다.

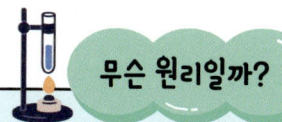

무슨 원리일까?

지구상의 모든 물체는 중력에 의해 낙하 운동을 합니다. 가을이 되면 나뭇잎도 나무에서 떨어지면서 낙하 운동을 하는데, 이때 나뭇잎은 쇠구슬과 달리 곧바로 떨어지기보다는 왔다 갔다 하거나 회전하면서 떨어집니다. 이는 나뭇잎이 떨어지면서 공기의 영향을 받기 때문입니다. 나뭇잎 2개를 붙여 가운데에 무게중심이 오게 하면 펼쳐진 나뭇잎이 낙하하면서 공기와 부딪혀 수평 방향으로 회전하게 됩니다. 공기가 운동하는 물체와 부딪혀 물체의 운동을 방해하는 것을 '공기의 저항'이라고 합니다. 나뭇잎은 공기의 저항에 의해 운동 방향이나 속력이 달라지는 다양한 움직임을 보여주면서 낙하합니다.

핼러윈의 정전기 유령

분 류	정전기 유도
연 령	5세 이상
교과연계	6학년 2학기 '전기의 이용'

준비물
- 화장지
- 검은색 색종이
- 풍선
- 플라스틱 막대 또는 자
- 털옷이나 목도리
- 가위
- 셀로판테이프
- 유성펜

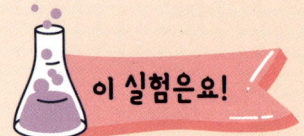 이 실험은 정전기를 이용해 핼러윈을 연출해 보는 과학 놀이 활동이에요.

 • 정전기 실험은 건조한 날 해야 잘됩니다.

1 화장지에 꼬마 유령을 그려 주세요. 눈과 입은 유성펜을 이용합니다.

> 화장지를 겹쳐 오리면 한 번에 4~6개의 유령을 만들 수 있습니다.

2 유령의 몸통 중 한쪽만 셀로판테이프로 바닥에 붙여 주세요.

> 유령이 자유롭게 움직일 수 있도록 몸통 아래쪽만 고정합니다.

3 털옷에 포크나 자를 여러 번 문지른 뒤 바닥에 누워 있는 꼬마 유령에 가져가 보세요

> 꼬마 유령이 포크나 자를 따라 일어나는 모습을 관찰해 보세요.

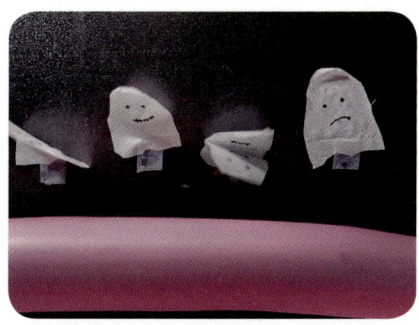  

4 긴 풍선을 털옷에 마찰시켜 모든 꼬마 유령을 한꺼번에 일으켜 보세요.

> 털옷에 여러번 문질러 대전시킨 긴 풍선을 꼬마 유령들 가까이 대고 이리저리 흔들어 보세요.

5 색종이에 박쥐 모양을 그려 오린 다음 벽이나 창에 붙여 주세요.

> 색종이 1장으로 2개의 박쥐를 만듭니다.

6 털옷에 문지른 빗이나 풍선을 박쥐 쪽으로 가져가 박쥐가 날아오르게 해주세요.

> 유령과 박쥐를 한곳에 붙여 놓고 친구들과 번갈아가며 유령과 박쥐가 일어나게 해보세요.

무슨 원리일까?

직접 마찰하지 않아도 물체에 전기가 유도되는 현상을 '정전기 유도'라고 합니다. 마찰 전기는 마찰할 때 전자가 바깥으로 튀어 나가지만 정전기 유도는 물체 안에서 전자가 골고루 퍼져 있지 않고 한쪽으로 쏠려서 전기적 성질을 갖게 됩니다. 따라서 한 물체 안에 (+)전기를 띤 부분과 (-)전기를 띤 부분이 동시에 생기게 됩니다. 마찰 전기는 어떤 물체와 마찰하느냐에 따라 물체의 전기적 성질이 달라집니다. 그래서 마찰시켰을 때 전자를 잃기 쉬운 순서대로 나열한 대전열을 보면 어떤 전기를 띨지 예상할 수 있습니다. 만약 풍선을 털가죽에 문지르면 털가죽은 전자를 쉽게 잃어 (+)로 대전되지만 고무인 풍선은 (-)로 대전됩니다. 풍선을 플라스틱에 마찰시키면 풍선은 (+)로 플라스틱은 (-)로 대전됩니다. 그러나 정전기 유도는 대전된 물체의 전기적 성질에 따라 전기가 유도되기 때문에 대전된 물체의 전기적 성질에 따라 대전된 물체를 향한 쪽과 반대쪽의 전기적 성질이 결정됩니다.

(+)전하로 대전되기 쉬움 ← 털가죽 유리 명주 고무 플라스틱 에보나이트 → (-)전하로 대전되기 쉬움

〈마찰 전기의 대전열〉

알록달록 정전기 알갱이 토핑

분 류	정전기 유도
연 령	5세 이상
교과연계	6학년 2학기 '전기의 이용'

준비물

- 2mm짜리 컬러 스티로폼 알갱이 1/3봉
- 굵은 빨대 1개
- 풍선 1~2개
- 털옷
- 유리병 또는 플라스틱병
- 접시(스티로폼 알갱이 놓을 곳)

이 실험은요!

이 실험은 정전기 유도를 경험해 보는 과학 활동이에요.

⚠
- 스티로폼 알갱이는 주변에 흩어지기 쉬우니 다룰 때 주의하세요.

❶ 컬러 스티로폼 알갱이를 접시에 담은 뒤 풍선을 가까이 가져가 무슨 일이 일어나는지 관찰해 보세요.

　풍선은 아이가 손에 쥐기 편한 크기로 붙입니다.

❷ 풍선을 털옷에 문질러 ❶의 접시에 가까이 가져가 스티로폼 알갱이가 날아오르며 달라붙는 것을 관찰해 보세요.

　풍선 전체를 토핑 도넛처럼 만들어 보세요.

❸ 풍선에 달라붙은 스티로폼 알갱이에 손가락을 가까이 가져가 알갱이들을 움직여 보세요.

　손가락을 대면 알갱이들이 풍선 표면을 따라 도망갑니다.

❹ 매끈한 병에 스티로폼 알갱이를 넣어 알갱이가 아래쪽에 쌓이는 것을 관찰해 보세요.

　스티로폼 알갱이는 가볍고 정전기 반응성도 좋아 병 안쪽에 달라붙기도 합니다.

❺ 빨대나 풍선을 털옷에 마찰시킨 뒤 병에 가까이 가져가 스티로폼 알갱이들을 움직여 보세요.

　빨대나 풍선을 가까이 가져가면 알갱이들은 중력을 거슬러 병 위쪽으로도 따라옵니다.

❻ 이번에는 병 자체를 털옷으로 문질러 스티로폼 알갱이들이 병 안쪽 전체에 달라붙게 해보세요.

　병을 털옷으로 문질러 마찰 전기를 일으킨 뒤 병을 뒤집거나 눕혀 보세요. 마찰한 병에 마찰한 풍선을 가져가 알갱이의 움직임을 살펴보세요.

무슨 원리일까?

대전된 풍선을 스티로폼 알갱이에 가까이 가져가면 풍선에 달라붙습니다. 이것은 스티로폼 알갱이에 정전기가 유도되었기 때문입니다. 정전기 유도는 전기를 띤 대전체와 가까운 쪽은 대전체와 다른 종류의 전기를, 먼 쪽은 대전체와 같은 종류의 전기를 띠게 합니다. 따라서 정전기가 유도된 물체와 대전체 사이에는 인력이 작용합니다. 하지만 풍선에 달라붙은 알갱이에 손가락을 갖다 대면 손가락도 알갱이들과 같은 종류의 전기로 대전되어 알갱이들은 멀리 밀려납니다. 한편 병이나 풍선 안에 알갱이를 넣고 병이나 풍선을 마찰하면 알갱이를 담고 있는 물체 자체가 대전되어 알갱이들이 물체에 달라붙습니다. 정전기 유도는 우리 주변에서 흔하게 볼 수 있습니다. 번개는 정전기 유도에 의해 구름과 땅 사이에서 전자가 순간적으로 빛을 내며 이동하는 현상입니다. 우리가 흔히 쓰는 터치스크린은 손가락을 화면에 대는 순간 정전기 유도에 의해 작동할 수 있도록 만든 장치입니다.

하늘을 떠다니는 전기 해파리

분류	정전기의 이용
연령	5세 이상
교과연계	6학년 2학기 '전기의 이용'

준비물

- ✓ 풍선
- ✓ 털가죽 또는 스웨터
- ✓ 비닐봉지
- ✓ 가위
- ✓ 셀로판테이프
- ✓ 공기펌프

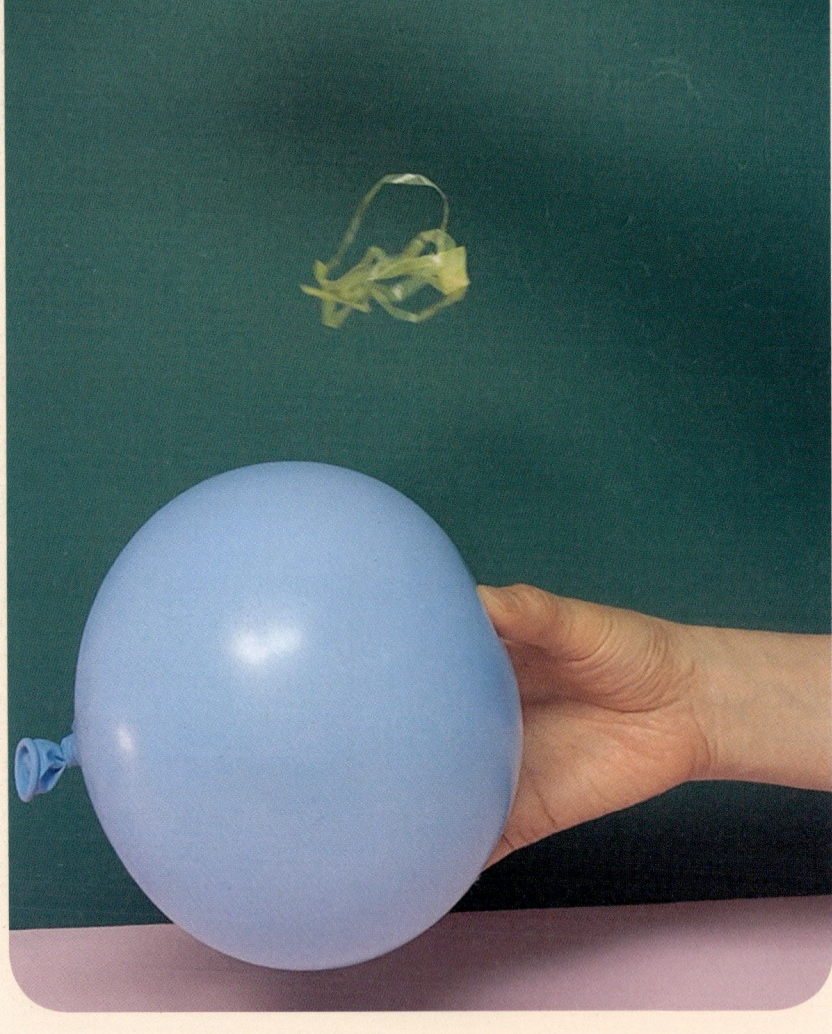

이 실험은요!

이 실험은 정전기를 이용해 공중을 떠다니는 해파리를 만들어 보는 과학 놀이 활동이에요.

⚠️

- 습기와 물기를 피해 실험해 주세요.

❶ 비닐을 2.5×12cm 정도 크기로 잘라 반을 접은 뒤 벌어진 쪽 끝을 0.4cm 정도 여분을 두어 잡고 나머지 부분은 0.3~04cm 두께로 여러 번 잘라 주세요.

> 겹친 채로 여분을 남기고 가위집을 넣습니다.

❷ ❶을 펼쳐 세로로 둥글게 말아 윗부분과 아랫부분을 각각 셀로판테이프로 붙여 위아래가 뚫린 항아리 모양으로 만들어 주세요.

> 셀로판테이프는 되도록 조금만 사용합니다.

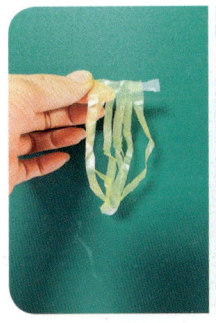
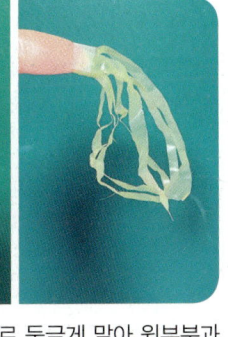

❸ ❷를 풀어서 해파리 다리가 엉키지 않도록 흔들어 모양을 잡아 주세요.

❹ 풍선을 불어 입구를 묶은 다음 ❸의 해파리와 풍선을 털옷에 여러 번 문질러 주세요.

> 같은 물체에 문질러야 합니다.

❺ 해파리를 공중에 던져 낙하하는 해파리 아래에 ❹의 풍선을 가까이 가져가 보세요.

> 해파리가 무언가에 밀리듯 다시 떠오르고 작은 바람에 날 듯 풍선에서 멀어지는 모습을 관찰하세요.

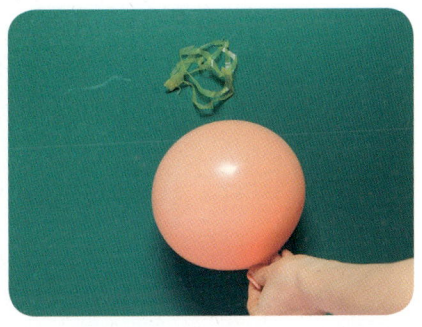

❻ 털옷에 문지른 해파리를 스티로폼이나 벽에 던져 붙인 뒤 털옷에 문지른 풍선을 가까이 해보세요.

> 해파리가 벽을 타고 도망치듯 밀려납니다. 이때 풍선과 접촉하면 달라붙으니 접촉하지 않게 합니다.

무슨 원리일까?

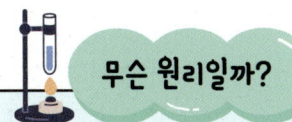

마찰에 의해 발생한 정전기를 '마찰 전기'라고 합니다. 풍선과 비닐을 같은 털옷에 비비면 두 물체는 같은 종류의 전기를 띠게 됩니다. 물체가 같은 종류의 전기로 대전되면 서로 밀어내는 힘인 척력이 작용합니다. 가벼운 비닐로 만들어진 해파리는 같은 전기를 띤 풍선이 가까이 가면 밀려나면서 공중에 뜹니다. 물체를 마찰시켰을 때 전기를 띠는 것은 물질 안의 전자가 마찰에 의해 쉽게 이동하기 때문입니다. 물질을 이루는 작은 알갱이인 원자는 (-)전기를 띠는 전자와 (+)전기를 띠는 원자핵으로 이루어져 있습니다. 물체를 마찰시키면 열이 발생하는데, 이때 가벼운 전자는 에너지를 얻어 다른 물체로 이동합니다. 전기적으로 중성이었던 물체는 전자를 잃으면서 (+)전기를 띠게 되고, 전자가 이동해 들어간 물체는 전체적으로 (-)전기를 띠게 됩니다.

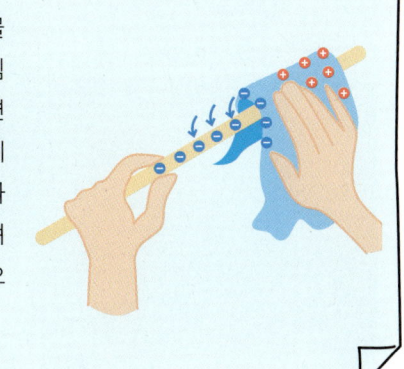

무지개로 가득 찬 방

분 류	빛의 굴절과 회절
연 령	5세 이상
교과연계	6학년 1학기 '빛과 렌즈'

준비물

- CD 1장
- 손전등(휴대전화 전등도 가능)
- 촛불
- 투명한 그릇
- 물

이 실험은요!

이 실험은 CD를 이용해 무지개로 방안을 가득 채우는 과학 놀이 활동이에요.

- 물을 쏟지 않도록 주의하세요.

① CD의 은색 면을 형광등이나 LED 조명에 비춰 보세요.

> CD를 이리저리 움직여 표면에 보이는 색과 패턴을 관찰합니다.

② CD를 벽에 비스듬히 기대어 놓은 뒤 촛불이나 손전등을 비춰 보세요.

> 집안의 불을 끄고 해야 잘 보입니다.

③ 투명한 그릇에 은색 면이 위로 오도록 CD를 비스듬히 세운 뒤 전등을 비춰 보세요.

> 빛이 반사되어 닿는 벽에 흰색 도화지를 놓아야 무지개가 잘 보입니다.

④ ③의 그릇에 CD 중간 정도까지 물을 부은 뒤 빛이 물을 통과해 CD 면에 닿도록 손전등을 배치해 주세요.

> 손전등 빛이 CD에 반사되어 닿는 벽이나 바닥에 흰 천이나 도화지를 놓으면 더 잘 보입니다.

⑤ 집안의 불을 끄고 손전등을 켜서 벽과 천장, 바닥에 생기는 무지개를 관찰해 보세요.

> 바닥에도 무지개가 생기지만 벽과 천장에는 아주 크고 선명한 무지개가 만들어집니다.

무슨 원리일까?

기상 현상인 무지개는 빛이 물방울을 통과하며 굴절되어 만들어집니다. 빛이 물질을 통과하면서 경계면에서 꺾이는 것을 '굴절'이라고 하지요. CD무지개는 CD 뒷면에 있는 수천 개의 작은 틈에 들어간 빛이 회절되어 생깁니다. 회절은 빛이 장애물을 만나 경로가 막혀도 아주 작은 틈을 통과해 장애물 뒤편까지 퍼져나가는 것을 말합니다. CD 표면은 매끈해 보이지만 가운데를 중심으로 나선형의 촘촘한 홈이 있어 빛의 회절이 일어나면서 여러 색으로 분산됩니다. 따라서 CD 표면에는 어떤 빛이든 닿기만 하면 진한 무지개가 생깁니다. 그러나 그 무지개를 집안 가득 채우려면 CD 표면에 생긴 무지개들이 비쳐 나오는 경로를 바꾸고 확대해야 합니다. 투명 그릇에 채운 물이 CD에서 나오는 무지개를 확대하고 굴절시키는 역할을 하여 방안 가득 무지개가 채워지는 것입니다.

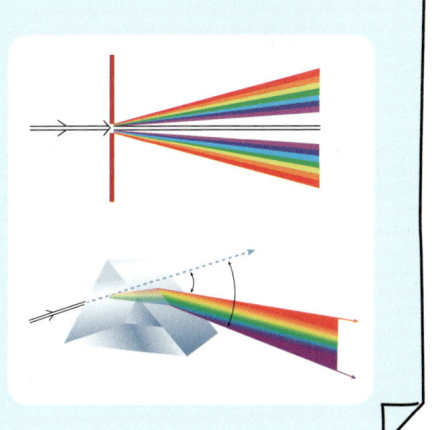

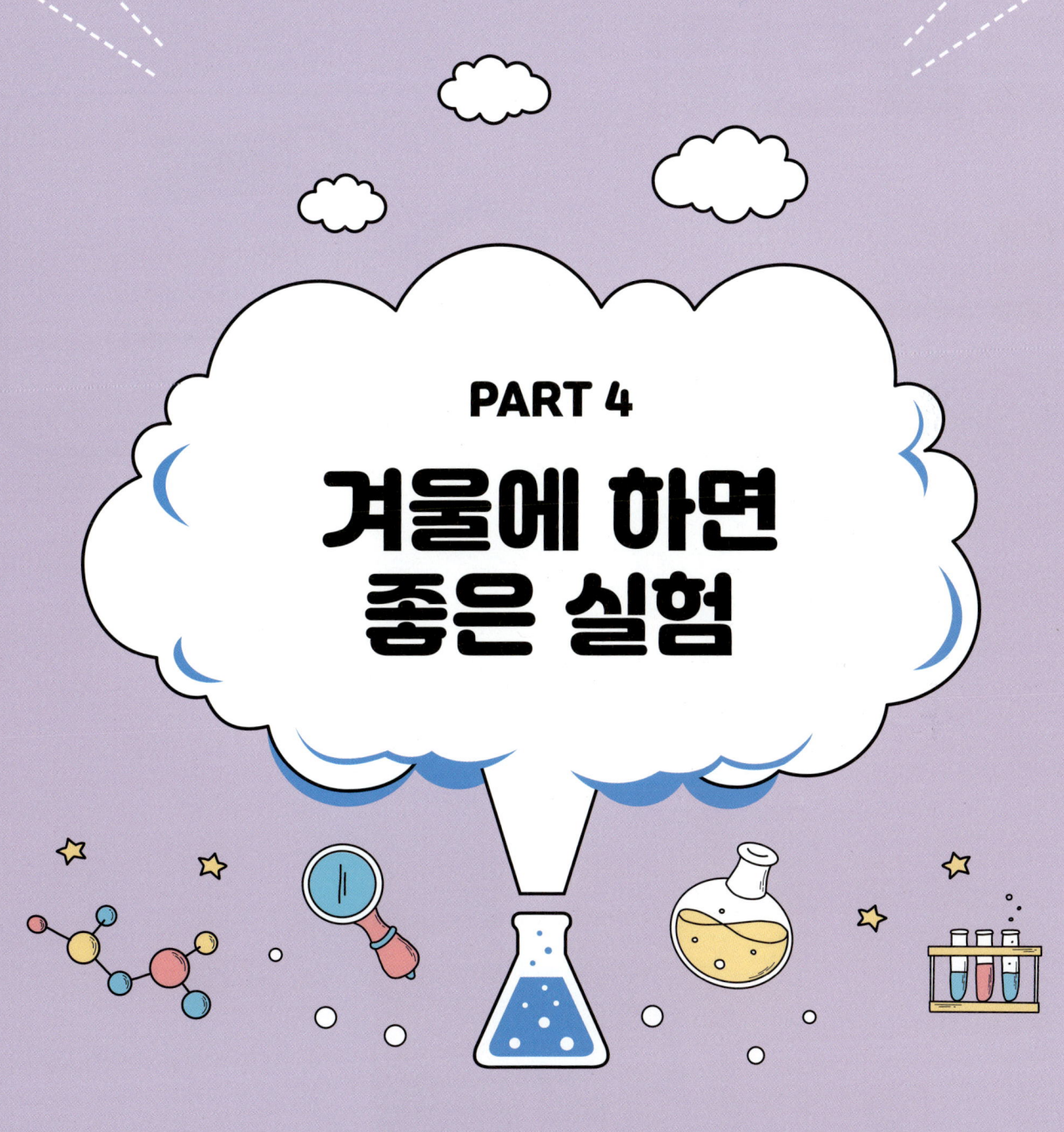

균형 잡는 몽당연필

분류	수평 잡기
연령	6세 이상
교과연계	4학년 1학기 '물체의 무게'

준비물

- ✓ 10cm 내외 몽당연필 1개
- ✓ 30cm짜리 내맘대로 철사 1개
- ✓ 너트 4개 또는 집게
- ✓ 테이프 또는 글루건

이 실험은요!

이 실험은 뾰족한 연필심을 가진 몽당연필이 쓰러지지 않고 아슬아슬 균형을 잡고 서 있게 해보는 무게중심 활동이에요.

⚠ • 철사를 다룰 때 찔리지 않게 조심하세요

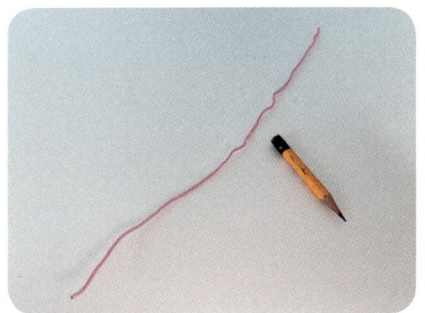

① 몽당연필을 세워 보세요.

> 철사를 이용해 몽당연필을 세울 방법을 고민해 보세요.

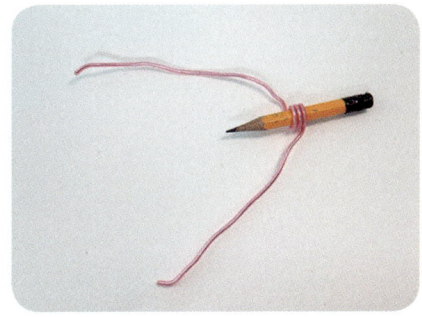

② 연필 가운데에서 아래쪽에(1/3지점) 철사를 감아 주세요.

> 남은 철사의 길이가 같아야 합니다. 철사가 흘러 내리면 테이프나 글루건으로 고정해 주세요.

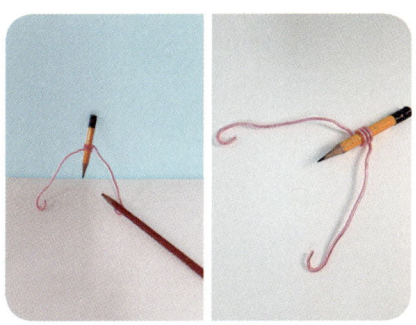

③ 철사 끝에 오목하게 고리를 만들어 주세요.

> 연필이나 볼펜을 이용하면 편리합니다.

④ 철사 끝에 같은 개수의 너트를 걸어 주세요.

> 몽당연필을 손가락에 올려보고 균형을 잘 잡으면 주변 물체에 올려 보세요.

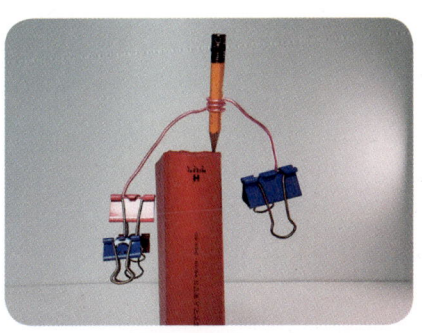

⑤ 철사 끝에 집게나 클립을 매달아 보세요.

> 이때 양쪽의 무게를 잘 맞춰 주세요. 한쪽이 무거우면 어떻게 되는지도 관찰해 보세요.

⑥ 화분이나 책, 선반 위에 올려 아슬아슬 균형 잡기 놀이를 해보세요.

엄마랑 아이랑

책이나 사과 같은 우리 주변의 물체들은 모두 무게를 가지고 있단다. 무게라는 건 지구가 물체를 잡아당기는 힘 때문에 생기는데, 이를 '중력'이라고 불러. 무게를 가진 모든 물체는 무게중심이 있는데 우리는 이걸 '중력중심'이라고도 부르지. 물체의 무게중심이 바닥에 가까울수록 물체는 안정되어 균형을 이루고, 반대로 무게중심이 높을수록 물체는 떨어지거나 쉽게 쓰러진단다.

몽당연필의 무게중심은 연필의 가운데 쯤에 있는데, 연필을 세워 뾰족한 심을 받치면 무게중심이 높아 연필이 쓰러지지. 이때 연필에 철사를 감고 양끝에 물체를 달아 연필의 무게중심을 연필심보다 아래로 오게 만들어주는 거야. 이렇게 해서 무게중심이 연필심에 있거나 연필심보다 아래쪽에 있으면 연필이 균형을 이루며 쓰러지지 않게 되지.

PART 4 겨울에 하면 좋은 실험 199

동전 충돌

준비물

✓ 10원 또는 100원짜리 동전 7개
✓ 30cm짜리 플라스틱 자 2개
✓ 셀로판테이프

분류	운동량 보존
연령	6세 이상
교과연계	5학년 2학기 '물체의 운동'

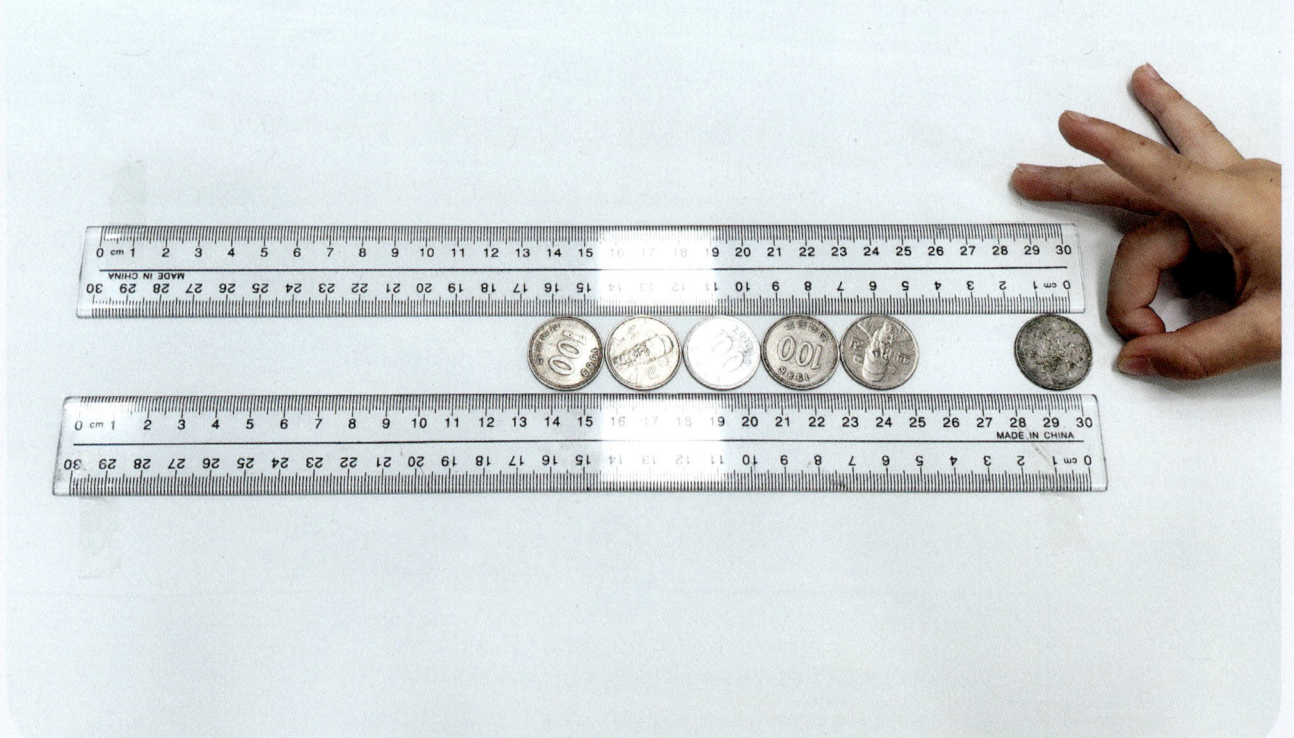

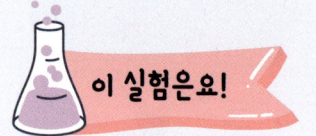 이 실험은 동전이 충돌하며 일어나는 현상을 통해 운동량 보존의 법칙을 경험해 보는 활동이에요.

- 자 또는 손가락으로 동전을 쳐서 앞으로 보낼 수 있어야 합니다.
- 유리나 마루처럼 바닥이 매끄러워야 동전이 앞으로 멀리 나갑니다.

1 충돌 연습

동전 2개를 5cm 간격으로 놓은 뒤 뒤쪽에 있는 동전으로 앞쪽에 있는 동전을 맞춰 보세요.

엄지와 중지를 둥그랗게 만들어 맞춰도 되고, 검지만 세워서 밀어도 됩니다.

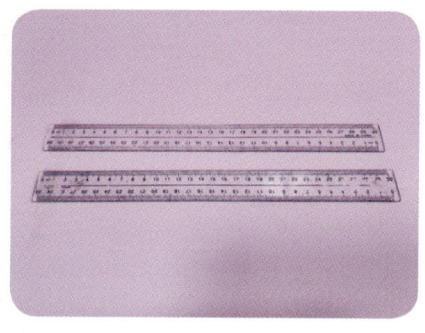

2 동전 충돌 장치 만들기

동전이 들어갈 만큼 간격을 두고 자 2개를 나란히 놓은 뒤 셀로판테이프로 고정해 주세요.

동전이 앞으로 똑바로 가게 하기 위한 장치입니다. 동전에 스티커를 붙여 놓으면 충돌 전후를 비교하기 쉽습니다.

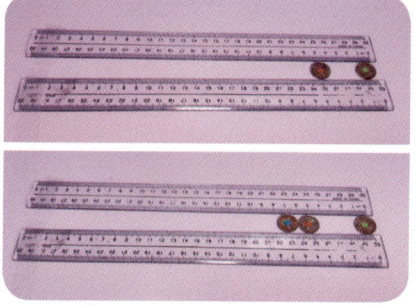

3 동전 1개로 충돌시키기
(1:1, 1:2, 1:3, 1:4, 1:5)

동전 1개를 ❷번 자 사이에 놓고 5cm 정도 떨어진 곳에 동전 1개, 2개, 3개, 4개, 5개에 충돌시켰을 때 충돌한 동전들이 어떻게 되는지 관찰해 보세요.

실험 전에 먼저 예측해 보세요. 동선 1개가 앞에 있는 동전들과 충돌한다면 어떻게 될까?

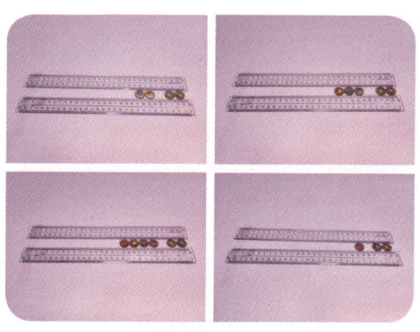

4 동전 2개로 충돌시키기
(2:2, 2:3, 2:4, 2:5 2:1)

동전 2개를 ❸번과 같은 방법으로 배치하고 동전 2개, 3개, 4개, 5개, 1개 순서로 충돌시켜 주세요.

실험 전에 먼저 예측해 보세요. 동전 2개가 앞에 있는 동전들과 충돌한다면 어떻게 될까?

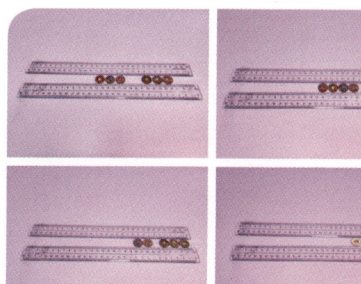

5 동전 3개로 충돌시키기
(3:3, 3:4, 3:5, 3:2, 3:1)

동전 3개를 ❸번과 같은 방법으로 배치하고 동전 3개, 4개, 5개, 2개, 1개 순서로 충돌시켜 주세요.

실험 전에 먼저 예측해 보세요.

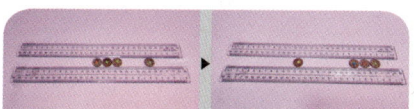

동전 1개로 정지해 있는 동전을 치면 동전 1개가 튀어나갑니다.

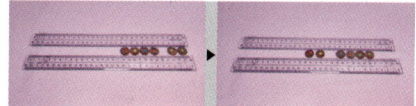

동전 2개로 정지해 있는 동전을 치면 동전 2개가 튀어나갑니다.

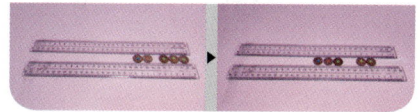

동전 3개로 정지해 있는 동전을 치면 동전 3개가 튀어나갑니다.

6 앞에서 실험한 내용을 정리해 보세요

무슨 원리일까?

이 실험은 운동량 보존의 관점에서 동전 충돌을 설명합니다. 운동량은 물체의 운동을 나타내는 값으로 물체의 질량, 속력, 운동 방향으로 표시됩니다. 움직이는 동전과 정지해 있는 동전이 충돌하면 충돌과 동시에 움직이던 동전은 정지하고 정지해 있던 동전은 움직이던 동전과 같은 방향으로 동일한 속력을 가지고 움직입니다. 이때 동전 1개와 충돌하면 동전 1개가, 동전 2개와 충돌하면 동전 2개가, 동전 3개와 충돌하면 동전 3개가 나갑니다. 이는 충돌하는 물체의 질량과 속력, 방향이 충돌 전과 후에 변함없이 보존되기 때문으로, 이것을 '운동량 보존 법칙'이라고 부릅니다.

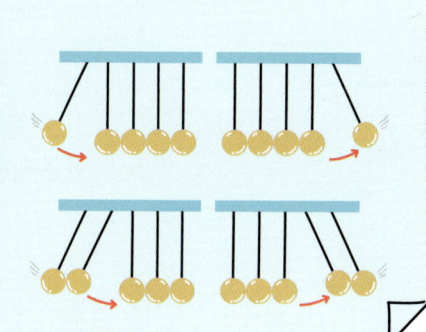

구슬 치기

준비물
- 유리구슬 7개
- 둘레에 홈이 있는 1회용 플라스틱 접시 또는 뚜껑 1개

분류	운동량 보존
연령	7세 이상
교과연계	5학년 2학기 '물체의 운동'

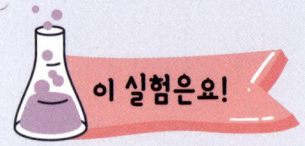

이 실험은 구슬끼리 부딪힐 때 일어나는 현상을 통해 운동량 보존의 법칙을 경험해 보는 활동이에요.

 • 손가락으로 구슬을 쳐 앞으로 보낼 수 있는 연령부터 가능합니다.

1 구슬치기 연습
접시 홈에 구슬을 놓은 다음 다른 구슬로 앞에 놓인 구슬을 맞혀 보세요.

> 힘의 크기와 방향을 조절해 가며 여러 번 반복합니다.

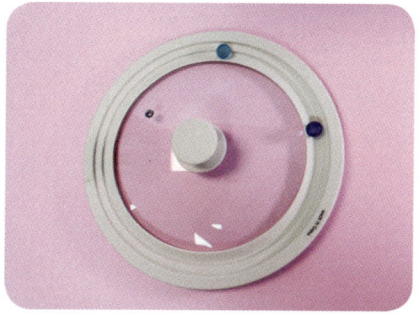

2 구슬 1개로 치기(1:1)
홈에 구슬 1개를 놓고 조금 떨어진 곳에 다른 구슬 1개를 올린 뒤 뒤의 구슬을 밀어 앞에 놓인 구슬과 충돌시켜 주세요.

> 굴러온 구슬은 충돌 후 멈추고 정지해 있던 구슬은 굴러나갔다가 다시 돌아오는 것을 관찰해 보세요.

3 구슬 1개로 치기(1:2, 1:3, 1:4, 1:5)
❷번과 같은 방법으로 구슬을 2개, 3개, 4개, 5개로 늘려가며 실험해 보세요.

> 실험 전에 먼저 예측해 보세요. 구슬 1개가 앞에 있는 구슬과 충돌한다면 어떻게 될까?

4 구슬 2개로 치기(2:2, 2:3, 2:4, 2:5)
홈에 구슬 2개를 놓고 조금 떨어진 곳에 구슬 2개, 3개, 4개, 5개를 놓아 충돌시켜 보세요.

> 실험 전에 먼저 예측해 보세요. 구슬 2개가 앞에 있는 구슬과 충돌한다면 어떻게 될까?

5 구슬 2개로 1개 치기(2:1)
❹번과 같은 방법으로 구슬 2개를 놓고 조금 떨어진 곳에 구슬 1개를 놓은 다음 2개짜리 구슬을 밀어 충돌시켜 주세요.

> 실험 전에 먼저 어떻게 될지 예측해 보세요.

6 앞에서 실험한 내용을 정리해 보세요.

- 구슬 1개가 정지해 있는 구슬에 충돌하면 굴러 왔던 구슬은 멈추고 구슬 1개가 튀어나갑니다.
- 구슬 2개가 정지해 있는 구슬에 충돌하면 굴러 왔던 구슬은 멈추고 구슬 2개가 튀어나갑니다.

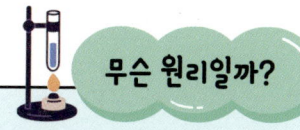

무슨 원리일까?

물체가 충돌할 때 이 물체들의 질량이 같다면 움직이던 물체는 정지하고 정지해 있던 물체는 튕겨 나갑니다. 이는 두 물체가 충돌할 때 움직이던 물체의 운동량이 정지한 물체에 전달되기 때문입니다. 이때 두부나 나무토막이 아니라 유리구슬이나 당구공 같은 물체가 충돌했다면 움직이던 물체의 속력과 방향이 정지해 있던 물체에 그대로 전달되어 움직이던 물체의 속력과 방향으로 운동합니다. 즉 외부에서 다른 힘이 가해지지 않으면 충돌하기 직전의 운동량과 충돌 직후의 운동량은 같습니다. 이를 '운동량 보존의 법칙'이라고 합니다.

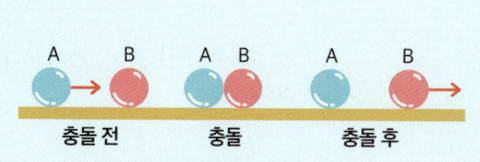

〈충돌 전 운동량의 합 = 충돌 후 운동량의 합〉

오렌지 향초

분류	연소
연령	7세 이상
교과연계	6학년 2학기 '연소와 소화'

준비물
- 오렌지 1~2개
- 과도
- 숟가락
- 접시
- 캔들라이터 또는 라이터
- 식용유

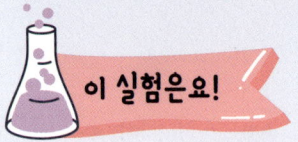 이 실험은 물질의 연소를 경험해 보는 활동이에요.

 • 칼과 캔들라이터는 위험하니 반드시 어른이 도와주세요.

204

❶ 오렌지를 가로로 잘라 주세요.

오렌지 가운데 부분에 심이 있는지 확인해 주세요.

❷ 숟가락으로 과육을 제거하고 심지만 남기세요.

껍질 안쪽에 숟가락이나 손가락을 꽂아 빙 돌리면 잘 분리됩니다.

❸ 심이 가운데에 제대로 있는지 확인해 보세요.

심의 길이는 오렌지 크기에 따라 차이가 납니다.

❹ 심지가 젖도록 식용유를 부어 주세요.

심지가 0.5~1cm 정도 기름 위로 나와야 합니다. 발화점이 낮은 올리브유를 사용하면 불이 더 잘 붙습니다.

❺ 캔들라이터로 심지를 까맣게 그을려 주세요.

심지가 까맣게 그을려져야 불이 잘 붙습니다.

❻ 심지에 불을 붙여 주변을 밝혀 보세요.

향초가 타들어가면서 식용유가 줄어드는 것을 관찰해 보세요.

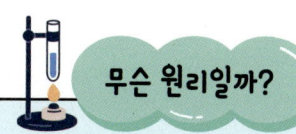

무슨 원리일까?

물질이 타는 현상을 '연소'라고 하는데, 물질이 탈 때는 열과 빛이 나오고 약간의 물과 이산화탄소가 생깁니다. 물질이 타기 위해서는 태울 수 있는 물질과 산소 그리고 불이 붙을 수 있는 온도인 발화점의 3가지 조건이 있어야 합니다. 오렌지 향초를 관찰하면 심지가 아니라 식용유가 줄어드는 것을 알 수 있습니다. 심지를 타고 올라온 식용유를 태워 불을 밝히고 있기 때문입니다. 식용유는 탈 것이 되고 공기 중에서 산소가 공급되고 여기에 불이 붙을 때까지 캔들라이터가 열을 제공합니다.

PART 4 겨울에 하면 좋은 실험

겨울 밤 얼음 랜턴

준비물
- ✓ 풍선 2개
- ✓ 오목한 그릇 2개
- ✓ 티라이트
- ✓ 캔들라이터 또는 성냥
- ✓ 접시 또는 쟁반
- ✓ 송곳

분류	물의 특성
연령	7세 이상
교과연계	4학년 2학기 '물의 상태 변화'

이 실험은 물의 독특한 성질을 활용해 보는 활동이에요.

- 얼음에서 물이 흘러나오거나 녹으면서 물이 생기니 쟁반이나 수건을 미리 준비해 주세요.
- 송곳으로 얼음 구멍을 넓히거나 다듬을 때 조심하세요.

❶ 풍선에 물을 채운 뒤 끝을 묶어 주세요.

지름이 13~15cm 정도면 적당합니다.

❷ 둥근 그릇에 풍선을 올려 냉동실에 넣고 7~8시간 정도 얼려 주세요.

중간중간 얼음이 얼마나 얼었는지 확인해 보고, 겉이 얼었으면 꺼냅니다.

❸ 꺼낸 풍선을 싱크대나 쟁반에 받쳐 꼭지 부분을 잘라 풍선을 제거합니다.

풍선이 저절로 갈라지거나 얼음에서 물이 흘러 나올 수 있습니다.

❹ 얼음이 덜 얼었거나, 깨진 곳, 얇은 부분을 찾아 송곳으로 다듬어 양초를 넣을 수 있도록 구멍을 넓혀 주세요.

둥근 얼음의 안쪽이 비어 있거나 아직 물이 남아 있는 것을 관찰해 보세요.

❺ 얼음 구멍으로 작은 초를 넣은 뒤 불을 붙입니다. 불을 붙여서 구멍에 넣어도 됩니다.

옆으로 뚫린 구멍에 초를 넣으면 촛불이 타면서 바로 위쪽에 또 다른 구멍이 생기는 것을 관찰해 보세요.

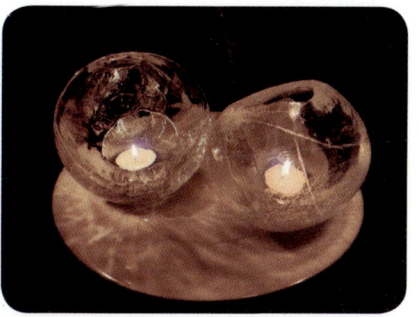

❻ 주변을 어둡게 한 다음 얼음 랜턴을 통해 불빛이 번져 나오는 것을 감상해 보세요.

led 티라이트를 넣어 야외에 설치하면 낭만적인 밤을 즐길 수 있습니다.

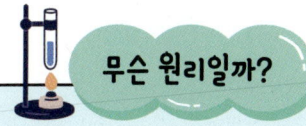

무슨 원리일까?

대부분의 물질은 온도가 낮아지면 부피가 줄어들어 밀도가 커집니다. 그러나 물은 특이하게도 4℃일 때 가장 밀도가 크고 온도가 내려갈수록 부피가 증가하여 얼음이 되면 물보다 밀도가 작아집니다. 따라서 얼음이 얼 때 밀도가 큰 4℃의 물은 아래로 가라앉고 영하의 온도에 노출된 물의 표면만 얼어붙게 됩니다. 영하의 날씨에 얼음 아래에 있는 물고기가 살 수 있는 것도 이 때문입니다. 이것은 물의 특이한 분자 구조 때문에 일어나는 현상입니다. 얼음 랜턴도 물의 표면은 단단히 얼었지만 속은 아직 얼지 않아 동굴처럼 비어 있는 상태를 이용한 것입니다.

PART 4 겨울에 하면 좋은 실험

원기둥 비행기

분류	비행기의 원리
연령	7세 이상
교과연계	5학년 2학기 '물체의 운동'

준비물
- 색종이 1~2장
- A4용지 1~2장
- 가위
- 풀 또는 셀로판테이프
- 스티커
- 클립 4~6개

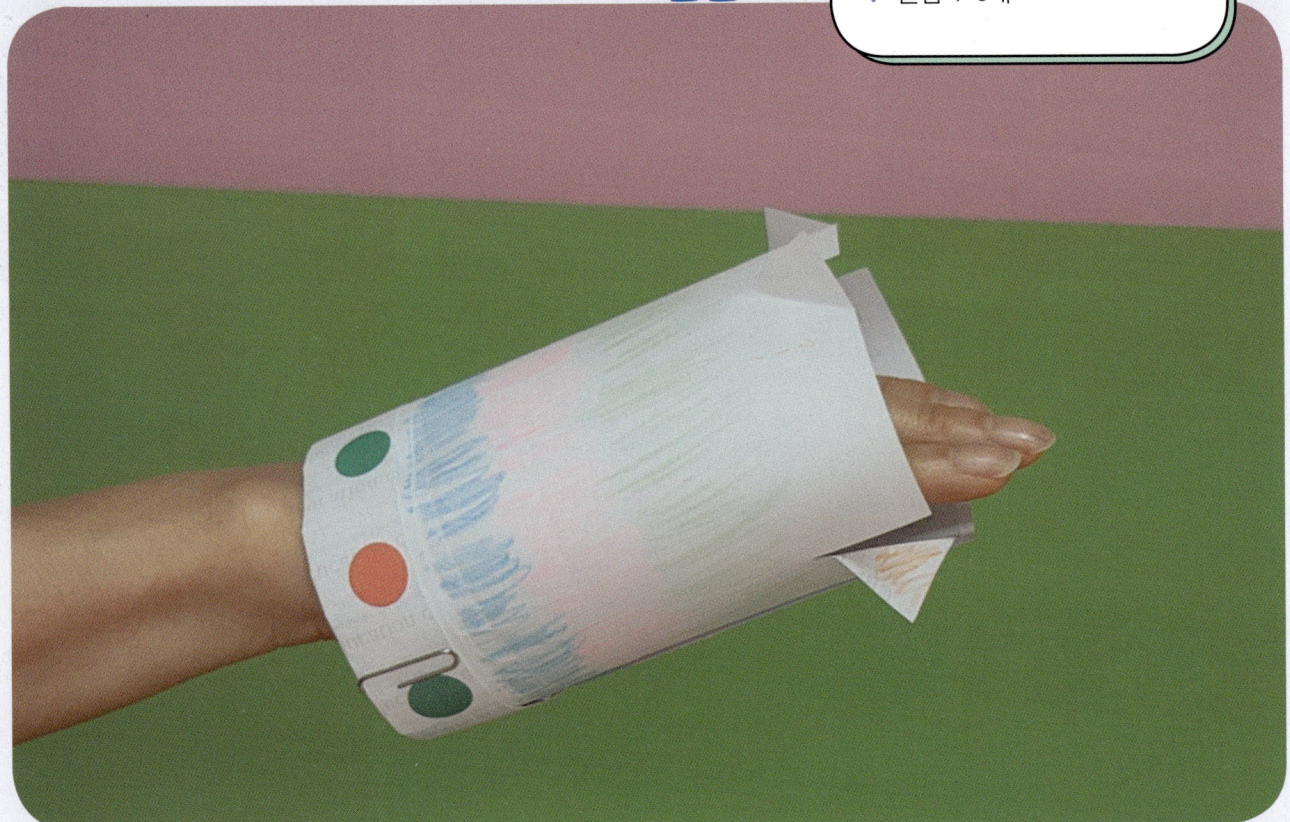

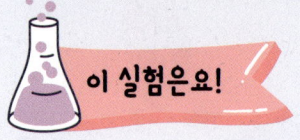 이 실험은 원기둥을 이용해 공기 속을 지나는 물체의 운동을 경험해 보는 탐구 활동이에요.

 • 트인 공간에서 실험해 주세요.

❶ 색종이를 반으로 접었다 편 다음 한쪽만 반으로 접고, 그것을 다시 한 번 반으로 접어 주세요.

A4용지도 같은 방법으로 해주세요. 반은 그대로 두고 나머지 반은 두 번을 접습니다.

❷ ❶을 둥글게 말아 끝부분을 끼우고 1cm 정도 겹쳐 원기둥을 만든 다음 풀이나 테이프로 고정해 주세요.

접힌 부분이 두꺼워 잘 말리지 않을 때는 펜이나 책상 모서리에 문질러 말아 줍니다.

❸ ❷에서 만든 원기둥을 날려 보고, 원기둥의 두꺼운 쪽에 클립을 2개 꽂아 두꺼운 쪽을 앞으로 향하게 하여 다시 날려 보세요.

클립은 서로 마주 보게 꽂아 균형을 맞춥니다.

❹ 원기둥 뒤쪽에 같은 간격으로 1cm 정도 (A4용지는 2cm)의 가위집 4개를 넣은 다음 바람개비처럼 같은 방향으로 접어 올려 주세요.

꼬리 부분을 바람개비처럼 만들면 더 안정적으로 바람을 받을 수 있습니다.

❺ A4용지로 만든 큰 원기둥과 색종이로 만든 작은 원기둥, 클립을 꽂은 원기둥과 꽂지 않은 원기둥을 번갈아 날려 보세요.

각각의 원기둥이 날아가는 거리와 시간을 비교해 보세요.

❻ 원기둥 비행기를 날리는 3가지 방법

① 종이비행기를 날리듯 원기둥을 어깨 높이에서 앞으로 밀 듯이 날리기
② 아래쪽에서 위쪽으로 회전하듯 던지기
③ 팔목이나 손등에 팔찌처럼 끼워 앞으로 팔을 휙 뻗으며 날리기

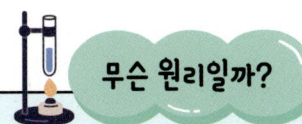

무슨 원리일까?

원기둥 비행기의 한쪽을 여러 번 접어 두껍게 하는 것은 무게중심을 앞쪽에 두어 공기 저항을 이기게 하기 위함입니다. 앞이 가벼우면 공기에 부딪혀 멀리 날아가지 못하고 쉽게 추락합니다. 원기둥이 회전하며 하늘을 날아가면 안으로 공기가 빨려 들어옵니다. 안쪽을 지나가는 공기와 밖을 지나는 공기는 속도가 다른데, 공기는 바깥보다 좁은 통로인 안쪽에서 좀 더 빠르게 흐릅니다. 안쪽에서 공기의 속도가 빨라지면 압력이 낮아지고 밖의 압력에 의해 원기둥은 위로 떠오릅니다.(베르누이 정리) 이때 원기둥이 회전하며 전진하는데, 회전 방향에 따라 외부에서 원기둥에 작용하는 공기의 압력에 차이가 생기면서 원기둥은 회전하는 방향으로 휘어집니다.(마그누스 효과) 또한 회전하면서 날아가는 원기둥의 안쪽으로 빨려 들어간 공기는 뒤에서 소용돌이를 일으키면서 추진력을 제공해 원기둥을 멀리 날아가게 합니다.

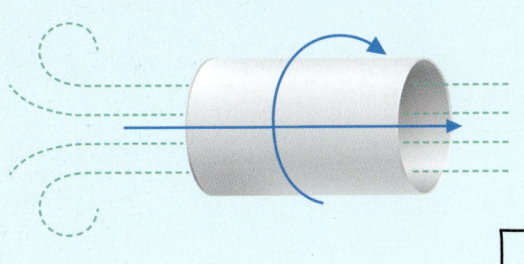

보는 방향에 따라 색이 달라지는 그림

분 류 시각

연 령 5세 이상

교과연계 6학년 2학기 '우리 몸의 구조와 기능'

준비물

- A4용지 1장
- 가위
- 색연필 또는 크레파스
- 자

이 실험은요!

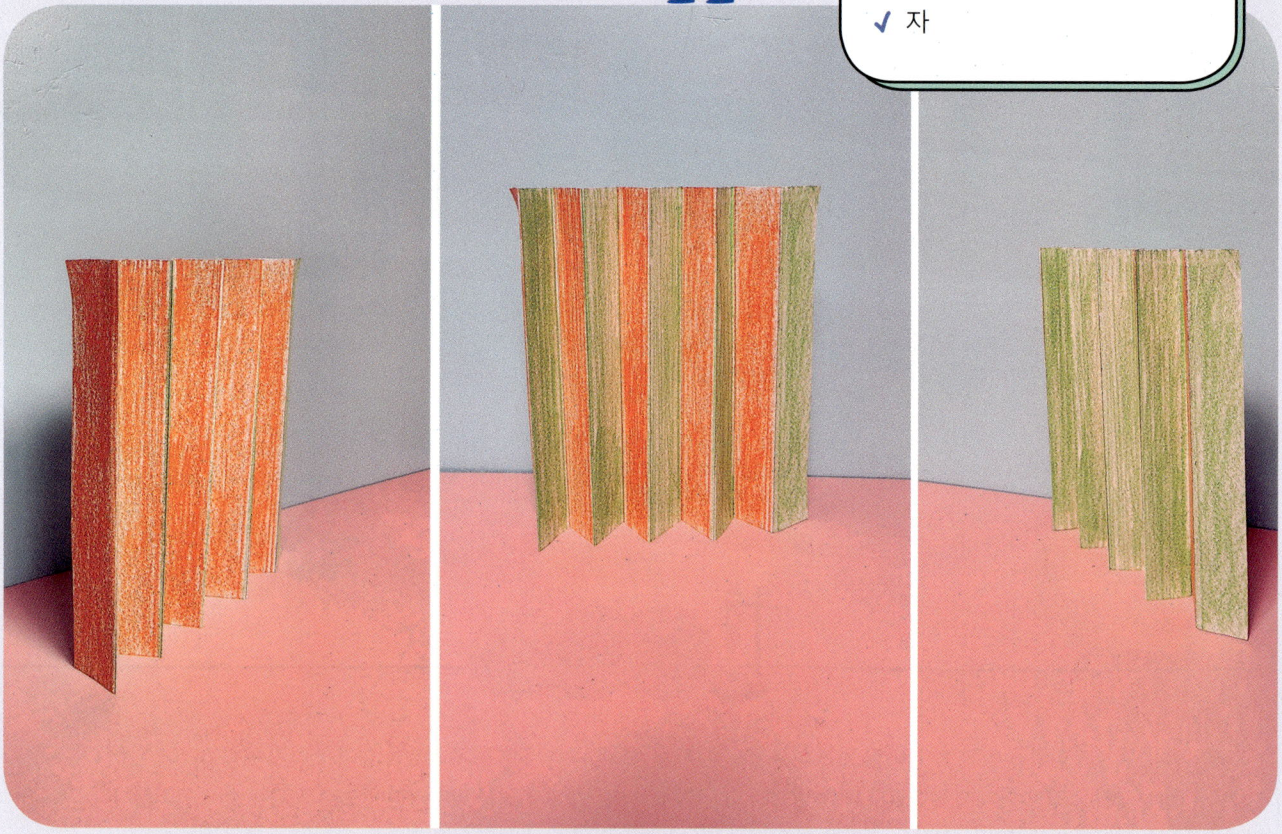

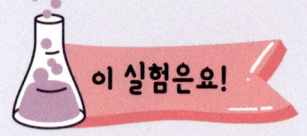

이 실험은 미술 작품을 통해 우리 눈의 특징을 이해하는 과학 활동이에요.

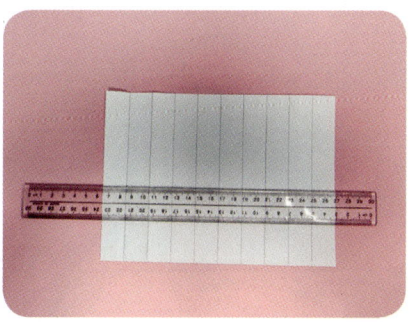

1 A4용지에 두께 2cm짜리 선을 그어 주세요.

> 간격을 일정하게 하는 것이 좋습니다.

2 1, 3, 5, 7, 9번째 칸은 주황색, 2, 4, 6, 8, 10번째 칸은 초록색으로 칠해 주세요. (색깔 선택은 자유)

> 어린 아이와 함께 실험하는 경우 홀수 칸에는 ○, 짝수 칸에는 △ 식으로 표시하여 색을 구분해 주세요.

3 줄에 맞춰 한 번은 밖으로 한 번은 안으로 부채 접기를 해주세요.

> 손톱으로 꼭꼭 눌러 선을 잘 맞춰 접습니다.

4 부채 접기한 ❸을 세워 가운데서 바라보세요.

> 2가지 색이 번갈아 들어가고 나온 모습을 볼 수 있습니다.

5 ❹를 왼쪽에서 바라보면서 같은 색이 연결되어 보이도록 각도를 조절해 보세요.

> 주황색 기둥이 서 있는 것처럼 보입니다.

6 ❹를 오른쪽에서 바라보면서 같은 색이 연결되어 보이도록 각도를 조절해 보세요.

> 초록색 기둥이 서 있는 것처럼 보입니다.

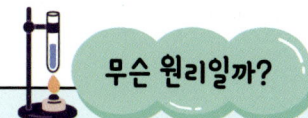

무슨 원리일까?

우리가 물체를 볼 때 입체감을 느낄 수 있는 이유는 바로 눈이 2개이기 때문입니다. 두 눈이 떨어져 있기 때문에 같은 물체를 보아도 왼쪽에서 보는 것과 오른쪽에서 보는 것에 차이가 생깁니다. 이를 '양안 시차'라고 합니다. 양쪽 눈에서 들어온 정보는 각각 서로 다른 2차원의 평면 영상을 만들고, 뇌는 이들 정보를 종합해 3차원의 입체 영상을 만들어 물체의 깊이감과 실제감을 재생합니다. 이러한 눈의 특성을 이용해 보는 각도에 따라 서로 다른 그림이나 색을 보게 만드는 작품을 만들 수 있습니다. 보는 각도에 따라 전혀 다른 그림이나 색으로 보이는 것을 '렌티큘러 기법'이라고 합니다. 예술 작품을 비롯해 포스터나 카드, 지폐 등에 많이 사용됩니다.

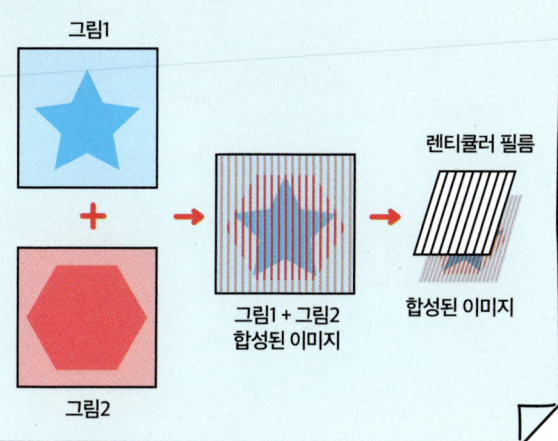

PART 4 겨울에 하면 좋은 실험

한 장에 두 개의 그림이 보이는 마술

분 류	시각
연 령	6세 이상
교과연계	6학년 2학기 '우리 몸의 구조와 기능'

준비물
- A4용지 또는 도화지 2장
- 가위
- 풀
- 색연필
- 자
- 사인펜
- 연필

  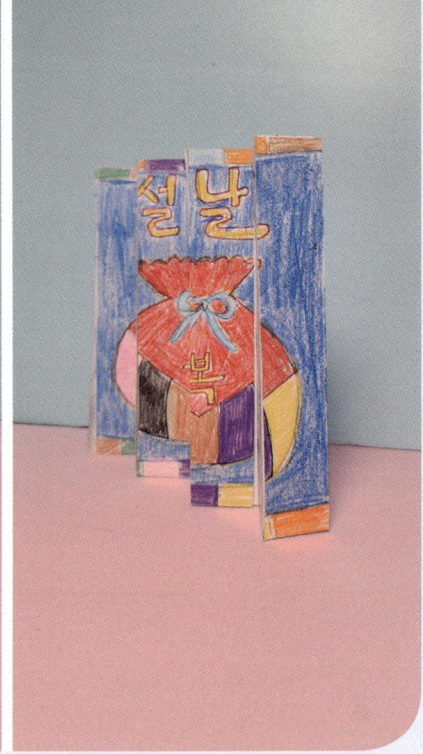

 이 실험은 미술 작품을 통해 우리 눈의 특징을 이해하는 활동이에요.

 • 가위로 그림을 자를 때 손을 다치지 않도록 조심하세요.

❶ A4용지 반을 접었다 편 뒤 두 면에 각기 다른 그림을 그려서 색칠해 주세요.

> 원하는 그림을 그리면 됩니다.

❷ ❶을 둘로 나눠 주세요. 두 그림을 각각 반을 접고 그 선을 중심으로 마주 보게 대문 접기를 합니다.

> 대문 접기를 해야 편리하게 4등분을 할 수 있습니다.

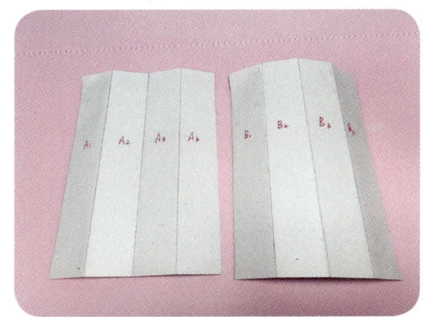

❸ 그림을 뒤집어 접힌 곳을 따라 선을 긋고 한쪽은 A1, A2, A3, A4로 다른 한쪽은 B1, B2, B3, B4로 표시합니다.

> 그림을 잘랐다가 다시 붙여야 하니 안내선과 그림 종류, 번호를 표시해 두면 편리합니다.

❹ ❸의 그림을 선을 맞춰 자른 뒤 A4용지에 자른 그림을 번갈아가며 순서대로 붙여 주세요.(A1, B1, A2, B2...)

> 서로 다른 그림을 번갈아가며 순서대로 붙여야 합니다.

❺ ❹를 한 번은 안으로, 한 번은 밖으로 번갈아 부채 접기를 해주세요.

> 그림이 잘 붙었는지 확인하고 접습니다.

❻ ❺를 세워 오른쪽에서 왼쪽으로 보는 각도를 달리해 가며 그림을 보세요.

> 앞에서 보면 별 차이가 없지만 각도를 달리해서 보면 2개의 그림을 또렷이 볼 수 있습니다.

무슨 원리일까?

렌티큘러는 주어진 평면 이미지에서 두 가지 이상의 이미지를 볼 수 있도록 공간감과 입체감을 구현해 주는 시각적 기법을 말합니다. 실제로 우리 눈에 입력되는 것은 2차원의 평면 이미지지만 두 눈 사이가 65mm 정도 떨어져 있어 각각의 눈에 들어오는 이미지에는 차이가 생깁니다. 이러한 양안 시차로 인해 뇌에서 이미지 정보를 종합하고 처리할 때 3차원의 입체 이미지로 인지하게 됩니다. 우리가 시중에서 접하는 렌티큘러 인쇄물이나 영상은 보여주려고 하는 2개의 이미지를 교차로 배열한 뒤 렌티큘러 시트라고 하는 시트를 붙여 제작합니다. 볼 수 있는 시야나 각도가 제한되기도 하고, 선명도 등에도 한계가 있기는 하지만 보는 이로 하여금 재미와 신선함을 제공한다는 장점이 있습니다.

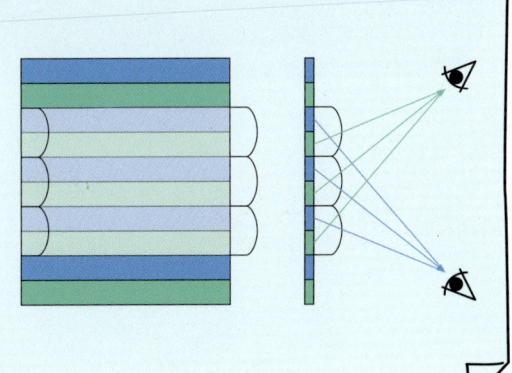

PART 4 겨울에 하면 좋은 실험   213

오색찬란 꼬마 빛 상자

분류	빛의 반사와 투과
연령	7세 이상
교과연계	4학년 2학기 '그림자와 거울'

준비물

- ✓ 10×15cm 사이즈 상자
- ✓ 한쪽 면이 은박으로 된 포장지 1장
- ✓ 9×14cm짜리 기름종이 또는 트레이싱페이퍼 1장
- ✓ 셀로판종이
- ✓ 양면테이프
- ✓ 셀로판테이프 ✓ 손전등
- ✓ 가위 ✓ 칼 ✓ 자

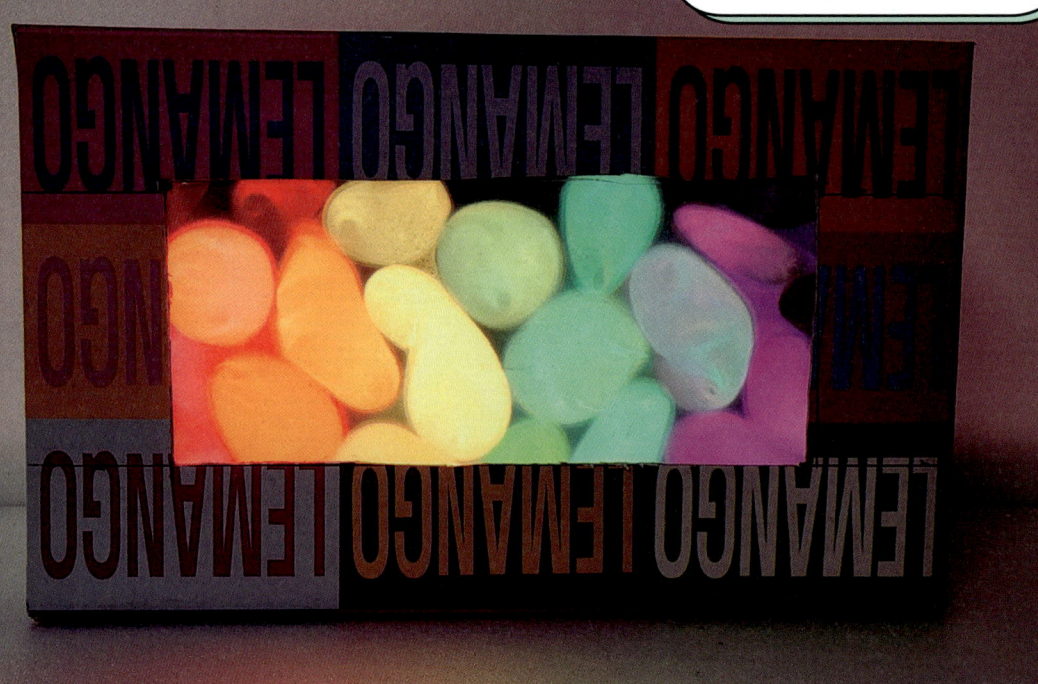

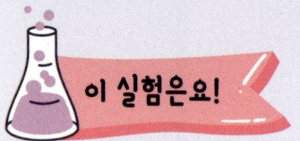 이 실험은 빛의 반사와 투과를 경험해 보는 활동이에요

⚠ • 상자의 앞뒤를 자르는 작업은 어른이 해주세요

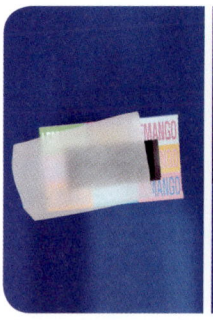

① 상자 앞면은 사방 2~2.5cm, 뒷면은 1.5cm 정도 여분을 남기고 안쪽을 잘라 주세요.

동그라미나 하트 모양도 좋습니다. 주변에 있는 작은 상자를 활용하면 됩니다.

② 상자 앞면 안쪽에 테이프로 기름종이를 붙여 주세요.

양면테이프를 먼저 붙여 놓고 상자 안쪽 크기에 맞춰 기름종이를 붙이면 편합니다.

③ 포장지를 상자 높이에 맞춰 자른 뒤 은박 부분이 안으로 가도록 말아 원기둥을 만들어 셀로판테이프로 붙여 주세요.

상자 높이가 4cm라면 바닥 두께를 감안해 3.5cm 높이로 자른 다음 다양한 굵기의 원기둥을 만들어 주세요.

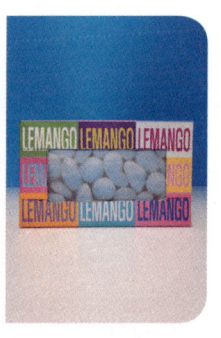
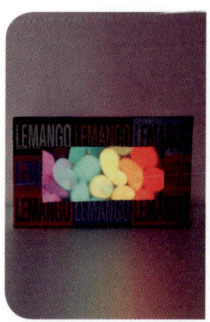
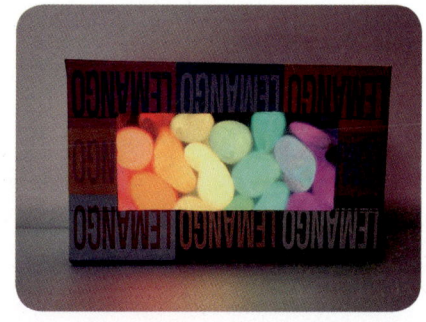

④ 상자 안에 ③을 세워 상자 내부를 가득 채우고 앞면과 뒷면이 어떻게 다른지 살펴보세요.

상자를 옆으로 기울여 톡톡 두드리면 더 촘촘하게 채워집니다. 필요하다면 원기둥을 테이프로 고정해도 됩니다.

⑤ 기름종이가 빛 상자의 창입니다. 뒷면에 손전등을 비춰 빛 상자를 살펴보고 마음에 드는 셀로판종이를 붙입니다.

빨강과 노랑 셀로판지를 겹치면 주황색이 나옵니다. 셀로판지를 겹쳐 새로운 색을 만들어 보세요.

⑥ 조명이나 손전등 앞에 상자를 놓고 기름종이 창을 통해 보이는 모양과 색을 감상해 보세요.

포장지 기둥 하나하나가 색을 가진 입체감 있는 조약돌 또는 장미꽃 조명처럼 보입니다.

엄마랑 아이랑

빛 상자는 빛의 성질을 이용해서 만든 색깔 조명이란다. 특히 반사와 반투명이라는 성질을 주로 이용하지. 반사는 빛이 어떤 물체에 부딪혀서 되돌아 나가는 것을 말해. 전구나 태양처럼 스스로 빛을 내는 게 아니라면, 대부분의 물체는 이렇게 빛을 받아서 반사하고, 그래서 우리가 눈으로 물체를 볼 수 있는 거지. 바꿔 말하면 어떤 물체가 빛을 반사하지 않고 통과시켜 버리면 우린 그 물체를 볼 수 없다는 거야. 이를 '투명'이라고 해. 투명하니까 그 물체를 통해 주변의 다른 물체를 볼 수 있지. 유리컵이나 유리문이 투명한 물체야. 빛을 어느 정도 반사하거나 통과시키고 나머지는 흡수하는 물체의 경우 그 물체 너머로 물체가 보이기는 하지만 약간 흐릿하게 보여. 선글라스나 기름종이, 셀로판지처럼. 이런 것을 '반투명'이라고 해. 그리고 물체가 빛을 전부 반사하면 그 물체는 빛을 통과시키지 못하기 때문에 그 물체 너머로는 아무것도 볼 수가 없어. 이를 '불투명'이라고 해. 사과나 포장지가 그렇지.

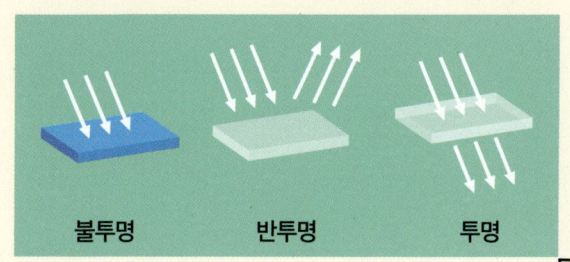

아기 새 오뚝이

분 류	무게중심
연 령	6세 이상
교과연계	4학년 1학기 '물체의 무게'

준비물

- 둥근 모양의 뽑기용 통
- 유리구슬 1개
- 고무찰흙 또는 지점토
- 인형 눈알
- 색종이
- 셀로판테이프
- 가위
- 고무줄
- 풍선 1개(확장 활동)

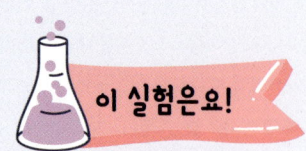

이 실험은요!

이 실험은 동글동글한 알 모양의 캡슐로 넘어지지 않는 오뚝이를 만들어 무게중심을 탐구해 보는 활동이에요.

❶ 둥근 뽑기 통을 세워 보세요.

> 통 위쪽이나 아래쪽에 스티커를 붙여 방향을 표시해 두면 만들기를 할 때 더 편리합니다.

❷ 통에 구슬을 넣어 세워 보거나 굴려 보세요.

> 아래쪽에 있는 구슬로 인해 잠깐 세워지나 싶지만 이내 구슬이 구르면서 통도 다시 움직입니다.

❸ 구슬을 고무찰흙으로 감싸 뽑기 통 바닥에 붙여 주세요.

> 고정하는 게 쉽지 않다면 글루건을 살짝 쏜 뒤 붙여 주세요.

❹ 통을 다시 세워 보세요. 잘 서면 살짝 옆으로 밀쳐 다시 일어서는지 살펴보세요.

> 통을 밀쳐도 다시 일어서고 또 일어서면 오뚝이를 잘 만든 겁니다.

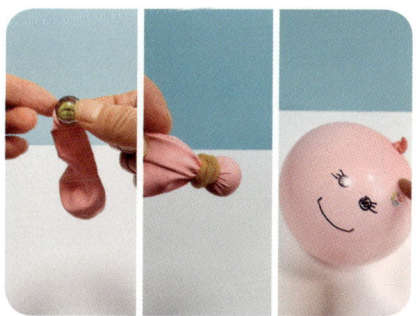

❺ 오뚝이에 날개와 부리, 눈알을 붙여 예쁘게 꾸며 주세요.

> 오뚝이를 옆으로 밀어도 보고 거꾸로 뒤집어 세워 보기도 하면서 재밌게 즐겨 보세요.

❻ **확장 활동**
뽑기 통뿐만 아니라 풍선으로도 오뚝이를 만들 수 있습니다.

> 풍선에 구슬을 넣은 뒤 아랫부분을 고무줄로 꽉 묶습니다. 그런 다음 뒤집어서 공기를 넣고 풍선 입구를 묶으면 풍선 오뚝이가 탄생합니다.

무슨 원리일까?

오뚝이는 아랫면이 둥글어 바닥과의 접촉면이 적기 때문에 쉽게 구르는 특징이 있습니다. 바닥과 접촉하는 부분이 가장 무겁고, 무게중심도 이 부분에 있지요. 그래서 오뚝이를 밀치거나 거꾸로 세우면 잠깐 흔들리다가 바로 서는데, 무게중심이 공중에 떠 있다가 중력에 의해 다시 아래로 내려오기 때문입니다.

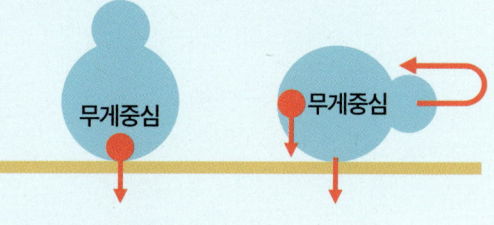

풍선 아령

분류	공기의 이동
연령	5세 이상
교과연계	3학년 1학기 '지구의 모습'

준비물

- 풍선 2개
- 고무호스 20~50cm
- 공기펌프
- 고무줄

이 실험은요!

이 실험은 풍선을 이용해 공기의 이동을 경험해 보는 활동이에요.

- 풍선을 누를 때 큰 소리와 함께 터질 수 있습니다.
- 호스에서 풍선이 빠질 수 있습니다.
- 풍선을 사용하기 전 여러 번 바람을 넣었다 빼서 부드럽게 만들어 사용하면 좋습니다.

 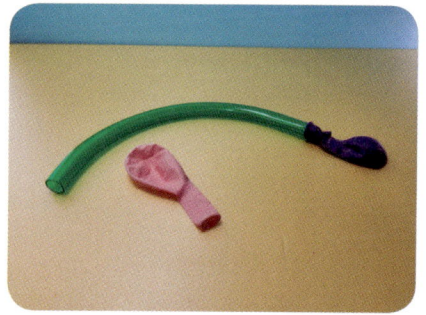 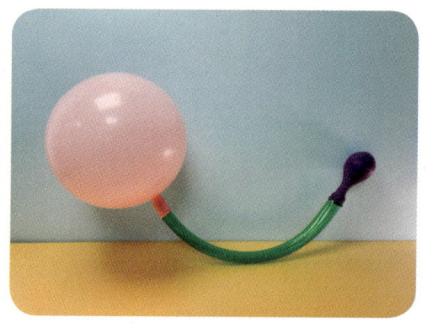

① 풍선에 공기를 넣었다가 풍선 꼭지를 잡고 서서히 공기를 빼는 과정을 반복합니다.

풍선에서 무엇이 나오는지 느껴보는 동시에 풍선을 부드럽게 만들기 위한 활동입니다.

② 호스 한쪽에 풍선을 끼워 주세요

풍선이 찢어지지 않도록 주의해야 합니다.

③ 반대쪽에는 공기를 넣은 풍선을 끼워 주세요.

공기가 빠져나가지 않도록 주의하면서 풍선을 호스에 끼웁니다.

  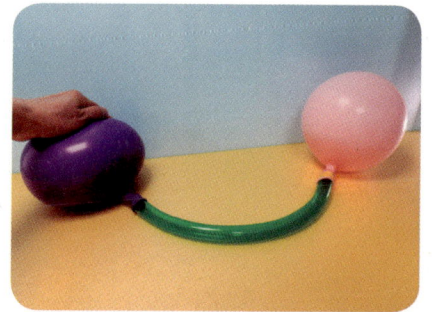 

④ ③의 부푼 풍선을 손바닥이나 엉덩이, 배로 지그시 누르면서 반대편에 있는 풍선이 어떻게 될지 이야기 나눠 보세요.

호스와 풍선 연결 부위가 꼬이거나 빠지지 않도록 손으로 잡거나 테이프 또는 고무줄로 고정한 뒤 누릅니다.

⑤ 부푼 쪽 풍선을 다시 천천히 눌러 주세요. 부푼 풍선을 누르면 반대쪽 풍선은 어떻게 될까요?

부푼 풍선 안에 있는 공기는 외부의 힘에 의해 눌리면 갈 곳이 없어지고, 결국 열려 있는 호스를 따라 다른 쪽 풍선으로 이동합니다.

⑥ 양쪽 풍선의 크기를 아령처럼 똑같이 만들어 보세요.

양쪽 풍선을 번갈아 눌러 공기의 양을 조절합니다.

엄마랑 아이랑

풍선에 공기를 빵빵하게 넣고 살짝 입구를 열어주니 바람이 나왔지? 공기는 늘 움직이는데, 이렇게 공기가 수평으로 이동할 때 우리는 바람이 분다고 한단다. 크게 부푼 풍선에는 많은 양의 공기가 들어 있고, 쪼그라진 풍선에는 적은 양의 공기가 들어 있어. 공기가 많이 들어 있으면 공기 알갱이도 더 빽빽하게 모여 있지. 이걸 누르면 알갱이들이 더 빽빽해지고, 결국엔 덜 빽빽한 곳으로 이동한단다.

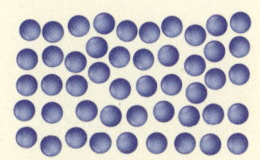

공기의 밀도가 높은 지역
(압력이 높은 곳)

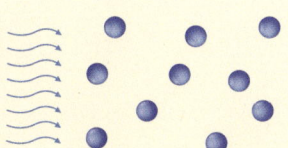

공기의 밀도가 낮은 지역
(압력이 낮은 곳)

열 받은 풍선

분 류	기체의 온도와 부피
연 령	5세 이상
교과연계	3학년 1학기 '물질의 성질'

준비물

- 1.5~2ℓ짜리 페트병 1개
- 풍선 1~2개
- 물 그릇 2개
- 뜨거운 물
- 차가운 물 또는 얼음 물
- 색소 2종

이 실험은요!

이 실험은 기체의 온도와 부피 관계를 경험해 보는 활동이에요.

- 뜨거운 물을 쏟거나 흘리지 않도록 조심하세요.

❶ 풍선 입구를 늘려 페트병에 씌워 주세요.

> 풍선에 바람을 넣었다 빼서 부드럽게 만들어 사용하세요.

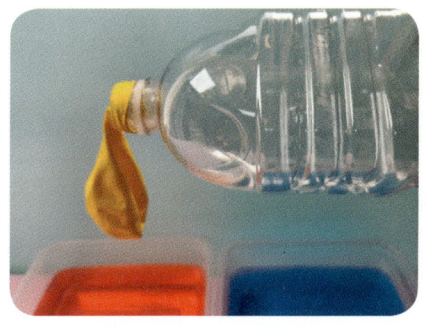

❷ 페트병을 누르거나 힘을 가하지 않고 풍선을 부풀릴 수 있는 방법을 고민해 보세요.

> 페트병이 1/3 정도 잠길 정도의 뜨거운 물과 찬물을 각각의 그릇에 준비하세요.

❸ 풍선을 씌운 페트병을 뜨거운 물에 살짝 담근 뒤 풍선의 변화를 관찰해 보세요.

> 풍선이 부풀었나요? 그 공기는 어디서 온 것일까요? 아이와 이야기 나눠 보세요.

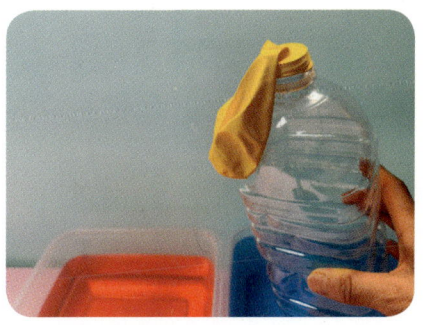

❹ 이번에는 병을 차가운 물에 담가 풍선의 변화를 관찰해 보세요.

> 풍선이 작게 쪼그라드는 이유를 생각해 보세요.

❺ 풍선이 병 속으로 빨려 들어가게 해볼까요? 그러려면 병 속 공기가 뜨거워야 합니다.

> 병을 뜨거운 물에 오래 담갔다가 빼거나 병에 뜨거운 물을 넣어 흔든 뒤 물을 빼 주세요.

❻ ❺의 병을 얼음물에 담가 보세요. 풍선이 병 안쪽으로 빨려 들어갑니다.

> 풍선을 다시 부풀리고 싶다면 뜨거운 물에 담가 주세요.

무슨 원리일까?

페트병 속은 기체 상태인 공기로 가득 차 있습니다. 기체에 열을 가하면 기체를 이루는 알갱이(분자)들의 운동이 활발해지면서 알갱이들 사이의 거리가 멀어집니다. 병 속을 빠져나온 알갱이들은 풍선 벽에 부딪히면서 밀어내 공기를 더 넣지 않아도 풍선은 팽창합니다. 이처럼 (압력이 일정할 때) 기체의 온도가 높아지면 기체의 부피가 증가하고 온도가 낮아지면 기체의 부피가 감소하는 것을 '샤를의 법칙'이라고 합니다.

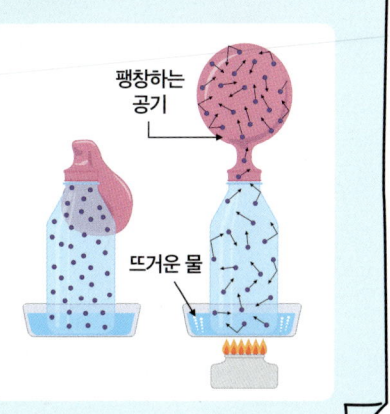

PART 4 겨울에 하면 좋은 실험

키친타월 레인보우

분 류	모세관 현상, 색의 혼합
연 령	5세 이상
교과연계	5학년 1학기 '용해와 용액'

준비물
- 키친타월 6장
- 수성 물감 또는 빨강, 노랑, 초록 식용 색소
- 물컵 6개
- 나무젓가락

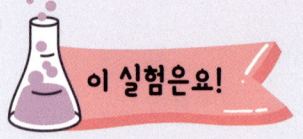 이 실험은 키친타월을 타고 물이 이동하는 현상을 통해 모세관 현상을, 색이 섞이는 과정을 통해 색의 혼합을 경험해 보는 활동이에요.

 • 물을 쏟거나 흘릴 수 있으니 수건을 미리 준비해 주세요.

1 투명 컵 3개를 준비해 물을 반 정도 넣고 빨강, 노랑, 파랑 물감을 넣은 뒤 저어 주세요.

수성 물감이나 식용 색소를 사용하면 됩니다.

2 색소가 담긴 3개의 컵을 조금씩 떨어트려 둥글게 놓은 다음 그 사이에 빈 컵을 놓아 줍니다.

상황에 따라 컵을 일자로 늘어놓거나 색의 수를 줄여도 됩니다.

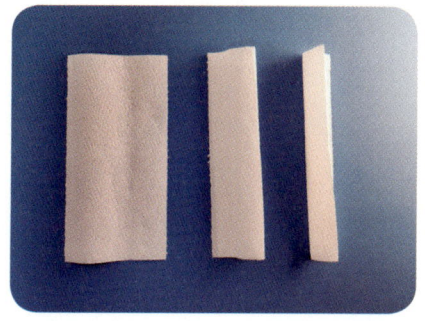
3 키친타월을 두 번 접어 1/4 크기로 만들어 주세요.

키친타월 대신 휴지를 밧줄처럼 꼬아 사용해도 됩니다.

4 키친타월을 컵들 사이에 걸쳐 주세요. 타월 한쪽은 색소 물에 잠기게, 다른 한쪽은 빈 컵의 바닥에 닿게 해 주세요.

키친타월 1개가 색소 물이 든 컵과 빈 컵에 아치형으로 걸쳐져야 합니다.

5 시간이 지나면서 키친타월이 색으로 물 들고 빈 컵에 물이 차오르는 과정을 살펴 보세요.

색소물이 키친타월을 타고 올라가 빈 컵으로 이동하는 과정을 아이와 이야기 나눠 보세요.

6 물이 담긴 컵을 보면서 주황색, 초록색, 보라색이 어떻게 만들어진 것인지 생각해 보세요.

빨강과 노랑 사이 주황색 물, 노랑과 파랑 사이 초록색 물, 파랑과 빨강 사이 보라색 물을 살펴보세요.

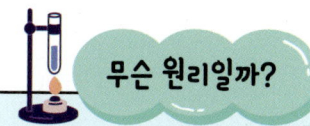
무슨 원리일까?

키친타월을 색소물에 담가 놓으면 타월을 타고 물이 올라옵니다. 이 키친타월을 빈 컵에 드리우면 빈 컵은 저절로 색소물로 채워지지요. 키친타월을 타고 색소물이 중력을 거슬러 올라가는 것은 모세관 현상에 의한 것으로, 여기서 모세관은 '가느다란 관(tube)'을 뜻합니다. 키친타월 안의 아주 작은 관들은 물을 키친타월의 종이 벽에 달라붙게 하고(부착력), 달라붙은 물분자들은 서로 잡아당기는 응집력에 의해 위로 이동하게 됩니다. 이렇게 키친타월을 타고 이동한 색소들은 빈 컵에서 서로 섞이게 됩니다. 이렇게 두 가지 색 이상의 물감이 섞여 새로운 색을 만들어내는 것을 '색의 혼합'이라고 합니다.

공중에서 혼자 도는 공

분류	유체의 속도와 압력
연령	6세 이상
교과연계	5학년 2학기 '물체의 운동'

준비물

- 0.5cm짜리 주름빨대 1개
- 플라스틱으로 된 투명 계란판
- 송곳
- 연필
- 가위
- 지름 2.5cm 내외 스티로폼 공
- 탁구공
- 풍선 2개
- 헤어드라이어
- 선풍기

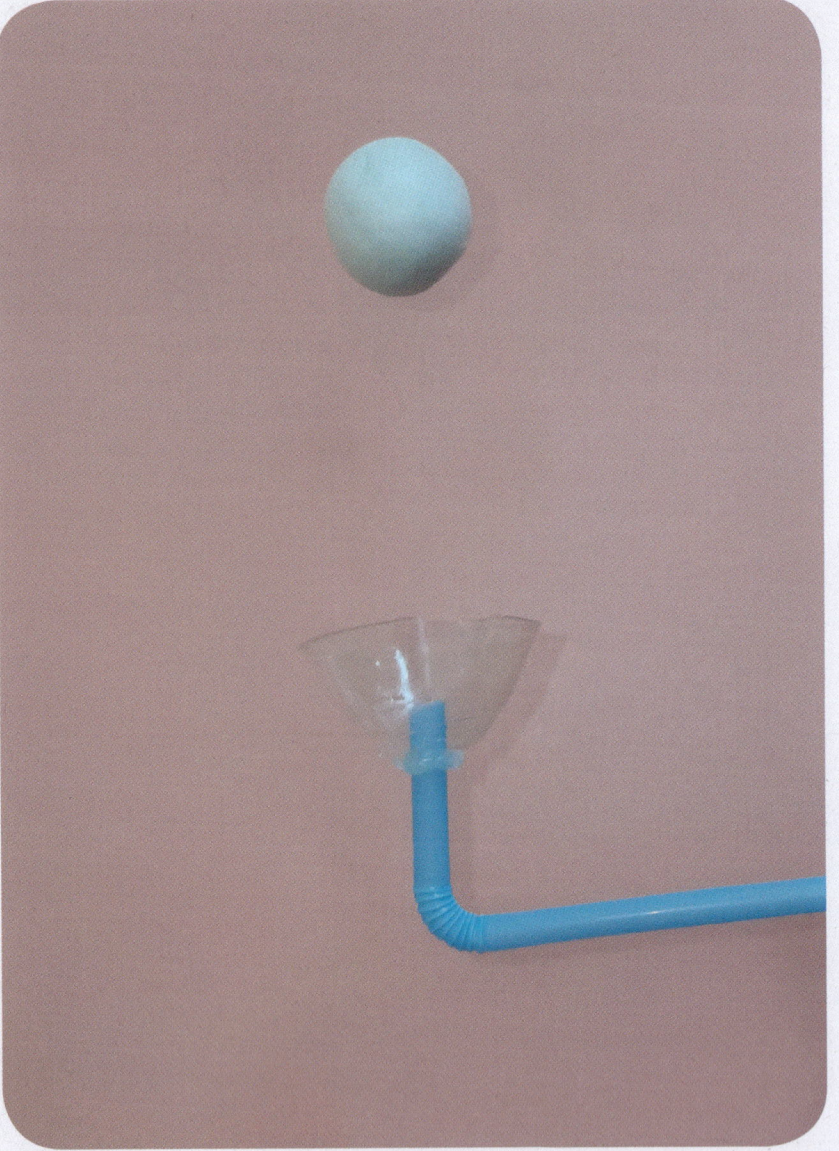

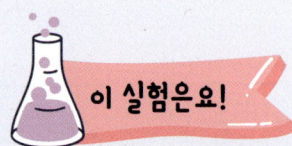

이 실험은 유체 내에서 움직이는 물체의 운동을 경험해 보는 과학 활동이에요.

⚠️
- 플라스틱 판을 자를 때는 어른이 도와주세요.

① 계란판의 오목한 부분을 모양대로 잘라 가운데를 송곳으로 뚫어 빨대를 꽂을 수 있게 해주세요.

> 송곳으로 뚫은 다음 연필을 꽂아 빨대를 꽂을 수 있도록 넓혀 주세요.

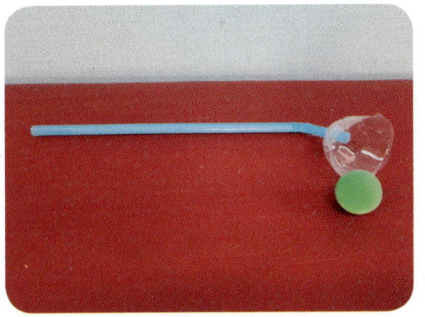
② 주름 빨대의 짧은 쪽을 구멍에 끼운 다음 직각으로 구부려 주세요.

> 빨대는 가능하면 꼭 맞게 끼우고, 구멍 안쪽 빨대가 너무 길게 나오지 않게 조절합니다.

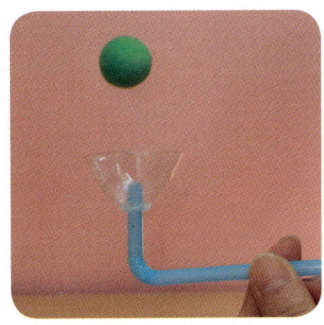
③ ②에 스티로폼 공을 놓은 뒤 후~ 하고 빨대를 길고 세게 불어 주세요.

> 공이 잘 떠오르지 않으면 공을 들고 있다가 바람을 부는 순간에 놓아도 됩니다.

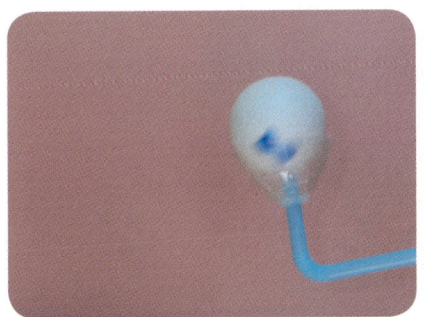
④ 바람을 약하게 불었을 때 공이 어떻게 움직이는지 관찰해 보세요.

> 공이 떠오르지 않아도 바람에 의해 회전하는 모습을 살펴보세요.

⑤ 헤어드라이어를 켜서 바람이 나오는 입구에 탁구공을 놓아 보세요.

> 드라이어를 살짝 기울이거나 들고 돌아다니며 탁구공이 떨어지지 않고 계속 공중에 떠 있게 해보세요.

⑥ 선풍기를 눕힌 뒤 그 위에 풍선이나 비치볼을 올려 보세요.

> 풍선 개수를 늘려가면서 움직임을 관찰해 보세요.

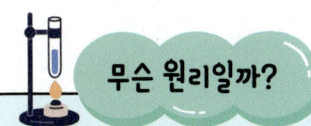

무슨 원리일까?

빨대나 드라이어에서 지속적으로 나오는 바람에 공을 띄우면 공은 오르락내리락 하면서 공중에 떠 있게 됩니다. 이것은 코안다 효과와 베르누이의 원리로 설명할 수 있습니다.

빨대에서 나오는 센 바람은 공을 위로 밀어올리는데, 이때 밑에서 공을 밀어올린 공기는 공에 막혀 공을 감싸면서 위로 올라갑니다. 한편 공기는 구부러진 곡면과 부딪히면 흐름이 휘면서 곡면을 따라 표면에 붙어 흐르게 됩니다. 이렇게 유체가 곡면이 있는 물체를 만나 그 곡면을 따라 흐르는 현상을 '코안다 효과'라고 합니다. 공의 구부러진 면을 따라 공기가 흐르면 공의 표면을 따라 공기가 달라붙어 흐르게 됩니다. 이러한 흐름은 공 표면뿐 아니라 인접한 공기도 함께 표면에 붙어 휘게 합니다. 이것은 공에 인접해 흐르는 공기의 속력과 바깥 공기의 속력에 차이를 더 크게 해 압력의 차이를 만들어냅니다. 속도가 빠른 안쪽 공기는 압력이 작고 속도가 느린 밖의 공기는 압력이 크다 보니(베르누이 원리) 공은 공기 튜브 안에 갇힌 상황이 되어 밖으로 튀어 나가지 못합니다.

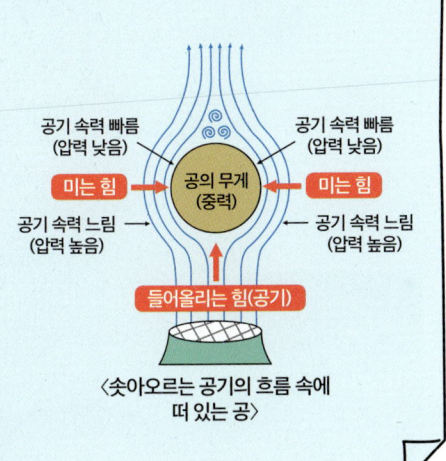
〈솟아오르는 공기의 흐름 속에 떠 있는 공〉

벽에 달라붙는 풍선

분 류	마찰 전기
연 령	5세 이상
교과연계	6학년 2학기 '전기의 이용'

준비물

- ✓ 다양한 크기의 풍선
- ✓ 공기펌프
- ✓ 털옷 또는 스웨터

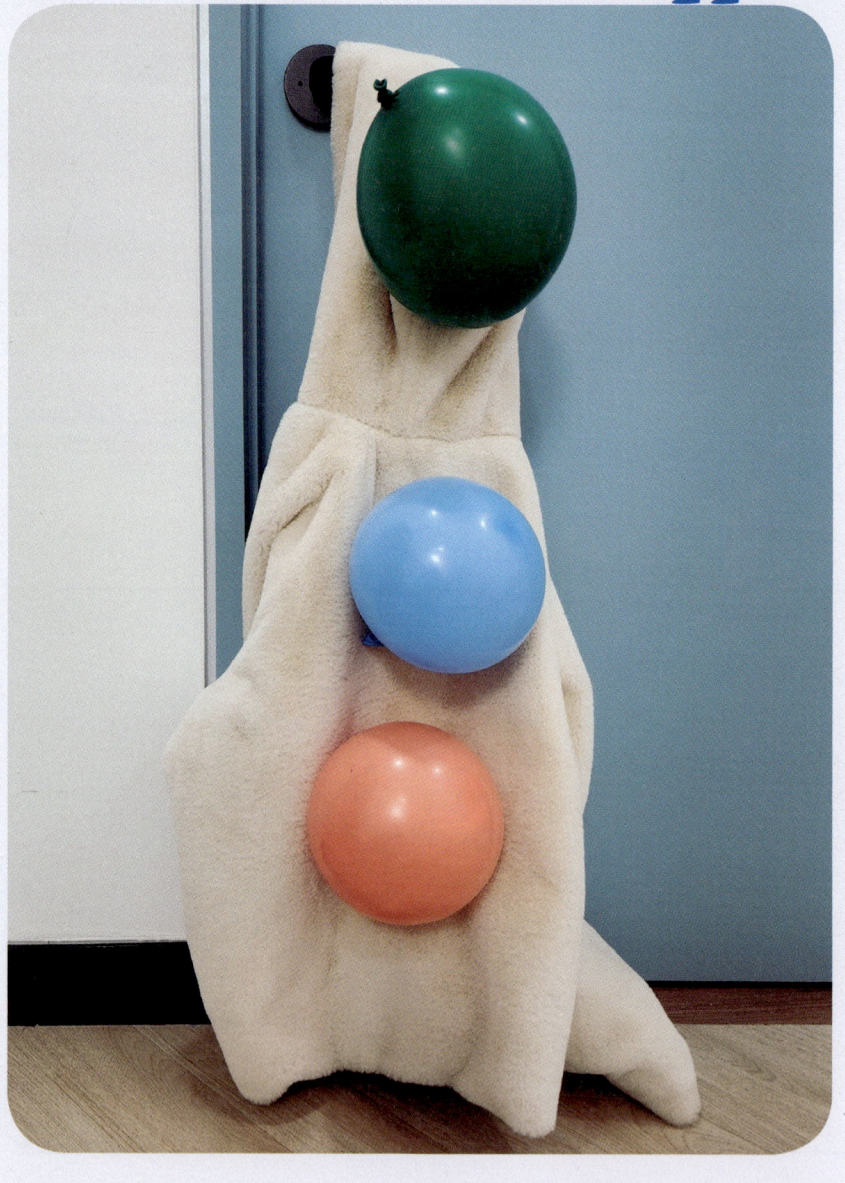

 이 실험은요!

이 실험은 마찰 전기를 경험해 보는 과학 놀이 활동이에요.

- 건조한 날에 실험하는 것을 추천합니다.
- 풍선은 터지지 않을 만큼만 불어 주세요.

① 풍선을 벽에 붙여 보세요. 테이프나 풀을 사용하지 않고 벽에 붙일 방법을 고민해 주세요.

풍선을 그냥 벽에 갖다 대면 아래로 떨어집니다.

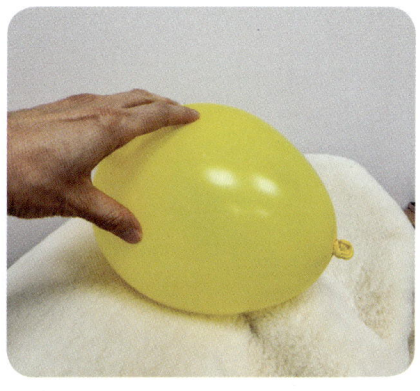

② 풍선을 털옷에 여러 번 문질러 비벼 주세요.

풍선은 아이가 쥐거나 문지르기 쉬운 크기로 붑니다.

③ ②의 풍선을 벽에 갖다 대보세요. 풍선이 잘 붙으면 개수를 늘려 가며 붙여 보세요.

풍선들끼리 너무 가까워지면 밀려납니다.

④ 풍선을 옷이나 머리카락에 부빈 뒤 몸이나 머리에 붙여 보세요.

옷이나 천장 등 다양한 곳에 붙여 보세요.

엄마랑 아이랑

셀로판테이프나 풀이 없어도 파티 풍선을 벽에 가득 붙일 수 있단다. 어떻게 가능할지 궁금하지? 방법은 풍선을 벽이나 옷에 마구 비빈 다음 붙이는 거야. 그러면 달라붙지 않았던 풍선이 벽이나 우리 옷에 달라붙지. 무슨 일이 일어난 걸까? 바로 풍선이랑 옷이 전기를 띠게 된 거야. 머리카락이나 옷에 풍선을 비비면 머리카락이 흐트러지고 가끔 손이 찌릿하기도 하지? 우리는 이것을 정전기가 생겼다고 해. 정전기는 풍선이나 털옷 같은 데 머물러 있는 전기를 말하는데, 정지해 있는 전기라는 의미에서 정전기라고 하지. 또 어떤 물체를 서로 문지르고 비비는 것을 '마찰'이라고 하는데, 풍선을 털옷에 마찰시키면 전기가 만들어져. 이때 생기는 전기를 '마찰 전기'라 하는데, 마찰전기는 어딘가로 흘러가는 것이 아니라 그 물체 위에 머물러 있단다. 그래서 정전기이기도 하지.

밀고 당기는 정전기 풍선

분류	전기력의 종류
연령	5세 이상
교과연계	6학년 2학기 '전기의 이용'

준비물
- ✓ 풍선 4개
- ✓ 주변의 여러 가지 물건(털옷, 스웨터, 폼롤러, PVC 막대 등)
- ✓ 공기펌프
- ✓ 20~30cm짜리 실 3개
- ✓ 셀로판테이프
- ✓ 긴 막대 1개

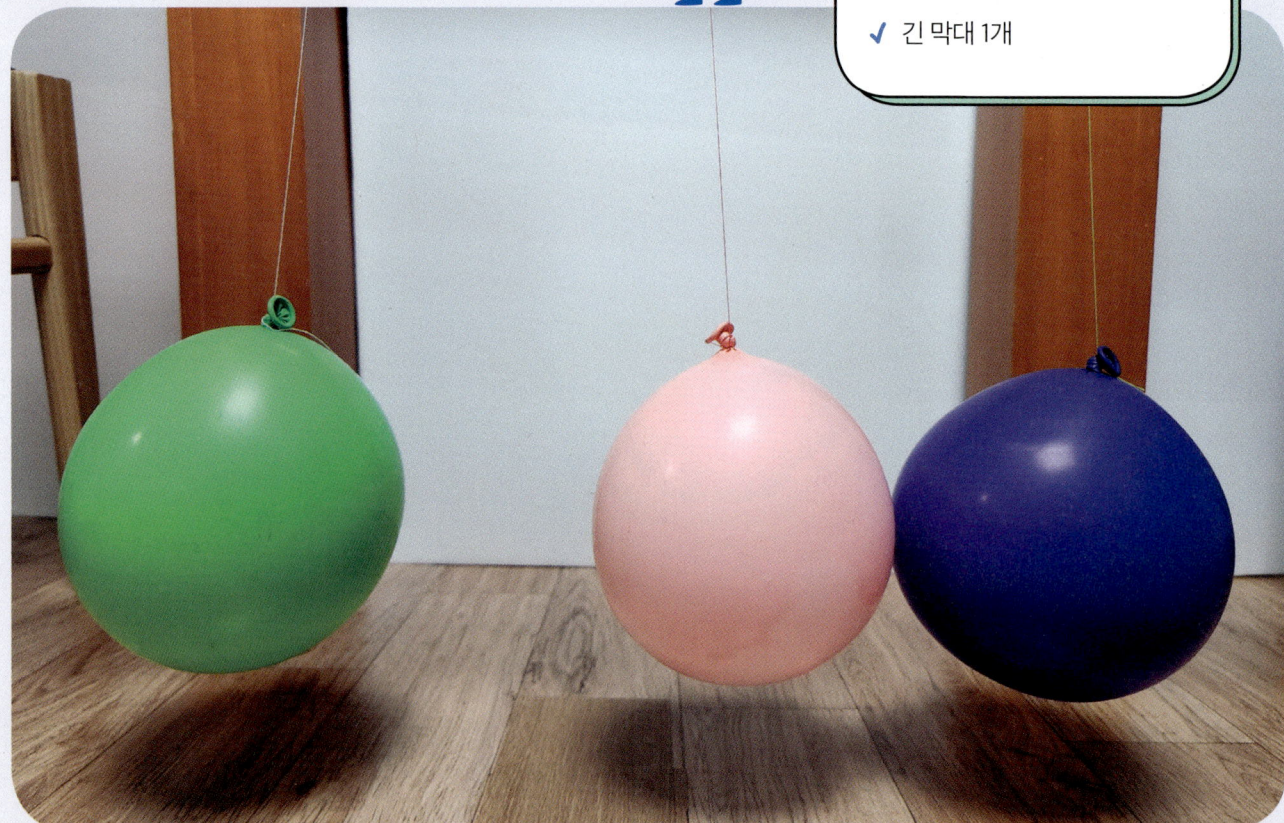

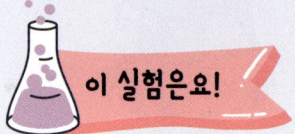 이 실험은 전기를 띈 물체 사이에 작용하는 힘을 경험해 보는 과학 활동이에요.

⚠ • 건조한 날에 실험하는 것을 추천합니다.

① 비슷한 크기로 분 풍선 2개에 실을 묶은 다음 5~10cm 간격으로 높이를 맞춰 막대에 매달아 주세요.

의자에 긴 막대를 걸쳐 사용하면 편리합니다.

② 두 풍선을 털옷이나 스웨터에 각각 10회씩 문지른 뒤 풍선이 어떻게 움직이는지 관찰해 보세요

풍선끼리 서로 밀어내며 멀어집니다.

③ ❷의 막대에 풍선 3개를 매단 뒤 모두 털옷으로 문질러 풍선의 움직임을 관찰해 보세요.

3개의 풍선이 서로 밀어내며 멀어집니다.

④ ❸에서 가장 오른쪽에 있는 풍선을 폼롤러나 다른 풍선으로 문지른 뒤 풍선들이 어떻게 움직이는지 관찰해 보세요.

왼쪽 풍선과 가운데 풍선은 서로 밀어내고, 가운데와 오른쪽 풍선은 서로 달라붙습니다.

⑤ 3개의 풍선이 서로 달라붙게 하려면 어떻게 해야 할지 고민하고 시도해 보세요.

양쪽 끝에 있는 풍선을 털옷으로 문지른 다음 폼롤러나 풍선으로 가운데 풍선을 문지릅니다.

⑥ 이번에는 풍선이 손에 달라붙어 손을 따라 이리저리 움직이게 해보세요.

털옷이나 스웨터로 풍선을 문지른 뒤 그 손을 풍선에 가까이 대면 풍선이 손에 달라붙습니다.

무슨 원리일까?

전기를 띤 물체 사이에 작용하는 힘을 '전기력'이라고 합니다. 전기력에는 자기력과 마찬가지로 서로 잡아당기는 힘인 인력과 서로 밀어내는 힘인 척력이 작용합니다. 이것은 전기에 (+)와 (-)라는 두 가지 성질이 있기 때문에 일어나는 현상입니다. (+)와 (+), (-)와 (-)처럼 같은 전기를 띠는 물체 사이에는 척력이, (+)와 (-)처럼 서로 다른 전기를 띠는 물체 사이에는 인력이 작용합니다. 풍선을 모두 털옷으로 문지르면 같은 (-)전기를 띠게 되어 척력이 작용해 서로 밀어냅니다. 하지만 풍선을 각각 털과 폼롤러로 문지를 경우 털로 문지른 풍선은 (-)전기를, 폼롤러로 문지른 풍선은 (+)전기를 띠게 되어 두 물체 사이에는 인력이 작용, 서로 잡아당기게 됩니다.

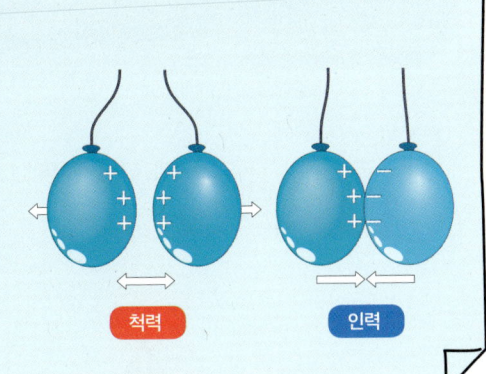

PART 4 겨울에 하면 좋은 실험

무지개 촛불

분 류	빛의 회절과 반사
연 령	5세 이상
교과연계	6학년 1학기 '빛과 렌즈'

준비물

- ✓ CD 1장
- ✓ 손전등(휴대전화 전등도 가능)
- ✓ 티라이트
- ✓ 헤어드라이어
- ✓ 가위
- ✓ 포장용 셀로판테이프 48mm
- ✓ 라이터

이 실험은요! 이 실험은 CD를 이용해 빛의 반사와 회절을 경험해 보는 활동이에요.

⚠ • CD를 자르는 과정은 위험하오니 어른이 도와주세요.

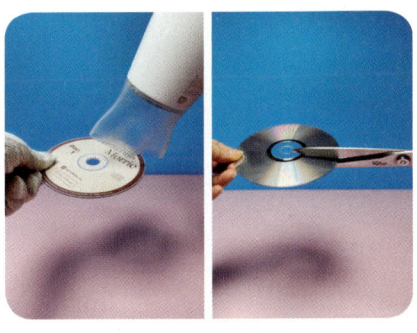
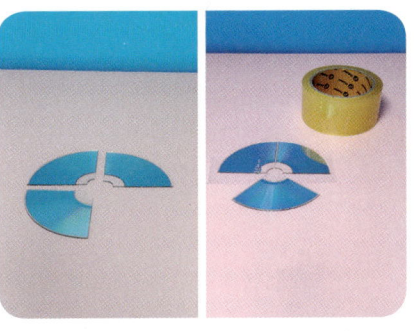

1 드라이어의 뜨거운 바람으로 CD 앞뒷면을 달구어 가위로 4등분해 주세요.

> CD를 깨끗하게 자르기 위해 뜨거운 바람으로 플라스틱을 부드럽게 만든 뒤에 자릅니다.

2 4등분한 CD 중 3장을 매끈한 면이 위로 오도록 한 뒤 CD 뒷면에 테이프를 붙여 가운데가 오목한 입체 삼각뿔을 만들어 주세요.

> 테이프를 잘라 바닥에 놓고 그 위에 CD 2장을 나란히 붙인 뒤 직각으로 세우고 그 아래 가운데에 나머지 1장을 끼워 붙입니다.

3 CD 조각이 직각을 이루며 만나 가운데가 빈 삼각뿔 모양이 되었는지를 확인한 뒤 틈이 생기지 않도록 조절해 주세요.

4 ❸의 삼각뿔 가운데 오목한 부분에 작은 물건을 놓은 뒤 비치는 모습을 관찰하세요.

> CD의 매끈한 면이 거울처럼 물건을 비추고, 비춘 물건을 다시 서로 비춥니다.

5 주변을 어둡게 한 뒤 삼각뿔 가운데에 손전등을 비춰 CD에서 반사되어 나오는 빛줄기를 살펴보세요.

> 바닥에 생긴 빛줄기의 수와 위치, 무지개도 찾아보세요.

6 삼각뿔 가운데에 촛불을 놓고 CD에 비친 모습을 관찰해 보세요.

> CD에 반사된 무지개 촛불이 보입니다.

엄마랑 아이랑

빛은 직진하는 성질이 있단다. 그래서 그 빛을 가리면 그림자가 생기지. 그런데 빛을 가린 물체는 빛을 흡수하기도 하고 반사하기도 한단다. 유리나 물처럼 다른 물체 속을 지나게 되면 꺾이기도 하지. 흡수는 빛을 빨아들이는 것을 말해. 빛을 다 빨아들이면 깜깜해지겠지. 반사는 빛이 온 방향으로 되돌아 나가는 것을 말해. CD의 매끈한 면에 얼굴을 대면 얼굴이 비치지? 이건 CD 표면에서 빛의 반사가 일어나기 때문이야. CD를 잘라 이어 붙여서 만든 안쪽에 촛불을 놓았더니 여러 개의 무지개 촛불이 보였지? 이건 촛불이 CD에 반사된 것을 계속해서 CD끼리 비추기 때문이야. 게다가 CD에는 우리 눈에 보이지 않는 작은 틈이 있어서 여기로 들어간 빛이 휘어져 퍼지면서 무지개가 만들어지거든. 이런 걸 '회절'이라고 해. 무지개 촛불이 여러 개 보이는 것도 이렇게 CD에서 회절과 반사가 일어나기 때문이야.

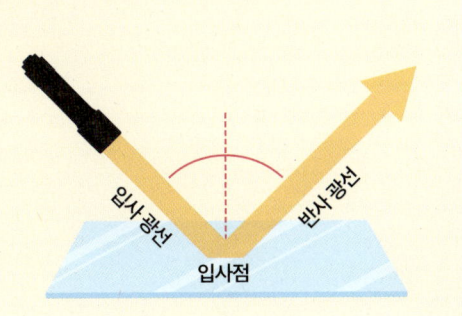

CD 자이로드롭

분류	척력
연령	6세 이상
교과연계	3학년 1학기 '자석의 이용'

준비물

- 외경 30mm, 내경 10mm짜리 링자석 4개
- 수수깡 1개
- 고무찰흙 약간
- 종이컵 1개
- 클립 12~20개
- CD 3~4장
- 칼

이 실험은 자석의 척력을 응용해 보는 과학 놀이 활동이에요.

- 자석끼리 붙을 때 손이 끼지 않도록 주의하세요
- 종이컵 뒷면에 칼집을 내는 과정은 어른이 도와주세요

1 종이컵 뒷면에 십자 모양 칼집을 낸 뒤 수수깡을 꽂고 고무찰흙으로 고정해 주세요.

> 연필로 구멍을 뚫는 것보다 칼집을 내는 것이 수수깡을 고정하기 편합니다.

2 자석을 모아 모두 붙인 다음 같은 극에 같은 색깔의 스티커를 붙여 주세요.

> 서로 붙어 있는 자석 4~5개를 세워 위쪽에만 스티커를 붙여 주세요.

3 ❶의 수수깡에 스티커가 붙은 쪽이 위로 오도록 자석을 끼운 뒤 그 위에 스티커가 붙은 쪽이 아래 자석과 마주 보도록 다른 자석을 끼워 자석이 공중에 뜨도록 해주세요.

> 자석을 공중에 띄울 방법을 아이와 상의하며 실험해 주세요. 위아래 마주 보는 자석의 극이 같아야 척력이 작용해 공중에 뜹니다.

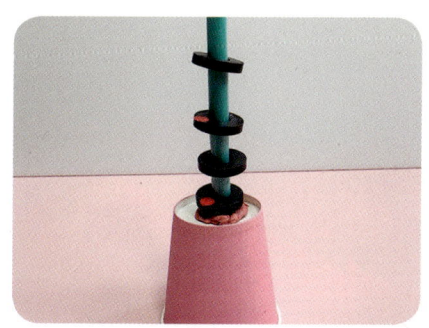

4 ❸의 맨 위쪽 자석과 마주 보는 극이 같도록 다른 자석을 수수깡에 끼워 떨어뜨려 보세요. 떨어지던 자석이 공중에 멈추면 다른 1개를 떨어뜨려 공중 부양 자석 타워를 만들어 보세요.

> 스티커가 붙은 쪽을 마주 보게 했다면 그 다음에는 스티커를 붙이지 않은 쪽을 마주보게 합니다.

5 자석 위에 CD를 올려 CD 자석 탑을 만든 다음 CD 아래 자석을 밀어올렸다가 툭 놓아 자이로드롭을 만들어 보세요.

> 척력이 작용하도록 자석을 배치한 후 그 위에 CD를 올립니다.

6 클립이나 그림을 자석에 붙인 뒤 위에 뜬 자석을 살짝 밀어 자석이 다시 튕겨 올라가는 것을 관찰해 보세요.

> 자석이나 수수깡을 놀이공원처럼 꾸며 보세요.

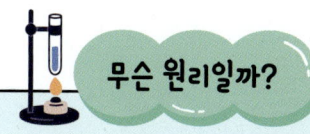

무슨 원리일까?

놀이공원에 가면 사람들이 고함을 지르며 타는 자이로드롭이라는 놀이기구가 있습니다. 높은 탑을 둘러싼 의자에 사람들이 앉고 지상 70m 정도 높이까지 올라가 3초 정도 정지했다가 탑에 걸린 고리가 풀리면서 의자가 자유낙하하는 놀이 기구지요. 자이로드롭은 시속 97km로 45m 거리를 자유낙하하다가 지상 25m 즈음 오면 브레이크가 작동하면서 멈추기 시작합니다. 자이로드롭의 브레이크는 엄청난 감속을 하지만 자동차 브레이크와 같은 마모나 소음, 진동은 없습니다. 자동차처럼 마찰력을 이용한 브레이크가 아니라 자석의 척력을 이용한 장치이기 때문입니다. 그래서 멈출 때도 안정적입니다. 자이로드롭은 의자 뒤에 장착된 자석과 전자기 유도로 전자석이 된 탑의 금속 부분이 만나는 지점에서 강한 반발력이 생기며 자연스럽게 멈춥니다.

철 조각품

분 류	자기장과 자화
연 령	6세 이상
교과연계	3학년 1학기 '자석의 이용'

준비물

- 동전자석 또는 막대자석 1~2개
- 철로 된 물건들(볼트, 못, 클립)
- 꾸밀 것(스티커나 뽕뽕이)

이 실험은요!

이 실험은 자화를 경험해 보는 과학 놀이 활동이에요.

⚠️
- 자석의 강도가 조금 센 것을 이용하세요.

234

❶ 너트나 볼트를 이용해 자석에 재미있는 모양을 만들어 작품 제목을 붙여 주세요.

자석에 붙은 물체에 또 다른 물체를 붙이는 등 다양하게 활동합니다.

❷ 옆으로 놓았던 것을 위로 놓아도 보고 살짝 비틀어서도 놓아 보세요. 높게 쌓아 올릴 수 있는지 시도해 보세요.

누가 더 높이 쌓는지 대결해 보세요.

❸ 자석 2개를 위로 포개거나 옆으로 나란히 붙여 너트나 볼트를 붙여 보세요.

더 많이 더 높이 쌓을 수 있는 방법을 고민해 보세요.

❹ 너트와 못을 다양하게 활용해 보세요.

접착제 없이도 너트나 못이 다른 너트나 못에 달라붙는 것을 살펴보세요.

❺ 자석에 닿아 있는 물체에 최대한 많은 물체를 붙여 작품을 만들어 보세요.

자석에 붙는 부분과 붙지 않는 부분이 있는 압정이나 가위도 활용해 보세요.

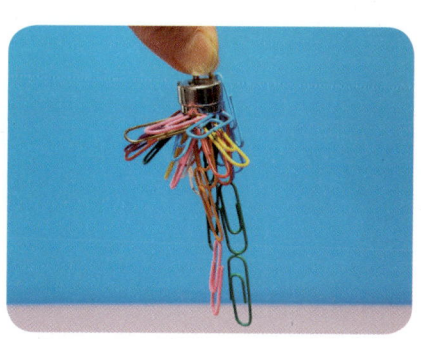
❻ 클립으로 꼬리에 꼬리를 무는 작품을 만든 뒤 작품 이름을 지어 보세요.

작품명: 무지개 문어

무슨 원리일까?

철과 같은 몇몇 종류의 금속은 자석을 가까이 가져가면 자석과 같은 성질을 띠게 됩니다. 이렇게 자석이 아닌 물체가 자석과 같은 성질을 갖게 되는 것을 '자화'라고 합니다. 자화의 방법은 자석에 철과 같은 금속을 접촉하거나 자석에 직접 문지르는 방법이 있습니다. 자석을 철과 같은 금속에 가까이하면 이들 속에 무질서하게 흩어져 있던 원자자석들이 자기력에 의해 일정한 방향으로 정렬하면서 자석의 성질을 띠게 됩니다. 자석의 N극이 철로 만든 물체를 향하고 있다면 원자자석들은 S-N, S-N, S-N…과 같이 배열되어 자석에 가까운 쪽은 S극, 자석과 먼 쪽은 N극으로 자기력이 유도됩니다. 자화된 금속은 철 같은 다른 금속도 자화시키지만 자기장이 미치는 범위에 한계가 있어서 자화된 철에 새로운 철이 무한정 달라붙지는 못합니다. 자석을 치워도 철이나 니켈, 코발트 같은 금속 물체는 오랫동안 자화를 유지하는데, 이런 성질은 정보 저장에 유용합니다. 신용 카드, 녹음용 테이프, 컴퓨터 저장 장치 등은 이런 성질을 이용한 것입니다.

휴지심 저울

분 류	수평 잡기
연 령	6세 이상
교과연계	4학년 1학기 '물체의 무게'

준비물
- 지름 10cm 내외 휴지심 또는 테이프심
- 나무 블록 10개
- 30cm짜리 플라스틱 자

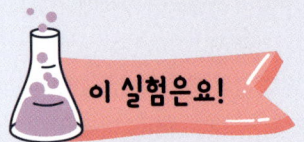 이 실험은 휴지심이나 테이프심처럼 둥근 기둥을 이용해 저울 놀이를 해보는 활동이에요. 막대가 어느 쪽으로도 기울지 않고 수평을 이룬다면 양쪽 물체의 무게는 같습니다. 그래서 한쪽 물체의 무게를 알면 다른 쪽 물체의 무게도 알 수 있지요.

- 휴지심이나 테이프심이 굴러가지 않도록 바닥에 잘 고정해 주세요.
- 너무 무겁거나 큰 물체를 사용하면 균형을 잡기가 어려워요.

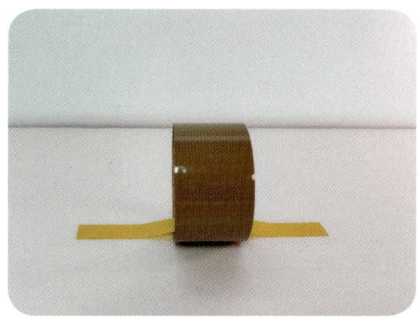

① 휴지심이나 테이프심의 아랫부분을 테이프로 붙여 바닥에 고정해 주세요.

> 둥근 심이 저울의 받침대 역할을 합니다. 굴러다니지 않게 해주세요.

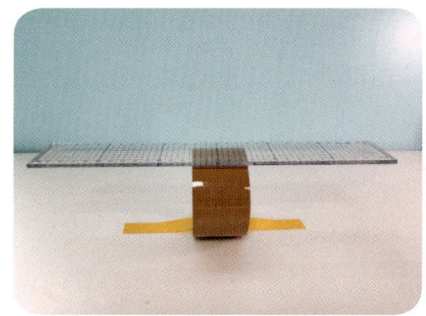

② 휴지심 위에 플라스틱 자를 올려 균형을 맞춰 주세요.

> 자의 가운데 부분이 휴지심 가운데 부분과 일치하게 해주세요.

③ 자의 가운데 부분에 블록 1개를 올려 자가 미끄러지지 않게 해주세요.

> 자는 폭이 조금 넓은 것을 사용하세요. 중심에 물체를 올려 눌러주면 좀 더 안정적으로 놀이할 수 있습니다.

④ 자의 중심에서 같은 거리에 같은 무게의 블록을 올려 수평을 잡아 보세요.

> 한쪽에만 블록을 올리면 자가 미끄러져 떨어질 수 있으니 가능하면 동시에 물체를 올려 주세요.

⑤ 한쪽엔 블록을 1개만 놓고 다른 쪽엔 2개나 3개를 놓으면서 수평을 맞춰 보세요.

> 블록이 2개인 경우 거리는 2:1, 블록이 3개인 경우 거리는 3:1로 하면 균형을 이룹니다.

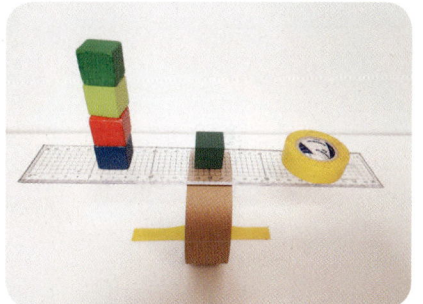

⑥ 한쪽에는 블록을, 다른 쪽에는 무게를 알고 싶은 물체를 올려 보세요. 이때 중심에서 물체, 중심에서 블록까지의 거리는 같아야 합니다.

> 중심에서 같은 거리에 놓인 물체와 블록이 균형을 이룬다면 그 물체와 블록의 무게는 같습니다.

엄마랑 아이랑

수평이란 물체가 어느 쪽으로도 기울어지지 않고 균형을 이룬 상태를 의미한단다. 저울의 한쪽 접시에는 우리가 무게를 알고 싶은 물체를, 다른 접시에는 이미 무게가 정해진 추를 올려 볼까? 두 접시가 어느 쪽으로도 기울어지지 않고 수평을 이룬다면 물체와 추의 무게는 같은 거란다. 이런 원리를 수평 잡기라고 하는데, 수평 잡기 원리를 이용해 양팔 저울과 윗접시 저울을 만든단다. 우리처럼 긴 막대 위에 물체를 올리면 윗접시 저울, 접시를 아래에 매달아 물체를 넣으면 양팔 저울이라고 하지.

윗접시 저울

양팔 저울

촛농 꽃잎 놀이

분　류	물질의 상태 변화
연　령	5세 이상
교과연계	3학년 2학기 '물질의 상태'

준비물

- 접시나 대접(물을 담는 용도)
- 생일 초(여러 가지 색)
- 물
- 라이터 또는 성냥
- A4용지
- 색연필
- 풀
- 핀셋

이 실험은요!

이 실험은 촛농을 이용해 물질의 상태 변화를 탐구해 보는 활동이에요.

- 촛농이 손이나 바닥에 떨어지지 않도록 주의하세요.
- 초를 너무 많이 기울이면 손에 화상을 입을 수 있습니다.

① 널찍한 그릇에 물을 담은 뒤 초를 준비해 주세요.

사용한 초를 놓을 그릇도 준비합니다.

② 초에 불을 붙인 뒤 촛농을 물에 떨어뜨려 촛농이 물에 닿을 때의 모습을 살펴보세요.

초를 너무 기울이면 화상을 입을 수 있습니다.

③ 다양한 높이에서 촛농을 떨어트려 어떤 높이에서 가장 예쁜 모양이 나오는지 확인하세요.

촛농이 가까운 높이에서 떨어지면 진하고 둥근 형태가, 높은 곳에서 떨어지면 멀리 퍼집니다.

④ 물 위에 뜬 촛농을 살피고 손으로 만져 보세요. 불에 녹아 액체가 되었던 촛농이 물에서 다시 고체로 변한 모습을 확인하세요.

굳은 촛농의 앞면과 뒷면을 비교해 보세요.

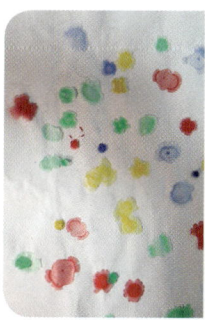

⑤ 확장 활동
촛농을 손이나 핀셋으로 건져 접시나 종이에 올려 주세요.

촛농을 종이나 접시에 올려 물기를 말립니다.

⑥ 확장 활동
꽃잎이나 물고기의 비늘 등으로 다채롭게 표현해 보세요.

딱풀을 이용해 촛농 꽃잎을 종이에 붙여 보세요.

무슨 원리일까?

고체에 열을 가하면 녹아서 액체가 되고 액체에 열을 가하면 기체가 됩니다. 반대로 기체가 열을 잃으면 액체가 되고 액체가 열을 잃으면 고체가 됩니다. 이렇게 물질의 상태가 고체, 액체, 기체로 변하는 것을 '상태 변화'라고 합니다. 상온에서 양초는 고체 상태이지만 불을 붙이면 녹아서 촛농이 됩니다. 촛농은 액체 상태의 양초를 말합니다. 액체 상태의 촛농은 물에 닿아 냉각되면서 다시 고체 상태의 양초가 됩니다.

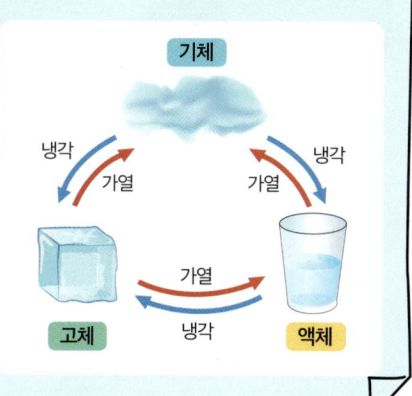

PART 4 겨울에 하면 좋은 실험

우유 마블링

분류	밀도차, 표면장력
연령	6세 이상
교과연계	4학년 1학기 '혼합물의 분리'

준비물

- 500㎖ 또는 1000㎖ 우유 1팩
- 우유 담을 그릇
- 물약병 또는 스포이트
- 주방 세제
- 수성 물감 또는 식용 색소
- 면봉
- 도화지 1~2장
- 물

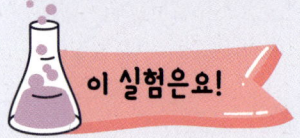 이 실험은 밀도차와 우유의 표면장력을 이용한 과학 예술 탐구 활동이에요.

 • 우유를 쏟거나 흘리지 않도록 주의하세요.

240

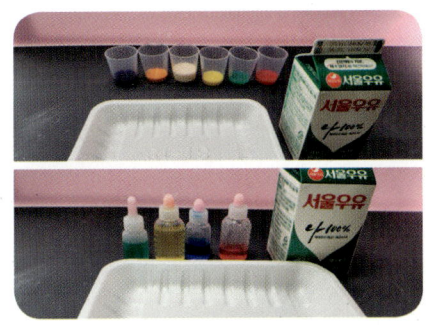    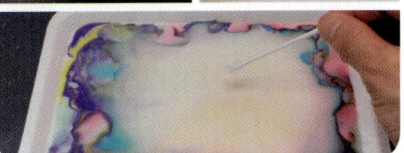

1 물감(색소)를 물에 녹여 물약병이나 작은 컵에 나눠 담고 그릇에는 우유를 준비합니다.

> 우유는 그릇의 2/3~3/4 정도만 붓습니다.

2 스포이트나 물약병을 이용해 색색깔 물감을 우유에 떨어뜨려 멋진 작품을 만들어 주세요.

> 물감이 우유 위에서 움직이며 다양한 형태로 퍼져 나가는 것을 확인하세요.

3 주방 세제를 묻힌 면봉을 그림 위에 갖다 대보고 어떤 일이 벌어지는지 관찰하세요.

> 물에 뜬 그림이 사방으로 퍼져 나가면서 흰 우유가 드러나는 것을 살펴보세요.

4 다른 그릇에 다시 우유를 붓고 ❷와 같은 방법으로 물감이나 색소를 떨어뜨립니다.

5 ❹의 우유 그림 위에 도화지를 덮고 잠시 손으로 지그시 눌러 주세요.

> 도화지는 그릇 사이즈나 원하는 크기에 맞춰 준비해 두면 편합니다.

6 도화지를 들어 우유 위의 그림을 확인한 뒤 꺼내서 말려 주세요.

> 겹겹이 부드러운 모양의 마블링 작품을 즐겨 보세요.

무슨 원리일까?

마블링은 물과 기름의 밀도차를 이용해 작품을 만드는 미술 기법입니다. 기름(유성 페인트나 유화 물감)을 물에 떨어뜨린 뒤 저어서 종이나 천을 덮어 물감이 묻어나게 하는 방법을 사용하지요. 물과 기름처럼 밀도차가 있어 서로 섞이지 않는 성질을 가진 물질을 이용하기 때문에 작은 움직임에도 의외의 결과가 나옵니다. 액체에 떠서 형태가 구성되기 때문에 매번 다른 모양과 구성이 나오지요.

그런데 이 마블링 그림은 세제 한 방울로 사라질 수 있습니다. 세제가 살짝 닿는 순간 우유 위 그림은 주변으로 밀려 나가고 중심엔 우유의 흰색이 드러납니다. 이는 우유의 표면장력이 세제로 인해 약해져서 나타나는 현상입니다. 세제는 우유의 표면장력을 감소시켜 우유 속 물 분자들 간의 인력을 약하게 만듭니다. 반면 세제가 닿지 않는 쪽은 표면장력이 그대로 작용해 물분자들이 그쪽으로 이동하며 색소도 함께 몰려갑니다.

도깨비 뿔 붙이기

분 류	기체의 온도와 부피
연 령	6세 이상
교과연계	3학년 1학기 '물질의 성질'

준비물

- 요구르트 병 3~4개(작은 것 또는 중간 크기)
- 뜨거운 물
- 집게
- 풍선
- 공기펌프
- 유성펜

이 실험은요!

이 실험은 기체의 부피와 압력, 그리고 온도의 관계를 경험해 보는 활동이에요.

⚠️
- 뜨거운 물로 인해 화상을 입을 수 있으니 주의하세요.

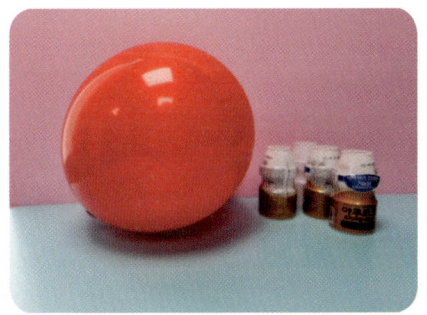

1. 풍선은 중간 크기로 불고, 요구르트 병은 깨끗이 씻어 준비해 주세요.

   요구르트 병을 풍선에 붙여 떨어지지 않는 멋진 도깨비 뿔을 만들 거예요.

2. 요구르트 병을 풍선에 붙이는 다양한 방법을 고민해 보세요.

   테이프를 사용하지 않고 풍선에 요구르트 병을 붙일 방법을 함께 얘기해 보세요.

3. 뜨거운 물에 요구르트 병을 담갔다가 집게로 꺼내거나 뜨거운 물을 요구르트 병에 넣고 흔들어 병을 골고루 데운 다음 물을 빼주세요.

   정수기의 뜨거운 물 또는 70℃ 정도로 데운 물이면 됩니다.

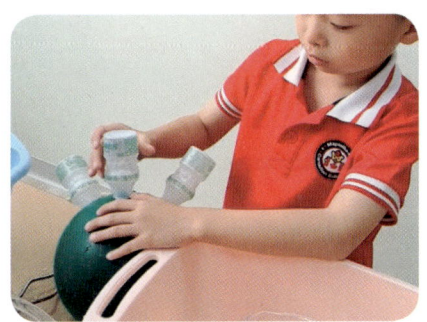

4. 데워진 병을 풍선에 대고 마음속으로 숫자를 세며 10초간 눌렀다가 손을 떼어 보세요.

   공기가 드나들지 않도록 요구르트 병을 풍선에 밀착시킵니다.

5. 풍선만 올려보거나 요구르트 병만 올려보거나 풍선에서 요구르트 병을 지그시 떼어내는 등 여러 가지 방법으로 요구르트 병이 풍선에 얼마나 잘 붙는지 확인해 보세요.

   풍선이 요구르트 병에 살짝 빨려 들어가 있는 상태라서 병을 잡아당기면 풍선이 떨어질 때 '뽕' 하는 소리가 납니다.

6. 풍선에 도깨비 뿔을 원하는 만큼 붙여 뿔 달린 도깨비를 완성해 주세요.

   펜으로 도깨비 얼굴을 그리거나 스티커를 붙이거나 뿔에 색을 칠하여 작품을 완성합니다.

엄마랑 아이랑

눈에 보이지는 않지만 빈 요구르트병 안은 기체 상태인 공기로 가득 차 있단다. 여기에 뜨거운 물을 넣고 흔들었다 빼면 병 안의 공기 알갱이들이 에너지를 얻어 여기저기 활발하게 움직이게 되지. 요구르트 병은 뚜껑 없이 열려 있는 상태이기 때문에 에너지를 가진 공기 알갱이들 중 어떤 것은 요구르트 병을 빠져나가게 되겠지. 이때 요구르트 병을 풍선에 갖다 대면 밖의 공기도 들어오지 못하고 안의 공기도 빠져나가지 못하게 된단다. 우리가 이렇게 요구르트 병을 풍선에 살짝 누르며 열까지 세는 동안 요구르트 병은 조금 식는단다. 그러면 요구르트 병 안의 공기들은 풍선을 밀어내는 힘을 잃게 되겠지. 물론 밖의 공기들은 그대로 있으니까 밖의 공기들이 요구르트 병을 밀어주는 힘이 더 세지. 이렇게 요구르트 병 안과 밖의 공기의 힘의 차이 때문에 요구르트 병이 풍선에 달라붙어 있게 된단다.

딸깍 동전의 비밀

분 류	기체의 온도와 부피
연 령	5세 이상
교과연계	3학년 1학기 '물질의 성질'

준비물

- 유리병(입구가 동전 크기와 맞는 것)
- 10원 또는 100원짜리 동전 1개
- 물그릇
- 물
- 뜨거운 물
- 풍선 1개

이 실험은요!

이 실험은 온도에 따라 기체의 부피가 변하는 것을 경험해 보는 활동이에요.

⚠
- 물을 흘릴 수 있으니 수건이나 걸레 등을 미리 준비해 주세요.

244

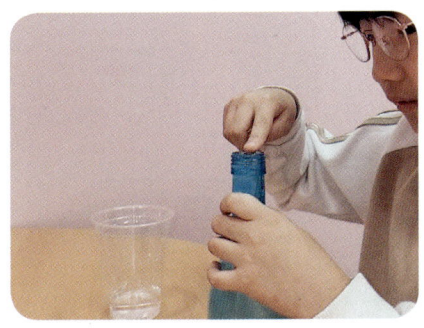

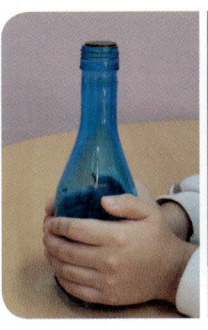

① 손가락에 물을 묻혀 유리병 입구에 빙 돌려 발라 주세요.

> 물은 동전이 병에 달라 붙어 병 속 공기가 빠져나오는 것을 막아 줍니다.

② 유리병 입구에 동전을 올려 주세요.

> 유리병 입구에 딱 맞는 크기의 동전이 좋습니다.

③ 유리병을 손으로 따스하게 감싸 무슨 일이 일어나는지 지켜보세요.

> 여러 명이 병을 감싸면 병이 더 빨리 따스해집니다.

④ 유리병 입구에 물을 묻힌 뒤 동전을 올리고 뜨거운 물에 담가 동전의 움직임을 살펴보세요.

> 병은 차갑게 물은 뜨겁게 해주세요. 병을 찬물에 헹구거나 냉장고에 넣었다 사용하면 좋습니다.

⑤ 차가운 병에 풍선을 씌운 다음 뜨거운 물에 담근 뒤 풍선을 관찰해 보세요.

> 풍선이 옆으로 쓰러지면 똑바로 세워 공기가 잘 지나갈 수 있도록 합니다.

엄마랑 아이랑

우리 눈에는 보이지 않지만 사실 병 안쪽은 공기로 가득하단다. 병에 물을 바르고 동전을 올리면 마치 풀을 칠한 것처럼 동전이 달라붙어서 병 밖으로 공기가 빠져 나가지 못하게 돼. 이때 따뜻한 손으로 병을 감싸면 병도 따뜻해지고 병 안의 공기도 따뜻해지지. 그러면 병 안에 있는 공기 알갱이들이 활발하게 움직인단다. 열을 얻은 공기 알갱이들이 돌아다니니 알갱이들 사이는 멀어지겠지. 이렇게 멀리 퍼져 나온 공기들이 동전에 부딪히면서 동전을 위로 들어올리는 거란다. 동전이 올라갈 때 잠깐 공기방울 같은 것이 생기기도 하는데, 이건 이때 병 속의 공기가 빠져 나가기 때문이야. 기체는 이렇게 열을 가하면 활발하게 운동하면서 넓게 퍼져나가 부피가 커지고, 온도가 떨어지면 다시 부피가 줄어드는 성질을 가지고 있단다. 풍선이 부푼 것도 병 속에 있던 공기가 온도가 높아지면서 풍선까지 퍼져나가 풍선 벽을 밀어냈기 때문이야.

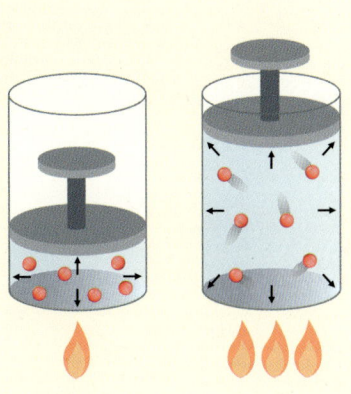

발레리나 호일과 색종이 팝콘

준비물

- ✓ 양면 색종이 3~4장
- ✓ 풍선 1개
- ✓ 플라스틱 자
- ✓ 털옷
- ✓ 쿠킹호일 약간
- ✓ 펀치
- ✓ 공기펌프

분 류	정전기 유도
연 령	5세 이상
교과연계	6학년 2학기 '전기의 이용'

 이 실험은 정전기를 이용해 색종이와 호일을 팝콘처럼 튀어오르게 하는 과학 놀이 활동이에요.

⚠️ • 건조한 날 실험해 주세요

1 펀치로 색종이에 구멍을 뚫어 많은 동그라미 조각들을 모아 주세요.

> 알록달록 다양한 색의 조각들을 모읍니다.

2 색종이를 바닥에 펼친 뒤 털옷에 마찰시킨 풍선을 가져가 보세요.

> 색종이 조각들이 팝콘처럼 튀어 오르거나 달라붙거나 풍선을 따라 움직입니다.

3 호일을 10~15cm 정도의 길쭉한 세모 모양으로 잘라 바닥에 놓고 털옷에 마찰시킨 자나 풍선을 가져가 보세요.

> 호일의 가늘고 뾰족한 부분이 자나 풍선을 따라 앞뒤로 흔들리거나 돌거나 달라붙습니다.

4 잘게 자른 호일을 바닥에 깔고 털옷에 마찰시킨 풍선을 가져가 보세요.

> 호일이 튀어 올라 풍선에 달라붙거나 꼿꼿이 서서 풍선을 따라 흔들립니다.

무슨 원리일까?

색종이와 쿠킹 호일은 직접 마찰에 의해 전기를 띠는 것이 아니라 대전된 풍선에 의해 전기를 띱니다. 이렇게 간접적으로 전기를 띠는 현상을 '정전기 유도'라고 합니다. 풍선에 의해 정전기를 띠게 된 색종이와 호일은 풍선을 따라 움직이거나 점프해서 달라붙습니다. 이때 색종이가 알루미늄보다 전기적인 성질을 더 오래 유지하는데, 색종이는 부도체이고 알루미늄은 도체이기 때문입니다.

부도체란 종이나 고무, 플라스틱처럼 전기를 잘 흘려보내지 않는 물체를 말합니다. 반대로 구리나 금, 은처럼 전기를 잘 흘려보내는 금속 물체는 도체입니다. 도체에는 자유롭게 이동할 수 있는 전자가 많아 전기를 잘 흘려보내기 때문에 정전기를 일으켰던 대전체가 없어지면 빨리 원래 상태로 돌아옵니다. 반면 전기를 잘 흘려보내지 않는 부도체는 대전체를 치워도 원래 상태로 빠르게 되돌아오지 못해 전기를 띤 상태를 더 오래 유지합니다.

초능력 손가락

준비물
- A3 사이즈 크기의 우드락 또는 스티로폼
- 쿠킹호일 약간
- 컬러 솜 작은 것 3~4개
- 10cm짜리 털실 1개
- 털옷 또는 비닐

분류	정전기 유도
연령	5세 이상
교과연계	6학년 2학기 '전기의 이용'

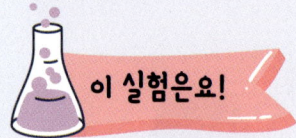 이 실험은 정전기 유도 현상을 마술 놀이하듯 탐구해 보는 과학 놀이 활동이에요.

 • 쿠킹호일 공이 우드락 밖으로 튀어 나갈 수 있습니다.

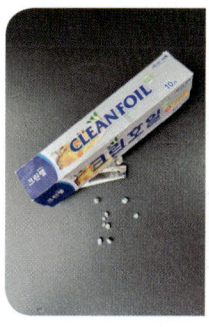

① 호일을 잘라 동그랗게 말아서 0.5cm 이하 공 5~6개를 만들고, 우드락은 털가죽으로 10회 정도 문질러 주세요.

> 스티로폼은 폴리스티렌이라는 플라스틱에 공기를 넣어 만든 제품입니다. 스티로폼을 압축한 것을 우드락이라고 합니다.

② 마찰시킨 우드락 위에 호일 공을 여러 개 내려놓고 그 순간 공들이 어떻게 움직이는지 관찰해 보세요. 공끼리 뭉치거나 서로 다가가게 해보세요.

> 공을 놓는 순간 튀어 나가거나 서로 밀어내는 모습을 볼 수 있습니다.

③ ②의 호일 공 하나에 손가락을 가까이 가져가 보세요. 공이 도망가면 다시 따라가 보세요.

> 직접 접촉 없이 호일 공을 원하는 곳으로 이동시켜 보세요.

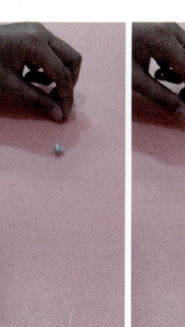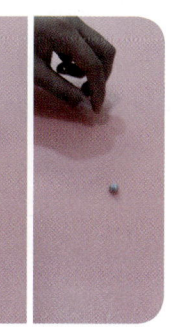

④ 이번에는 손가락을 집게 모양으로 만들어 공을 집어 보세요.

> 잡으려 하면 빠져나가고 또 잡으려 하면 더 멀리 도망가는 호일 공을 즐겨 보세요.

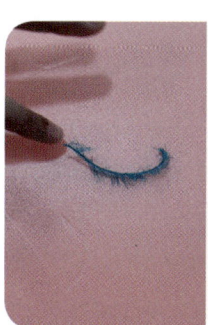

⑤ 털옷으로 문지른 우드락에 5~10cm 정도의 털실을 올린 뒤 손가락을 가져가 보세요.

> 털실이 살아 있는 것처럼 꿈틀거리며 밀려나는 모습을 관찰해 보세요.

⑥ 털옷으로 문지른 우드락에 컬러 솜을 늘어놓은 뒤 손가락을 갖다 대어 솜들을 모으거나 흩어트려 보세요.

> 손가락을 가까이 가져가면 쪼르르 도망가고 만났다가 다시 멀어지는 컬러 솜을 보면서 이유를 생각해 보세요.

무슨 원리일까?

우드락이나 스티로폼은 수분 흡수력이 거의 없고 전기 절연성이 매우 높아 정전기가 잘 축적됩니다. 평소에도 정전기가 잘 발생하는데 털가죽이나 비닐로 마찰시키면 더 많은 전기가 발생해 표면에 머물게 되지요. 이때 호일로 만든 공을 던져 놓으면 처음엔 전기를 띠지 않았던 호일이 전기를 띤 우드락에 의해 전기를 띠게 되는 정전기 유도가 일어납니다. 털가죽과 마찰한 우드락은 (-)전기를 띠므로 호일 공에 있던 전자들(-전기)은 척력에 의해 우드락 반대쪽으로 이동합니다. 이때 우드락에 접한 호일 공들은 (+), 먼쪽은 (-)로 대전되고, 척력이 작용해 서로 밀어내게 됩니다. 이때 호일 공을 잡으려 하거나 손을 가까이 가져가면 공은 다시 밀려나거나 튀어오릅니다. 이는 우리 손도 우드락에 의해 정전기 유도가 되어 나타나는 현상입니다. 그러나 호일 공에 손가락이 직접 닿으면 전기적 성질이 사라집니다. 호일 공에 모여 있던 전자들(정전기)이 다른 물체(우리 손)로 순식간에 빠져나가 전기적 성질이 사라지기 때문입니다. 이러한 현상을 '(정전기) 방전'이라고 합니다.

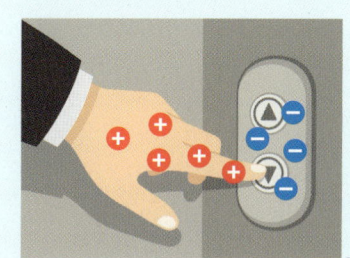

움직이는 털실

분류	정전기 유도
연령	5세 이상
교과연계	6학년 2학기 '전기의 이용'

준비물

- 풍선 2~3개
- 털옷 또는 헝겊
- 공기펌프
- 5~10cm짜리 털실 7~8가닥

이 실험은요!

이 실험은 대전된 물체 사이에 작용하는 전기력을 탐구하는 과학 놀이 활동이에요.

⚠️
- 건조한 날 실험해 주세요.

250

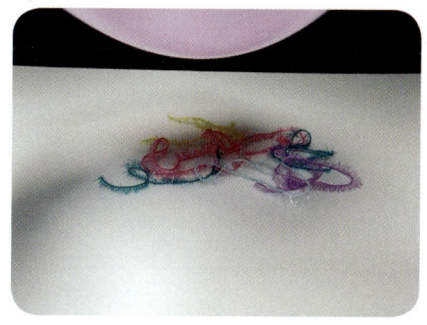

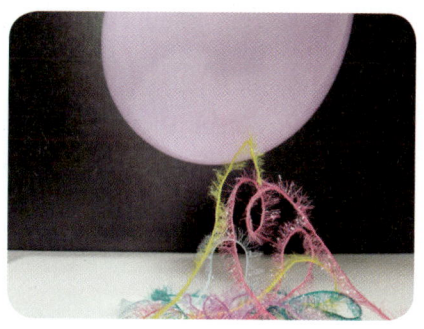

❶ 풍선을 불어 입구를 묶은 뒤 털실에 대보세요. 털실이 움직이지 않으면 털실을 풍선에 달라붙게 할 방법을 고민해 보세요.

> 아크릴 털실이 색상이 다양하고 솔기가 나와 있어 전기력의 작용을 경험하기 좋습니다.

❷ 풍선을 털옷이나 헝겊에 여러 번 세게 마찰시켜 주세요.

> 털옷에 마찰시킨 풍선은 대전 순서에 따라 (-)전기를 띠게 됩니다.

❸ ❷의 풍선을 털실에 가까이 가져가 한 가닥만 끌어올려 보세요.

> 바닥에 있던 털실이 풍선에 끌려올 때 한 가닥만 붙여 줍니다.

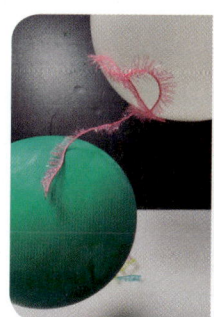
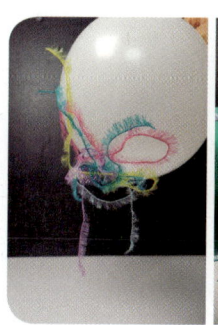 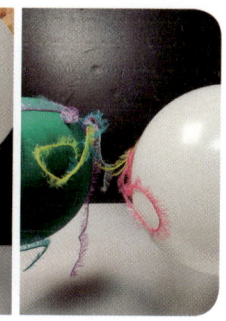

❹ ❷의 털옷이나 헝겊에 다른 풍선을 비빈 뒤 ❸에 달라붙은 털실에 가까이 가져가 보세요.

> 다른 풍선을 가까이 가져가면 길게 매달린 털실은 마치 바람에 흔들리듯 나부끼고, 꾸불거리는 모습으로 달라붙은 털실은 풍선을 피해 이리저리 밀려납니다.

❺ ❹에서 털실에 가까이 가져갔던 풍선을 풍선에 접촉시켜 털실을 이동시켜 보세요.

> 털실이 다른 풍선으로 이동하지 않으면 털옷에 다시 마찰시켜 가까이 가져갑니다.

❻ ❸~❺ 과정을 반복하여 여러 가닥의 실을 한 번에 끌어올리거나 이동시켜 보세요.

> 더 많이 마찰시킬수록 더 많은 털실이 딸려 올라옵니다.

무슨 원리일까?

풍선에 털실이 딸려 올라오는 것은 정전기 유도에 의한 것입니다. 정전기 유도는 도체와 부도체에서 모두 일어나지만 정전기가 유도되는 방법에는 차이가 있습니다. 전자의 이동이 자유로운 도체는 전자가 직접 이동하지만 전자의 이동이 자유롭지 못한 부도체에서는 전기적 배치가 달라집니다. 즉 도체에 (-)전기를 띤 풍선을 가까이 가져가면 도체에서는 자유전자들이 먼 쪽으로 밀려나 풍선과 가까운 쪽은 (+++), 풍선과 먼 쪽은 (---)로 대전됩니다. 그러나 털실 같은 부도체에서는 (+ -)(+ -)(+ -)와 같이 배열되어 한쪽 끝은 (+) 다른 한쪽 끝은 (-)가 됩니다. 그래서 풍선(-전기)을 가까이 가져가면 털실은 (+-)(+-)(+-)가 되어 풍선에 달라붙고, 다른 풍선(-전기)을 털실 끝에 가져가면 서로 밀어내는 것입니다.

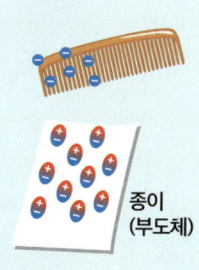
종이 (부도체)

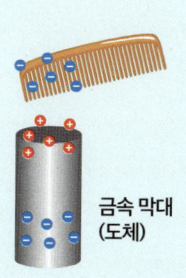
금속 막대 (도체)

종이 슬리퍼

분 류	힘의 분산
연 령	6세 이상
교과연계	4학년 1학기 '물체의 무게'

준비물

- 띠 골판지 10매
- 셀로판테이프
- 양면테이프
- OHP필름 2장
- 유성 사인펜

 **이 실험은요!**

이 실험은 힘의 분산을 경험해 보는 활동이에요.

- 종이 슬리퍼를 신고 욕실에 들어가지 마세요.

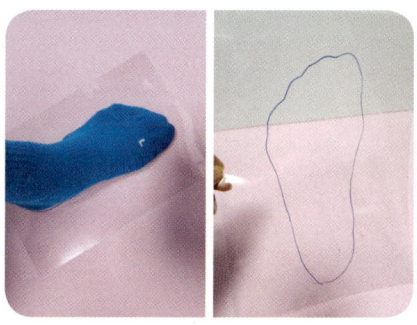

① OHP필름에 양쪽 발을 차례로 대고 모양을 따라 그려 줍니다.

> 도화지에 발 모양을 그린 다음 그것을 필름에 대고 그려도 됩니다.

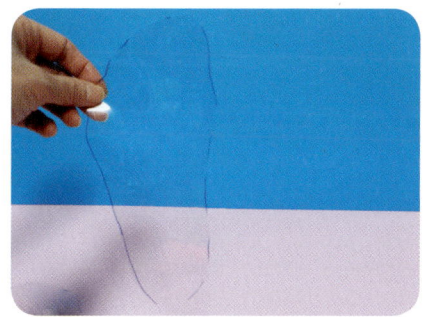

② 그린 발 그림을 가위로 오려 줍니다.

> 실제 사이즈보다 넉넉하게 오립니다.

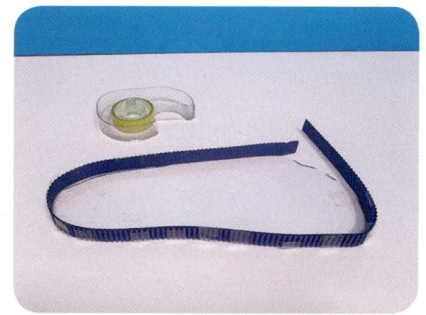

③ 발모양 테두리를 따라 셀로판테이프로 골판지를 붙여 주세요.

> 되도록 빈틈이 생기지 않도록 붙입니다.

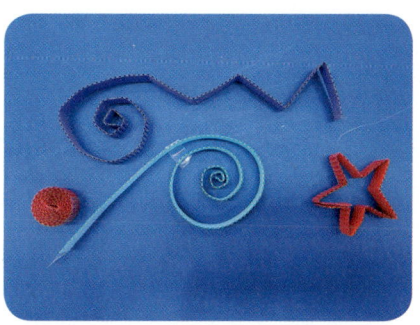

④ 골판지로 다양한 모양을 만든 뒤 끝부분을 셀로판테이프로 붙여 고정해 주세요.

> 동그라미, 세모, 별, 회오리 등 다양한 모양이 가능한데, 이 중 동그라미의 힘이 가장 셉니다.

⑤ 자신의 발바닥 중 어느 부분에 가장 힘이 많이 실리는지를 확인한 뒤 ④에서 만든 모양을 이용해 슬리퍼를 완성합니다.

> 붙여야 할 곳과 비워도 되는 곳, 한 가닥만 붙여도 되는 곳 등을 구분해 보세요.

⑥ 골판지로 바닥과 발등을 둘러 신발 위쪽을 만들어 셀로판테이프로 고정해 주세요.

> ohp필름이 있는 쪽을 위로 오게 하여 끈을 두릅니다. 양쪽을 다 만든 뒤 신고 걸어보면서 약한 부분은 보완합니다.

무슨 원리일까?

강물 위의 다리나 건축물처럼 어떤 구조물이 무거운 물체를 잘 지탱하기 위해서는 구조물에 가해지는 힘(무게)을 분산시켜야 합니다. 힘의 분산은 큰 힘(무게)을 여러 개의 작은 힘으로 나누는 것을 말합니다. 기둥 위에 물체를 올리면 대개 기둥의 꼭짓점에 무게가 집중됩니다. 삼각기둥은 3개의 꼭짓점으로, 사각기둥은 4개의 꼭짓점으로 무게가 나눠집니다. 무게를 나눌 꼭짓점이 많을수록 각 꼭짓점이 감당해야 할 무게는 줄어들지요. 원기둥은 꼭짓점이 무한하다고 할 수 있는 만큼 훨씬 더 큰 무게를 감당할 수 있습니다. 다리나 건물 기둥이 대부분 둥근 모양인 것도 이러한 이유 때문입니다. 종이 슬리퍼의 경우 무게가 쏠리는 발볼이나 뒤꿈치에는 원기둥 모양의 골판지를, 오목하게 들어간 부분은 비워두거나 가는 선을 붙여도 몸무게를 지탱할 수 있습니다.

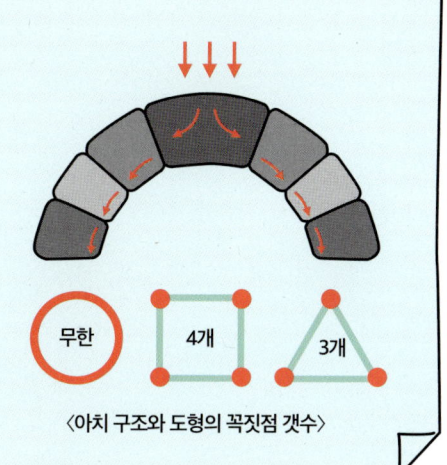

〈아치 구조와 도형의 꼭짓점 갯수〉

창의력을 키우는
과학 영재
실험 놀이

| 초판 1쇄 | 발행일 | 2024년 6월 10일 |
| 초판 3쇄 | 발행일 | 2025년 4월 15일 |

지은이   이조옥
펴낸이   유성권

편집장   윤경선
편집   김효선 조아윤   디자인   박정실
홍보   윤소담 박채원
마케팅   김선우 강성 최성환 박혜민 김현지
제작   장재균   물류   김성훈 강동훈

펴낸곳   ㈜이퍼블릭
출판등록   1970년 7월 28일, 제1-170호
주소   서울시 양천구 목동서로 211 범문빌딩 (07995)
대표전화   02-2653-5131 | 팩스 02-2653-2455
메일   loginbook@epublic.co.kr
블로그   blog.naver.com/epubliclogin
홈페이지   www.loginbook.com

- 이 책은 저작권법으로 보호받는 저작물이므로 무단 전재와 복제를 금지하며, 이 책 내용의 전부 또는 일부를 이용하려면 반드시 저작권자와 ㈜이퍼블릭의 서면 동의를 받아야 합니다.
- 잘못된 책은 구입처에서 교환해 드립니다.
- 책값과 ISBN은 뒤표지에 있습니다.

로그인은 ㈜이퍼블릭의 어학·자녀교육·실용 브랜드입니다.